Happy
TO
HANAK
FROM
KEN
BIRTHDAY
DO

銀座Hanako物語

バブルを駆けた雑誌の2000日

装丁・小西啓介　福永都加佐

自由でエネルギッシュな
『Hanako』を愛してくれたすべての美しき読者へ

プロローグ

二〇〇八年一一月三日の文化の日、すでに年金暮らしをしている柿内扶仁子《ふじこ》はいつものように新聞を開いた。少し心が動くニュースとして、米国大統領選ではじめてアフリカ系大統領が誕生か、とオバマ候補優勢の観測記事があった。日本の政治記事にはうんざりさせられるばかりで、麻生太郎首相と小沢一郎民主党代表がどうしたとか書いてあるようだったが、当然読まなかった。柿内は、ぞんざいにちぎって捨てるように新聞をめくり続けた。

中ほどに、その年の秋の叙勲者の名前が一面全部を使って報じられており、旭日大綬章から始まって旭日小綬章まで、数百の人名に年齢と役職名が記されていた。

旭日大綬章には「渡辺恒雄(82)元読売新聞社長」とあった。柿内は勲章がほしいわけではなかったけれど、日本国首相の話よりも、知らない人名の羅列のほうが面白そうな気がして頭から順に読んでいった。下段には、日本に居住していない邦人と、外国人の叙勲者の氏名が並んでいた。その欄の旭日重光章のところに、カタカナで「リシャール・コラス(55)仏・在日欧州商工会議所会長」とあった。柿内はその名にシャネル日本法人代表取締役社長として親しんでいた。旭日重光章というのがどういう功績に与えられるものかよく知らなかったものの、たぶんシャネルの商品を日本の女性たちに首がまわらなくなるほど売りつけた、ということに対しての日本政府からの勲章だろうと柿内は推測した。シャネル社だけで、ここ二十数年間で五〜六〇〇〇億円、あるいはもっと売上があったはずだ。

柿内がシャネルの日本支社に出入りし、コラスと知り合った一九八八年ごろ、支社は新宿のとあるビルの中にあった。それが今では銀座に大きな二棟の店舗ビルをかまえ、ショップインショップの数は都内だけで四十数カ所、もちろん全国の大都市にもショップ網を張りめぐらしている。

そのころコラスは三〇代半ばの青年で、フランス南部に育った人の特徴そのままに、いつも強風にさらされていたせいか、頬《ほほ》から顎《あご》にかけての皮膚が骨にはりつき、いかにも荒っぽい自然に育てられたという風貌をしていた。それが強情な印象を与えたが、しかしその物腰は、日本文化を尊重するフランスの若者特有の不思議なおだやかさで、顔の印象とは反対に内気な若者、と柿内はみていた。

あれから二十数年、銀座中央通りと晴海通りがまじわる銀座四丁目交差点を中心に、半径数百メートルの円の中はシャネルをはじめ海外ブランドに完全に占領された。柿内の記憶では二〇年前の銀座には海外ブランドの店舗ビルはほとんどなく、無表情な印象の銀行の支店と日本の老舗の姿がまだ目立っていた。それが今、銀座の一等地は、ルイ・ヴィトン、エルメス、ティファニー、グッチ、ディオール、アルマーニ、それに加えて、カルティエ、ブルガリ、ショーメ、ヴァンクリーフ&アーペル、モーブッサンなどの宝飾店が並び、さらに鼻息荒く、プラダ、コーチなどが妍《けん》を競った大店をかまえている。

『Ｈａｎａｋｏ』はそれらのブランドすべてについて、若い女性に手が届く値段の商品を中心にいち早く特集を組み、海外ブランド日本本格上陸のきっかけとなった。

コラスの叙勲を伝える新聞を手にしながら、現在の銀座の景観を思い浮かべ、椎根ならどんな感想をもらすだろうか、と柿内は考えた。

椎根和《やまと》は一九八八年創刊の『Ｈａｎａｋｏ』編集長、柿内は副編集長だった。椎根だったら、左目がやや外に寄っているせいで、あらぬ方向に視線を向けながら、

「柿内さん、海外ブランドも今日が頂点です。あとはあの豪華なビルが一棟ずつ誰かに売られていくだけでしょう。コラスの叙勲がその分岐点かも」

などと得意気に言うだろう。椎根はそういう風俗や経済やファッションのブームについて予測めいた発言をするのが大好きで、当然あたるときとはずれるときがあった。

椎根が柿内と一緒に酒の席にいたら、こう続けたはずだ。

「誰も信用しないだろうが、『Ｈａｎａｋｏ』が銀座の景観とビル勢力図を描きかえたようなものです。『Ｈａｎａｋｏ』がブランドブームに火をつけ、あそこまで拡大させたのだから。そう

いえば、ぼくが『Ｈａｎａｋｏ』で集中的にブランドを取り上げたのは、柿内さんが、コラスの同僚の大川涼子と親友同士だったからですよ」

　話の途中で、急にあちらにもこちらにも配慮した言い方をする癖が椎根にはあった。彼はいつも妙なバランスのとり方で『Ｈａｎａｋｏ』編集部をリードし、部下をイライラさせた。

　大川涼子はシャネル社で服を中心にしたブティック部門担当、コラスは化粧品部門担当で、同格のポジションにいたが、派手で華やかな大川の存在は、外部の者の目には彼女のほうが上役のようにみえた。同業他社から転職してきた大川はシャネル社の業績を伸ばし、海外ブランド業界で一躍名を高めた。英語はもともと堪能、しかしフランス系の企業で勝ち抜くためにさらにフランス語にも磨きをかけた。そして、二〇世紀前半最強の女ともいえるシャネル社の鼻祖《びそ》、ココ・シャネルのアグレッシブな生き方を日本の海外ブランド業界で実践し、ココのひりひりするような風格に近づいていった。大川と同席する男たちは、絶えずシャネルマークのついた金色の槍《やり》で脇腹をチクチク突かれているような焦燥感《しょうそうかん》を感じなければならなかった。

　大川はココの男性遍歴のように、三、四年間で、シャネル、カルティエ、アルマーニと会社を変え、重職に就き、そのたびに、手のつけられないほどの魅力と自信を身につけた。知れば知るほど遠い存在になっていく蜃気楼のようだった。その金色の雄ライオンのような大川も、柿内の前に出ると声の質まで変わり、仔猫が母猫に甘えるような態度をみせた。三人で打ち合わせをしているときなど、ほかで目にしたことのない表情をみせる大川の姿に、柿内のどこにそんな魅力があるのかと、椎根は天性の猛獣づかいを見るように、柿内の、幼年の名残りを残した顔をつくづくとながめた。

柿内の生誕四〇周年を記念した、一九八〇年の「第一回おぞま式大宴会」で、柿内と旧知の間柄だった向田邦子は、長文の口上を書き、お祝いとした。親友に対する愛情があふれでていて、向田自身も祝賀気分でわけがわからなくなったような七五調の、情のこもった文章である。この一文は彼女の作品集にも収録されていないので、全文をここにのせる。

——口上——

代わりに名乗るもおこがましいが、生まれは美作津山の町、「次郎長」という名の料理屋で、松の飾りも三日目の、祝った雑煮に押し出され、産声だけは人並みに、オギャアと生まれた柿内扶仁子。ときに昭和は十五年、紀元は二千六百年、めでたいめでたいめでたいと、三つ重ねのおめでたは、続きっぱなしで四十年。右手《めて》に愛嬌、左手《ゆんで》に度胸、も一つおまけに素頓狂《すっとんきょう》。オカキオカキと愛されて、五尺三寸十五貫、向っ気は強いが目は弱く、左は〇・〇七で右の目玉は〇・一、そのうえ老眼遠近乱視。

勤めるところは平凡出版（現マガジンハウス）、口も八丁手八丁、男まさりと思いきや、アンアンアンと涙もろく、三日月パンの細い目に、涙はサンサンクロワッサン、義理と人情をハカリにかけて、まだ足りないとGパンの、裾《すそ》を切らして東奔西走。筆をとらせりゃ弘法大師、マイク持たせりゃ「コモエスタ」、酒は二合で鼻唄か。大の男をコキ使い、ド突かれもせず慕われて、オシメの面倒みましょうと、お世辞を言われるめでたさよ。

女の中の男伊達、眠った男は五人だが、寝ちゃった女は十一人、ネタとネムッタはどう違う、白いがヒラメで黒いがカレイ、目を白黒は頭が古い。

カレーライスはまっ黄色、柿が熟せば夕陽の色、我らがお柿は年増の色、お柿渋柿吊るし柿、人生四十で粉が吹いて、これからおいしいアンポン干し柿。恥ずかしながら成人式だ。金脈はゼロだが、人脈なら佃煮《つくだに》にして売りたい。

悪友ポン友相つどい、お柿百まで我ら九十九まで、カーターもブレジネフもくそくらえ、飲んで騒いでセ・シ・ボン、

酒を飲むとき、柿内扶仁子
泣きたいときも、柿内扶仁子
友を選ばば、柿内扶仁子
お柿お柿で、いついつまでも
ごひいきを乞い願いたてまつりまするぅ

向田の口上には、生物学的進化がほかの人間よりも少し早まった結果、進歩的な性癖を持つにいたった女に対しての信頼感があふれていた。

さらっと下種《げす》な質問をするのが得意な椎根は、一九九〇年の第二回おぞま式（冒頭で柿内が向田の口上を読み上げげた）の時に、「ところで柿内さんは向田邦子と、そういう関係は……あったんですか」と尋ねた。柿内はひとかけらの迷いもみせずに、「ない」と短く答えた。真実を言わなければならないときの柿内の答えはいつも短かった。そんなことで見栄を張る柿内ではなかった。

柿内と椎根は同じ会社にいながら同じ編集部で働くことは長らくなかった。入社は柿内のほうが四年早く一九六三年、二人が同じ編集部に配属されたのが八四年。ムックなどを単発的に編集していたクリエイティブルームでのことである。柿内はこの編集部の前に在籍した別冊編集部で、一九八二年に、向田邦子追悼本『向田邦子の手紙』（『クロワッサン』別冊）をつくっている。ムック本としてはめずらしく増刷され、その後の向田本ブームのはじまりとなった一冊だが、大手出版社は、向田の一九八一年夏の飛行機事故死のあと、柿内が追悼本を出すまで黙ってみていた。柿内と向田の信頼関係は他社にも知られていたのだ。柿内は、早く出せという社の首脳部のせっつきにも耐え、死後一年間は手をつけないと決心していた。

柿内が向田と作家と編集者の関係を超えた親友になったのは、『クロワッサン』創刊時

（一九七七年）のころだった。二人は時々習字の時間をつくり、師範クラスの腕前を持つ柿内が向田に漢数字の一から教えた。体面を気にする男の作家や編集者のあいだでは、ありえぬことが平然と行われていた。一九八一年に向田の訃報を聞いた柿内はすぐ青山にあった向田のマンションに駆けつけ、主《あるじ》を失った部屋からマスコミに発見されてはならないものを素早く片づけて、そしらぬ顔で取材陣に応対した。向田に頼まれていたわけではなかったが、それこそ〝あ・うん〟の呼吸での気配りだったのだろう。

酒の席で正体もなく酔ったころを見計らって、椎根が「何を隠したんですか」と聞いても、「それだけは誰にも言わないと決めたから言えない」と、柿内は夢がいっぺんに覚めた幼児の顔になって、つぶやいた。

世の中には、喪の場になると急に全神経がいきいきと働きだす人がいて、柿内はそういうタイプの女性だった。向田の通夜・葬儀を準備中の柿内には、死者には希望を、生者には絶望を与えるような精気が漂っていた。その姿に、男も女も聖遺物に触れるように、柿内の手とか腕にさわった。当時、平凡出版の副社長だった木滑《きなめり》良久は、あれほど葬式の受付が似合う女はいない、と陰で言っていた。

クリエイティブルームに移った椎根は、『Ｏｌｉｖｅ』創刊（一九八二年）と『週刊平凡』のリニューアルで、水に落ちた犬のように疲労困憊していた。木滑に異動を発令されたときには、

「ぼくはこれから三年間何もせずに遊びます。へんな仕事をまわさないでください」と言って、その言葉どおり、毎日午後三時に出社し、三〇分ほど自社の欠点をあげつらい、三時四〇分には近くの勝鬨橋《かちどきばし》南詰《みなみづめ》の小料理屋「ちどり」のカウンターに座る、という自分でつくったスケジュールを忠実に守り通した。

柿内は社史に残るほどの売れ行きを示した『向田邦子の手紙』のあと、なぜかクリエイティブルームという社内世捨て人、窓際族のたまり場にやってきた。そして、天才アートディレクターの堀内誠一と画期的な幼児向けファッション誌『ＰＯＭＰＯＮ』（一九八五年）を編集長としてつくりだした。しかし三号が出たところで、この雑誌は休刊になった。

柿内はその精神的にも多忙な時間を割いて、向田邦子がつくり、妹、和子に残した赤坂の小料理屋「ままや」のお品書きを、律儀に一年に二回毛筆で書きなおしていた。

向田の墓碑が多摩霊園に完成したとき、本を開いたような形の墓石の左頁に、彼女の略歴が書かれ、それが柿内の筆跡で彫りこまれた。右頁には森繁久彌がつくった追悼歌が、彼の筆跡で刻まれた。開眼式で森繁は、女をくどくときと同じ色っぽい口調で、「キミは名筆家だね」と柿内の文字を褒めた。筆を褒めて性の領域にいたる森繁の業《わざ》に、柿内は場所もわきまえず、クラッときた。

1 『Hanako』前史

銀座のバーで飲みたい・裕次郎に会いたい

一九八八年ごろ、広告収入の増加によって、出版界の気分は高揚していた。マガジンハウスも、『POPEYE』（一九七六年創刊）の大成功、『BRUTUS』（八〇年創刊）、『オリーブ』の躍進、新社屋ビルの完成で、社内には、大出版社にでもなったかのようなどこか尊大な雰囲気が漂いはじめていた。

その当時、新卒者募集の告知を三大紙に掲載すると、三万近くの応募が寄せられた。初任給のよさと、年間約一二カ月分のボーナスにつられ、東大、早慶、一橋などの一流大学の学生たちの応募も増加し、人事を一手に担当していた副社長の甘糟章《あまかす》は、自分が東大卒でもあり、学業第一主義で秀才型一流大卒を大量に採用した。

いくつかの出版社を転々として、いろんなタイプの編集長、編集者をみてきた椎根は、やはり雑草のように踏みつけられたり、時には理由もなく甘やかされた経験を持つ者たちが雑誌をつくるべきだ、という信条を持つにいたっていた。自分は社会の落ちこぼれになるかもしれないという不安な気持ちをどこかに持っていないと、売れる雑誌はつくれない。

マガジンハウスにはその見本のような人が二人いた。二代目社長の清水達夫は立教大学予科を出て、少年時代からの夢、作家になろうとしたが果たせず、友人とつくった平凡出版（一九八三年、マガジンハウスに社名変更）で、いきなり編集長をまかされた。そして、『月刊平凡』（一九四五年）、『週刊平凡』（五九年）、『平凡パンチ』（六四年）の創刊編集長として、三誌とも実売一〇〇万部突破という偉業をなしとげたのに、のちに社長になっても、作家になれなかった無念さを時々にじませることがあった。

三〇代で『週刊平凡』の編集長になった木滑良久も、立教大学を卒業したものの、第一次就職難の時代で、やむなく平凡出版に入社したという。木滑は雑草のなかから才能ある編集者やライターを見つけだし、世に送りだす達人だった。雑草ばかりではなく、もともとヒマワリのような石原裕次郎や長嶋茂雄を同時に米国フロリダに連れていき、彼らの海外に対しての視野を広めさせもした。一九六〇年のことである。

この二人の好例をみて、椎根は、雑誌の世界では東大卒はなんの役にも立たない、と公言するようになった。

椎根は一九六四年に早稲田大学を出て、月刊婦人誌『婦人生活』（一九四七年創刊）を発行していた、今はなき同志社に入社し、すぐ編集部に配属された。『婦人生活』は約七〇万部の発行部数を誇っていた。当時、『主婦の友』（一九一七年創刊）など婦人四誌は合計四〇〇万部以上を発行し、広告売上高でも雑誌界の大黒柱となっていた。この時代の婦人誌は、十数種類の異なる印刷技法でつくられ、製本などは機械では無理で人手でやっていた。だから、たとえば『婦人生活』が校正段階に入ると、共同印刷の巨大な工場全体が、『婦人生活』のためだけにフル稼動という状態になった。そのころの婦人誌には、集積された世界屈指の印刷技法と、投下された膨大な人力の跡がそっくり残っていて、一冊の厚さが一〇センチ以上にもなり、新刊誌はまるでポップアートの芸術品のようにみえた。現に、日本の印刷技術の高さに目をつけたアンディ・ウォーホルは一九六六年に、頁を開けると、ゴム風船や、ミュージシャンのルー・リードのソノシートがついた「飛びだす絵本」スタイルの『アンディ・ウォーホル・インデックス・ブック』(ランダムハウス、一九六七年)の製作を大日本印刷に発注している。

当時、新入社員は金のたまご以上に大切にされた。椎根が体験した新入社員歓迎会は、今では想像もつかないほど豪華なものだった。五月のある日、同志社社長の原田常治は、十数名の新入社員に、こう通知した。

「何日の午後三時に日本橋三越本店のライオン像の前に集合すること」

何ごとかと思いながら、椎根たち新入社員が青銅製のライオン像の前で待っていると、原田が現れて言うところには、

「このデパートでなんでもほしいものを一点だけ買っていいよ。金は払わずに、原田のお勘定で……と言いなさい」

再集合の約束の四時に、袋に入ったバッグやドレス、靴などをかかえた新入社員たちがライオン像の前に戻ってきた。椎根は西ドイツ製の高価な半袖シャツを選んだ。信じられないほど品質がよく、五〇年経った今年の夏も、椎根は二度着用している。

原田は次に、蔵前国技館で大相撲見物だと言って、全員をタクシーに乗せた。枡《ます》席が四つも予約されていて、着席するとすぐ、ビール、日本酒、おつまみが運ばれてきた。

照明のせいか、この世のものとは思えないほど美しい肌をした横綱大鵬《たいほう》の取組が終わると、原田は、今度は湯島のすき焼き料亭「江知勝《えちかつ》」で歓迎会だと言い、江知勝は夏目漱石もよく通った老舗だと車中で説明してくれた。椎根は、出席者中ただひとり、酔いつぶれた。原田が戦後最初の一〇〇万部雑誌『ロマンス』(一九四六年)の創刊編集長だったことは、ずっとあとになって知った。

ロマンス社は『ロマンス』で大儲けして、『少年世界』(一九四九年)、『トルー・ストーリィ』(四九年)など六大誌を発行しはじめた。小学三年生のころ、椎根は東北の中都市の書店で『トルー・ストーリィ』を毎号立ち読みしていたが、店主は何も言わず、嫌な顔をすることもなかった。この雑誌は米国の出版元と正式に契約して、ロマンス社が日本版を出版したもので、いつも「金髪富豪令嬢殺人事件」などというセンセーショナルなタイトルとともに凄惨な殺人現場写真が掲載されていた。現在の感覚でいうと、デヴィッド・リンチ監督映画の残酷シーンの寄せ集めのような誌面だった。その猟奇的な雑誌を買っても家に持って帰れないので、少年は書店で熟読するしかなかったのだ。

『婦人生活』に三年いた椎根は、原田と編集上のことでしばしば口論するようになり、転職を考えはじめた。ちょうどそのころ、一九六六年にビートルズが来日公演をし、椎根は取材者という立場を利用して、五回公演中四回を観ることができた。そして、彼らの「キャント・バイ・ミー・ラブ」を聴いているうちに、天の啓示のようなものを得た。それは、これからの人生では、一切ガマンをしないでよろしい、好きなように生きなさい、というものだった。

ビートルズのサウンドにあと押しされたように、椎根は、最初の若者向け週刊誌『平凡パンチ』に転職した。編集長は木滑良久。平凡出版社長の岩堀喜之助に入社の挨拶に行くと、

「ああ、『婦人生活』の原田社長から、わがままにウチを飛びだしていった椎根クンだけど、よろしく頼む、と電話があったよ」

と開口一番に言われた。自分で出版社を起こし、すぐ実売七〇万部雑誌をつくりあげた原田と、戦後二冊目の一〇〇万部雑誌『月刊平凡』の創業社長が、ライバルというか、友人関係だったとは。椎根は、自分は一〇〇万部雑誌の系譜のなかに偶然組みこまれたのだ、これからは何をやっても生きていけるという不埒《ふらち》な自信と安堵めいた気持ちになって、少し将来が明るくなったような気もした。

原田の『ロマンス』を追い落としたのは、岩堀の『月刊平凡』だったといわれる。出版界は戦国時代のように、ひと晩で勝者と敗者の立場が入れ替わった。原田はそれがきっかけかどうか、さっさとロマンス社をやめ、友人を集めて『婦人生活』を大成功させた。

『平凡パンチ』で椎根は三島由紀夫担当になり、横尾忠則番にもなったが、三年ほどで、『ａｎａｎ』（一九七〇年創刊）編集部に異動となり、新人ファッションデザイナーの三宅一生と山本寛斎担当となった。椎根のいい加減ででたらめな性格がなぜか、のちに文化勲章を受章したり、戦後最大の事件の主役となった人に好かれた。しかし、二年ほど『アンアン』にいた椎根は、ロンドンで遊びたい、とわがままな理由をつけて、平凡出版を退職した。

ロンドンから帰ってくると、講談社開発室の川鍋孝文がやってきて、生前の三島由紀夫から推薦されたと言って、『日刊ゲンダイ』（一九七五年）創刊に参加しないか、と誘われた。椎根は『日刊ゲンダイ』で六カ月ほど働いたものの、社風が自分のテイストに合わないという理由で、すぐやめた。

ブラブラしていると、今度は木滑から、「『ポパイ』を創刊したから、また一緒にやろう」と連絡があり、椎根はふたたび平凡出版に出入りしはじめた。五年ほどいた『ポパイ』の最後の二年間はチーフディレクターという妙な役職を与えられ、これは編集長と同じ執務内容だった。しばらくすると、組合が、正社員でもない椎根が社員に命令するのはおかしいと言いだし、あわてて二度目の入社となり、『オリーブ』の創刊にとりかかった。

そもそも椎根が雑誌編集者になったのは、小学生時代の特異な読書体験と映画鑑賞のせいだった。椎根の小・中学生時代は日本映画の全盛期で、そのころ夢中になったのが、小津安二郎の『東京物語』（一九五三年）、『早春』（五六年）、『彼岸花』（五八年）と、東宝の「社長シリーズ」（五六年）。「社長シリーズ」は、森繁久彌社長、三木のり平部長（宴会担当）、小林桂樹若手社員の三人が、昼の仕事はそこそこに、夜ごと、色気たっぷりの美人ママや黒髪匂う芸者を求めてバーをめぐり、お座敷遊びの合い間に珍芸を繰りひろげるサラリーマン映画である。

椎根少年は寒い映画館の傾いた席で、自分を小林若手社員になぞらえながら、東京の大学を出たら、部下を連れて飲み歩くのが好きな上司にめぐりあいたい、有名作家の先生たちと銀座のバーで酒を飲みたい、それも会社の金で、という妄想に耽《ふけ》った。

この夢は、幸運にも最初に入った同志社で実現した。挿絵界の巨匠、岩田専太郎のお供をして三年間銀座に通ったのだ。次に平凡出版に入ると、椎根は、映画の森繁社長以上に気前がいい木滑の編集部に配属された。銀座でひっそりと、それでいて高額な金をとるディープなバーに行くと、必ず、アーラ、キナさんという嬌声があがり、森繁社長以上の人気者だった木滑は、堂々めぐりの小津映画論といったヤボな話をしないで、彼が小津に連れていかれた思い出の場所である横浜の幻のバーに椎根を連れていってくれた。木滑は小津に誘われて飲みにいったことを、さもありふれたことのように語り、小津は礼儀正しい人だったと寸評した。椎根からみた木滑も、喧嘩の真っ最中であれ、相手に礼儀正しい人だった。小学生の椎根は小津の映画を芸術映画ではなく、将来の職業選択情報のひとつとして鑑賞していた。『東京物語』の内容を知らずに、ただ東京ガイドの映画と思って一〇円玉を握りしめて映画館へ行ったのだ。

光文社から週刊誌『女性自身』（一九五八年）が創刊されたのは、椎根が高校生の時だった。下校途中に椎根は、市の図書館に寄って毎号毎号、隅から隅まで読みつくした。魅力的な不良の匂いがする芸能情報は、記憶する努力をしなくとも、すんなり頭に入った。『女性自身』という誌名が女性器を連想させたので、椎根は司書の女性に声に出しては言えず、その都度、紙に書いてそっと渡した。

創刊数年後、『女性自身』は読者参加型のある企画を発表した。それまで侮蔑的なニュアンスが強い「ＢＧ（ビジネスガール）」と称されていた働く女性の略称に代わる言葉を公募し、「ＯＬ（オフィスレディ）」と呼ぶようにしたのだ。そのキャンペーンは見事に成功し、今でもマスメディアは、ＯＬという言葉を使っている。椎根は大新聞やほかの雑誌がたちまちＯＬという横文字を使いはじめたのを、手品を見せられているような気持ちでながめ、世間が深く考えもしないで使っている言葉は、ある人のたくらみですぐ変えられるのだということを学んだ。

長じて編集という稼業に慣れはじめた椎根は、東京中の若者に人気のある通りに勝手に名前をつけることになる。『オリーブ』時代には、外苑西通りを「地中海通り」と名づけ、若い子のあいだではずっとそれで通用した。『Ｈａｎａｋｏ』では、渋谷のすべての小路・通りに偏執狂のように勝手な名前をつけ、二・二六事件で反乱軍将校たちが銃殺刑に処された通りには、「バスティーユ通り」と命名した。

一方で、岡山県立津山高校を出て、地元の津山信用金庫に勤めていた柿内は、幕末の勤皇志士のように家出同然に実家を出奔《しゅっぽん》、上京し、石原裕次郎に会いたい一心で、とりあえず法人税関係の月刊誌にもぐりこんだ。腰かけのつもりだったが、入社早々に、時の坊秀男大蔵大臣にインタビューする大役をふられた。彼女は少しも嬉しくなかった。

給料は一万四〇〇〇円とよかった。しかし、どうしても生身の裕次郎に会いたいという願いを捨てることができなかった。そして、憧れの君に会うためには、芸能誌『月刊平凡』に入るしかないと思いつめるようになった。津山時代、柿内は毎号の『月刊平凡』の読後感を、空元気だけがとりえの黄山谷《こうさんこく》流の書体で書き、裏表紙に印刷してあったただひとつの名前、清水達夫編集長宛てに送り続けていた。

裕次郎熱が再燃した柿内は、断られてもともとと、清水に履歴書を送った。熱心な手紙を覚えていた清水は、柿内を社に呼びだし、四日間にわたって副編集長らが面接し、五日目に正社員として採用した。

柿内や椎根が入社した昭和四〇年代の中ごろまで、マガジンハウスは学歴を問わず、入社試験を行わず、雑誌が好きで、スターに会いたいとか銀座で酒を飲みたいという不純な目的の若者たちを随意に採用していた。彼らは目的を果たすと、さっさと自主的に退社していった。

椎根がなにより驚いたのが、『平凡パンチ』編集庶務の、か細い女性が一カ月の休みをとり、夢のモロッコ旅行に出かけたことだった。ある日編集部に届いた絵葉書によれば、彼女はマラケシュからエチオピアの首都アジスアベバ行きのラクダのキャラバンに乗ってしまったという。そして、数千キロのサハラ砂漠を横断しての旅になるので当分帰れない、ついては平凡出版を退社したい、日本人は自分ひとり、女も自分ひとりだとも書いてあった。

ポール・ボウルズの恐ろしい小説『シェルタリング・スカイ』が映画化される二十数年前の旅行である。海外旅行が自由化されて何年も経っていない。彼女は加藤といったが、椎根が『平凡パンチ』編集部にいたあいだには、帰国しなかった。

かように入退社がルーズだったため、いろんなタイプの社員が集まった。ナイーブな考え方の社員はすぐ精神的疾患を発し、いつのまにか消えていった。椎根が入社した年、『平凡パンチ』では、一年間に三人もの心因性精神疾患の患者が出た。椎根はにこやかな笑顔をつくり、すぐ帰ってこれますよ、となぐさめの言葉で送りだした。しかし、誰も戻ってこなかった。

編集部で生き残れた者には共通の資質があった。自分の意志・主張を頑固なまでに守り通し、いつでもやめてやると公言している者、あるいは自分の目標、編集長になりたいとか、こんな雑誌をつくりたいという考えを同僚に教えず、手を抜きながら時をやりすごし自分を温存した者だけが、マガジンハウスで編集長になれた。

『アンアン』の恐るべき編集長として、八〇年代後半以降、一〇年以上も雑誌界ナンバーワン（販売売上、広告収入の合計額）の座を守り続けた淀川美代子は、二十数年間も自分の最終目標を他人にさとられないで、着々と人事的布石を打ってきた模範的な編集長だった。映画『プラダを着た悪魔』（二〇〇六年）の女編集長よりももっと厳しく過酷に編集部を支配した彼女は、あまりに完璧にコントロールしすぎて、淀川さんってこういう人という感想が編集部外に一切もれ伝わることはなく、まるで実在しない人のような存在になった。

淀川も形式的な試験のみで『アンアン』の編集者になった一人だ。淀川が中途入社した一九七〇年は四名採用予定だったが、応募者も四人だけだったといわれている。そのころまでの出版界、そしてマガジンハウスには、そういう編集者鑑定の目利きの社長や編集長がどっしりかまえていた。彼らは学歴や出身校だけで採用者を決める愚かな判断をしなかった。

ジョーヤの食べもの日記

椎根はクリエイティブルームに四年いた。その間に社員の新陳代謝が進み、三年目ぐらいには椎根も柿内も前世紀の遺物的存在になっていた。ツルッとした表情の新人からはオバケのような爺婆が吹きだまっている部屋があるようにみえたかもしれない。

そう思われても仕方がないほど、特異なキャラクターを持った年配の編集者が多かった。創業時に印刷所から届いたばかりの『月刊平凡』をリヤカーに積んで京橋郵便局まで運んでいた、というオカマ言葉の大先輩もいた。そんな罪のない古狸《ふるだぬき》のような編集者に混じっていると、一日一回は顔を出す椎根や、きちんとムックをつくり続ける柿内はまともにみえただろう。しかし、やがて柿内も暇な時には午後三時四〇分にちどりのカウンターという椎根のスケジュールに参加するようになった。さらに、『ELLEモード・スペシャル』などのムック本製作が忙しくなると、柿内は完成したばかりのビルの編集部に七輪を持ちこんで、「サンマは炭火で焼くのが一番」と大きな声で言いながら、真新しい部屋をサンマの油っぽい煙と臭いで充満させた。そんなあきれたことをしでかしても、誰も何も注意しなかった。それが社風だからという雰囲気があり、「初サンマを、ひと口」と言って箸をのばす上役もいた。

柿内には好き嫌いはなかったが、食事には異常に神経を使っていて、一日に同じものを食べないように、と呪文のように唱えていた。その彼女は一九八五年、サンフランシスコの友人の結婚式に出席し、その後シアトルへ向かう飛行中、突然左足のふくらはぎに猛烈な痛みをおぼえた。飛行場から直接、運ばれた病院の米国人医師の見立ては血栓性静脈炎だったが、二週間ほど入院し、帰国して親友の医師、村崎芙蓉子《ふよこ》にみせると、左下肢静脈血栓と言われた。今はエコノミークラス症候群と妙に軽い名がつけられているが、当時はそういう病名はなかった。

シアトルの病院を退院するとき、米国人医師が、これからはずっと、その日食べたものを、ジュース一本にいたるまですべて手帳にメモしておくように、と言い渡した。帰国すると柿内はすぐ新しい手帳を買い、最初の頁に「ジョーヤの食べもの日記」と書き、その日食べたものや口にしたものを細大もらさず書きとめはじめた。日記はそれから二十数年間、一日も欠かすことなく書き続けられ、死にいたるまでの病のような確実な習慣になった。「ジョーヤ」の意味についてはあとで説明する。

柿内の「食べもの日記」が友人のあいだで知れ渡ると、外国土産だといって毎年、世界各国の日記帳やカラフルな手帳がプレゼントされ、一九八九年の食べもの日記は、大判のフランス革命二〇〇年記念の日記帳となった。表紙には黒地に青白赤の古い三色旗がたなびき、「自由、平等、博愛、生か死か」とフランス語で印字してある。中の頁には四色の古びた銅版画があしらわれ、華麗で血なまぐさい大革命ムードにあふれていて、そこに力強い彼女の日本文字で、「○夕　たこぶつ、たけのこ・ふき煮、かれい塩焼き」などと書きこまれているが、その頁の挿し絵は、逃亡するルイ一六世とマリー・アントワネットの乗った馬車である。フランスのひと癖ある活字と日本の書き文字が違和感なくおさまっていて、日本文字も、もとから印刷されてあったように見える。

前年の日記の一月八日の頁には次のように書かれている。

○朝　コーヒー
○昼　ホテル西洋銀座内・吉兆——松花堂弁当1万円コース（メニュー別紙）、ビール（2杯）、日本酒（4杯）
○夕　リストランテ山崎（南青山）——オリーブの肉詰揚げ、スモークサーモン・玉ねぎ、あんこうのムース・ガーリックトースト、オレンジとういきょうのサラダ、パスタ（3種）、グレープフルーツシャーベット、コーヒー、ティオ・ぺぺ、赤ワイン（3杯）バー——ウォッカ&オレンジ、チンザノドライ

これは特別の日ではなく、ただ古くからの友人と昼食を約束し、たんたんと普通に暮らした

一日のメニューだ。店でもらったメニューも日記帳の最後に何十枚と保存されている。

椎根はのちに、柿内の食べもの日記の一九八七年から九一年までの五年間分を借りて読んだ。和洋中の料理と酒類の羅列が強烈であり、何十種類もの食べものの匂いが一挙に押しよせてくるようで、日記を開いているだけで重苦しい気分になる。その重さは胃のあたりで感じるものではなく、ドストエフスキーの『死の家の記録』の虜囚《りょしゅう》の精神状態に近いものだった。

健康のために記録されたもののなかで、これほどバラエティがあり贅沢な食生活は空前絶後なのではないかと思われた。美食家やグルマンといわれる飽食家でも、ここまでは食べないだろうというレベルにあり、まさに生か死かの選択を迫られているようなものだ、と和食党の椎根は仰天した。

当時、椎根は柿内と有楽町のフランス料理店「アピシウス」へ行ったことがある。壁には無音としかいいようのないアンドリュー・ワイエスの絵が掛けてあった。

その一九八七年一二月一一日の柿内の日記。

○朝　コーヒー
○昼　アピシウス――とり・ミモザ・アンティーブ温サラダ、金目鯛のウニ風味むしもの
　ポテト添え、なしのシャーベット、フランスパン、白ワイン（1杯）、コーヒー

○夕　ビストロ備前（神田駿河台）――生がき、サーモン、チーズ、サラミ、生ハム、野菜サラダ、あわびのステーキにんにくソース、ビーフストロガノフ、えびクリーム煮、マカロニグラタン、白ワイン（4杯）、赤ワイン（1杯）

○夜　ぼ・るーな（新宿）――ウィスキー水割（5杯）、しゅうまい、さつま汁

アピシウスは元首相の麻生太郎もお気に入りの気取った店だ。柿内が椎根と入っていくと、いきなりマネジャーが飛んできて柿内をキャッシャーのそばに連れこみ、何ごとか慇懃《いんぎん》に説明をはじめた。柿内は料理業界の有名人だから、マネジャーと久闊《きゅうかつ》を叙して、挨拶をかわしているのかと思って、椎根は立ち止まり待っていた。二、三分で戻ってきた柿内に、「知り合い？」と尋ねると、

「いや、ボクは男だからネクタイをしろと言うんだよ。だから、女でもネクタイをしなくちゃいけないんですかと言ってやったら、スミマセンとすぐ謝ったけど……」

柿内はその少年のようなルックスと、いつもジャケットにパンツというスタイルにより、女子トイレとか温泉の脱衣場でよく咎《とが》められた。彼女はそういう時、別に怒りをつのらせないで、自分の美貌に自信を持てない女性が、男性から、貴女は美人ですと言われたような顔をするのだった。

アピシウスでの昼食を終えると、椎根は一カ月分のバターを一食で食べたような気分になり、早く自分ひとりになりたくなった。満腹になると、女房でも親友でも急に疎ましくなり、一人になりたがる癖があり、通りに出ると、「ぼくはちょっと用事がありますから、ここで失礼」と言って、柿内と別れた。彼女はその夜、またフランス料理をしっかり食べたわけだ。

身長一六〇センチ体重五〇キロの柿内のどこにそれだけの量が入るのか、椎根には不思議だった。彼女は過剰な食事が原因の胃の病気にも無縁だった。柿内には貯金の趣味もなく、衣類やアクセサリーに凝ることもなく、全収入を外食に費やしていた。

柿内は親しい男性と話すときの一人称には「ボク」を使い、女性同士では「お柿」と言った。酒が入ると、男に向かっては「ワシ」と言い、女に対しては「ボクちゃん」と使いわけた。うた寝に入る直前と覚めた直後、親しい女性ばかりの時などには、「ジョーヤちゃん」と意味不明の一人称を使った。ある時、なぜ男に向かって、「ワシ」と言うのか椎根が尋ねると、真顔になった柿内は、「おかしいなぁ、ボクは『アッシ』と言ってるつもりなんだが」と答えた。

食べもの日記に「ジョーヤ」と書いたのは、就寝直前の意識朦朧状態を自分で自覚していたということになる。いくら酔っていても満腹でも、書き文字の端正さはくずれず、筆を持つと、急に正気を取り戻すのだった。

社内休業宣言が明けて

　椎根が社内休業宣言をして四年になろうとしていた一九八七年九月、副社長の木滑は椎根を社内電話で呼びだし、「約束の三年が過ぎたから、仕事をしてもらう」と告げた。「もう四年経ちました、一年余計に遊びました」と、拗《す》ねと恥ずかしさの混じった声で、椎根は木滑の記憶違いを正した。

　仕事というのは、女性向け週刊誌の創刊を編集長としてやってほしいということだった。木滑は、あらたまった話をするときの、あの礼儀正しい口調と、ここでまたヘソを曲げて、「引き受けません、ついでに会社もやめます」などと言いだしかねない椎根の性格を考えて、慎重な言いまわしで説明を始めた。

　十数年前、『アンアン』の編集部にいたときのことだった。二九歳の椎根は、編集長だった木滑に、「この会社にいると、金に不自由しなくて金銭感覚がなくなります。しばらくロンドンで遊んできます」と、まるで突然発狂したかのような理由を述べ、そのまま退社したことがあった。

　しかし今回ばかりは、椎根も逃げる口実を見つけることができなかった。木滑は椎根の奇妙な性格が新雑誌の未来にプラスに働くのではないかと明るく展望してみせた。そのこじつけに少し反発を感じたが、目くじらをたてるほどのことでもない、と椎根は黙っていた。

創刊は来年の五月、と木滑は話を続けた。早急に決めなければならないのが編集部人事のことだった。『ポパイ』と『オリーブ』の体験から自分と正反対のキャラクターを持った有能な副編集長がぜひ必要だと考えていた椎根は、「副編には誰を」と直截に問う木滑に、「流れからいって柿内さんしかいないでしょう」と答えた。

「椎根の好きな人でいいよ。でも二人が揃うと気持ちの悪い雑誌ができそうだなあ。椎根は変人だし、柿内も奇人だし……」

と含み笑いを浮かべながらも、木滑は嬉しそうに感想を述べた。

木滑の頭には、一カ月前の堀内誠一の葬儀のことがよぎっていたのかもしれない。

新宿・太宗寺での葬儀では、椎根と柿内が事務局格となり、堀内家の遺族をサポートした。無宗教でという喪主の路子夫人の要望に沿って、二人は不世出のアートディレクターにふさわしい洒落た葬儀にしよう、と日本の葬式の通念をやぶるような手づくりの祭壇をこしらえた。

堀内と仲がよく実弟のようだった、チェロ奏者の翠川敬基《みどりかわけいき》がつくったテープが式のあいだ流された。ガブリエル・フォーレのレクイエムを中心にした選曲だった。式直後の精進落としの席は真夏の猛暑のなかで行われた。堀内と一緒に仕事をしたことが天上の出来事のように、愉しさばかりが記憶として残っている編集者やカメラマン、デザイナーが集まった。路子夫人は堀内が愛飲したスコッチウイスキー「ジョン・ベック」のブルーラベルを五〇本も手配していた。蒸発する汗と同じ速度でジョン・ベックが次々と空になり、その結果、哀切よりも楽しき思い出だけが残留し、席は祝祭のようになった。堀内の葬儀で弔辞を捧げた社長の清水は、「ぼくの時も柿内と椎根にやってもらいたい」と木滑に言ったそうだ。

堀内の葬儀に際しての共同作業を見ていた木滑は、今度は葬式ではないけれど、この二人ならまだ見たこともないような雑誌をつくるのではないかという期待感を抱いたのだろう。しかしそれよりも、清水の、「ぼくの時も……」との発言が、この二人にやらせるしかないと考えるにいたらしめたのだろうか。

出版社には当然ながら、冠婚葬祭課という部署はない。有名作家などの大きな葬儀を二、三回やると、その編集者は、文壇冠婚葬祭屋と呼ばれることになる。そうなった編集者は一時的に重宝がられるが、なぜか次第に社の上層部から疎んじられる。椎根は堀内の葬儀のあと、あまりにもうまくやりすぎたから、俺は社長になれないような気がする、と柿内にこぼした。「ボクも同感！」という返事が返ってきた。椎根の夢、「銀座で作家と飲む」の延長線上に、冠婚葬祭課という幻の部署があったのだ。

堀内の葬儀のあと、椎根と柿内のあいだに特別な雰囲気が漂いはじめた。甘い恋愛時代を飛び越えて、いきなり結婚生活三〇年の夫婦のような会話をかわすようになり、アレとかソレという言葉で、充分意志が通じるようになった。それは雑誌の創刊時に、編集長と副編集長のあいだに必要な空気でもあった。

マガジンハウスとしては『平凡パンチ』以来、二四年ぶりの週刊誌創刊となった。それも二〇代の女性をターゲットにしたいという木滑からの要望で、宣伝の予算もたっぷり確保したから、創刊時にはテレビを使っての大宣伝も可能とのことだった。

この新雑誌は清水と木滑のあいだで何度も話し合いがもたれ、内容もだいぶ固まっているな、と椎根は推測した。清水は社長になり編集現場を離れても、自社の創刊誌が発売されると、感想・批評を当該編集長に伝えていた。それも和紙に毛筆で書かれ、巻き物状になっているという噂だった。

その社長の手紙を思い出し、椎根は木滑に注文をつけた。

「ひとつだけお願いがあります。今回、私は社長の意見は一切聞かないようにします。社長のアドバイスはすべて木滑さんの胸の内にとどめておいてください」

木滑は即座に、「わかった、そうする」と応じた。

ここまで話が煮つまるまでには、社の上層部で、新雑誌を誰（取締役クラス）が担当して、誰にどういうふうにつくらせるかをめぐって、論議というより机の下での蹴り合いのような暗闘が繰りひろげられるのが常だった。新編集長がほぼ決まったあとでも、社内の予想もしない人や部署から、奇天烈《きてれつ》としかいいようのない意見が出てくることもあった。

新雑誌の成功不成功で社内の人事バランスがすぐさま変わるのが出版社の通例で、そこに、自分で担当して失敗したらバカバカしいとか、他人がやって成功したら困ったことになると考える取締役たちの思惑がからむ。彼らは、アドバイスに見せかけた妨害や雑音を編集長になりそうな人物に吹きこんだ。

マガジンハウスは創業以来、役職とか組織とかを、できれば置きたくない、つくりたくないという信念で運営されてきた。一九八二年に他界した初代社長の岩堀喜之助は、社長と呼ばれることを好まず、ボリさんと社員に呼ばせた。そして経営の基本理念として、社員を大切にという考え方と、自分の報酬はできるだけ少なくという我慢を貫いた。存命中、岩堀には愛人がいると囁《ささや》かれた。椎根が感動したのは、愛人がいるということではなく、岩堀が通っていたアパートの家賃を、その女性と半分ずつ出し合っていたという話だった。岩堀の愛の現場は何回も社員に目撃されていて、ある時、柿内が京都のお寺を見物していると、向こうから岩堀が凄い美人と腕を組んで歩いてきたが、カラダも口も硬直した柿内は黙ってすれ違ったという。帰京後、社長室に呼びだされた柿内は、岩堀から「武士の情とはああいうものだ、ありがとう」と言われたそうだ。彼は柿内を男以上の漢《おとこ》として遇し、彼女の沈黙の礼儀に感謝したのだ。

ところが、社員が四〇〇名を超えたころから、N編集担当取締役ら数名のグループが、これからは組織をしっかりつくり、社員には甘いことを言わず、強圧的な態度にでるべきだと主張し、組織改革や職務担当変更を繰り返すようになっていく。頻繁に組織を変えることによって、社員の気力を萎えさせ情緒を不安定にさせ、思いどおりに動かそうとするかのようだった。最初に犠牲になったのは古くから編集畑ひと筋の名物女性編集者の折笠光子である。入社以来『月刊平凡』にいて、山口百恵をはじめ、歴代アイドルたちのお母さん的存在になっていた彼女は、販売部への異動を言い渡されると、Nを相手に手負いの熊さながらに血のような涙をあたりに振りまきながら、呪詛の言葉を吐いた。折笠は近ごろ人気の飯田橋の東京大神宮の娘といわれていたから、呪詛は真実味を帯びていた。『平凡パンチ』ただひとりの女性編集者、吉田園も、広告部へ行かされるや突発性難聴を発症し、病院通いを続けた。

実のところ、組織強化や適材適所などと声高に言いつのる取締役ほど、ヒラの編集者やキャップの時代には、椎根のように働かず出社せず、組織を無視した行動をとっていたが、役職に就くと、急にヤル気をみなぎらせ、自分の過去の怠慢を反省するかわりに、他者に厳しくあたり、その威圧的な態度は社外の作家、ライターにまでおよぶのだった。

Nが、一九八三年に椎根から『オリーブ』を引き継いだとき、伊集院静の「南海幻想譚」(『空の画廊』集英社、一九九六年)はすでに連載中だった。松田聖子のコンサートの演出家をしていた伊集院の、万年筆で書かれた美しい文字を見て、椎根が原稿を依頼したのだ。二代目編集長になったNは、すぐ伊集院を編集部に呼びだし、「伊集院クン、ぼくが文章の書き方を教えてあげるよ」と声高らかに言い放ったという。もちろん伊集院はあきれはてて即座に連載をやめた。

『Ｈａｎａｋｏ』の編集部人事が七割方決まったところで、椎根はそのNから呼びだされた。そして新雑誌担当を副社長自らがやっているのは組織上おかしい、だから俺が担当するとのたもうた。Nは一か八かの勝負に出たのだ。清水→木滑→椎根のラインで新雑誌が創刊されると、たしかに編集担当取締役が無視されることになる。しかしマガジンハウスは、あってなきがごとき組織で、三つの一〇〇万部を超える雑誌――『月刊平凡』『週刊平凡』『平凡パンチ』――をつくってきた。

木滑をはずして、自分が社長と椎根のあいだに入りこもうとしたNは、「そこで提案だが」と切りだした。ユニークな新雑誌をつくるために、編集部内に組織をつくらず、編集長もキャップも置かない、全員ヒラでやってもらう……。おやおや、組織が大事、副社長と椎根で雑誌をつくるのは組織上おかしい、とさっきまで言っていた人が、急に組織のない編集部をつくりたいと言いだすなんて、これは新雑誌を潰すための発言だ、と椎根は理解した。

雑誌の創刊という修羅場になると、Nは自分でやりたいのか、ほかの人に押しつけたいのか、判断に迷う言動をとることが多かった。椎根が黙っていると、「ヤマトは部下に甘いから駄目なんだ、もっと締め上げなくちゃ」とNは言ったが、これは自分の体力温存や私的な時間の確保ばかりを考える編集者がよく言うセリフだった。

椎根は、「では私は必要なさそうですから新雑誌には行きません」と答えて席を立った。部屋に戻ると、木滑が顔を出し、「なんか面白い話はないの？」と、おもねり半分といった調子で話しかけてきた。椎根はNに言われたことをそのまま伝えた。木滑は少しだけ顔つきをあらためて黙って部屋を出ていった。

次の日の夕方、どこで何を、どういう工作をしたのかわからなかったが、「新雑誌は既定の、椎根中心の組織でやり、担当も今までどおり俺だ」と、木滑は二四時間の暗闘の疲れもみせずに、さりげなく言い、すぐ姿を消した。

その夜、左後頭部に移動するような痛みをおぼえた椎根は、日記に、「明日一番で日赤医療センター脳外科へ必ず行くこと」と記し、翌朝八時一〇分に自宅の近所の日赤医療センターで診察を受けた。若い医師の態度ははなはだ悪く、患者である椎根の顔を一度も見ずに、「単なる風邪ですよ」と言った。しかし、その見立ては正しかったようで、『Ｈａｎａｋｏ』の編集長をやっていたあいだ、一度も頭痛は起こらなかった。

一方、自分の計画を頓挫させられたNは、社内ですれ違っても椎根を無視するようになった。そうされるほうが、椎根には気分がよかった。

Nはその後、常務取締役になったが、ある日突然、マガジンハウスから姿を消した。原因は、東京大神宮の娘、折笠光子による呪詛以外に考えられなかった。呪いとか錬金術とか刺客という言葉がまだマガジンハウスでは通用する時代だった。

隠し持っていたエース

急いで誌名も決めなければならなかった。椎根は柿内といくつか考えた。二人が一番気に入っていたのは「ガラ＝ＧＡＬＡ（スペイン語でお祭、祝祭の意）」というものだったが、木滑に「ガラ」と言った途端、「そんな気取った誌名は駄目だ」と一蹴された。しばらくぎこちないやりとりが、相手の、雑誌に対する感覚がにぶっていないかどうかの探り合いのなかで続いた。

四年間まともな会話をしていなかったので、その空白を埋めるように、ひそかに注目している他社の雑誌やＰＲ誌、また、売れている雑誌の編集長のおかしな性癖や、あるいはフリーライターのその後の暮らしぶりなどが次々と話されたが、会話には少しばかり錆《さび》が生じていた。

木滑には、この話を知っているかという疑問形ではなく、当然知っているものとして話す癖があったため、知らないことを言われたときには、「それは知りません」とわざと強く答え、知っている場合には否定も肯定もしないのが、雑誌界の大物、木滑との会話を円滑にすすめるコツだった。話のなかの微妙な無言無反応の量が、錆ついたところに油をさす効果をあげた。

最初はポーカーのように、相手が手の内にエース二枚を隠し持っているのではないかという不安と戦いながら、何ごともないような顔をして話し続ける。ギイーッと錆がとれはじめたのを感じると、新雑誌の核心（読者像）についての軽いジャブの応酬となる。お互いにまだ存在しないもの、実態をつかんでいないもの、確信を持てないものについての探り合いは、自分の秘密の恋人についての話のようになる。

二人の意見が妙に一致すると、自分だけの恋人と思っていた女性が、相手の恋人でもあったことがわかったときのように、あせりを感じ、できるだけ早くその話題から遠ざかり、逃げだしたい気持ちになるのだった。編集者というのは、いつも何かに恋をしている種族なのだ、と椎根が思うときでもあった。

体調は、酒の量は、女は、という木滑の世間話に明るく答えながらもまた、編集者の恋というのは、特定の一人ではなく、何十万という数の女性に恋をするようなものだという誇大妄想的な考えが、むくむくと椎根の頭を占領しはじめた。

と、木滑は急に世間話を打ち切り、決断するかのように、「誌名はもう決まっている、ハナコ、Ｈａｎａｋｏだ」と言い、販売エリアも、「東京首都圏に限定する」と続けた。やはり木滑はエース二枚を隠し持っていた。もう一枚ぐらい隠しているだろうと椎根は感じたが、首都圏限定販売という凄いアイデアに敬意を表して、「目の前が急に明るくなりました、メトロポリス東京マガジンって格好いいですよね」と急いで言った。

マガジンハウスの雑誌の売れ行きをみると、東京を中心とした首都圏での売上が毎年増加していた。当時一二誌を出していたが、特に都市型雑誌『ポパイ』『ブルータス』『オリーブ』は首都圏での売上が突出し、三誌とも販売率が六〜七割という高いパーセンテージを示していた。別の言い方をすれば、地方を中心に売れていた『月刊平凡』と『週刊平凡』の退潮を物語るものだったのかもしれない（いずれも一九八七年に休刊）。

首都圏限定販売という木滑のアイデアによって、椎根は四年間の冬眠から急に目覚めたように、新雑誌に関してはすべてうまくいくような気持ちになり、肩のあたりにずっしりとのしかかっていた重いものもどこかに消えてしまった。どこの社もまだ手をつけていない新企画ほど編集者を勇気づけるものはない。

当時の椎根は海外取材でロンドンやパリやNYへ行くたびに、税関を出るとすぐ売店に駆けつけ情報誌を買う習慣になっていた。ロンドンなら『タイムアウト』、パリなら『パリスコープ』、NYでは『ニューヨーク』といった、それらの雑誌には、その大都市のレストランガイドや直近のコンサート情報がぎっしりとつめこまれていた。東京には、まだその手の、特にレストランガイドを主体にした情報誌はなく、はじめてロンドンで『タイムアウト』を買って以来、椎根は日本でもこんな情報誌を出したいと何度も企画書を書いたが実現しなかった。ここへきて、夢の雑誌を創刊できる可能性が出てきたわけだ。

のちにバブル時代といわれた一九八八年ごろ、地方を置きざりにしたまま東京だけが世界一の街になろうともがいていた。まず首都圏に住む若いサラリーマンの年間所得が米国の同世代の賃金に肩を並べるようになった。そして、アジア各地の戦乱の果てにボートピープルが来日し、カンボジアやベトナムやチベット料理店などが次々と開店した。もっと稼ぎたいと願う、鋭い嗅覚を持った世界中の若者たちも東京を目指した。失業率は二〜三％、日本の若者はほぼ完全就業の状態で、経営者たちは人手が足りないとこぼすところから会話を始めていた。中国の若者が一攫千金を夢見て密入国したように、五万円のチケットが即日完売になる東京の好景気につられて、スーパースターやアーティストも続々とやってきた。一九八七年にはマドンナとマイケル・ジャクソンが初コンサートを開いている。

東京二三区の持ち家に住むオヤジたちはビールを片手に、この家と土地を売れば、ビバリーヒルズの大スターの家が買えるんだよ、と自分の娘に自慢した。それが真実であったところが、バブル時代の恐いところである。驚異的な売上を記録した「アサヒスーパードライ」が発売されたのも一九八七年。すべての狂乱の原因に地価の高騰という妄想獣が巣くっていた。東京二三区の土地を売り払えば、日本よりも面積が大きいカリフォルニア州が楽々買えると計算した経済学者もいた。その説を信じて、日本の不動産会社や企業がNYのロックフェラーセンターやエンパイア・ステートビル、有名ホテルなどを買いあさった。

このころ、忙しい創刊準備をこなしながら、時々五〜六時間にわたって姿を消していた椎根のポケットには常に、現金一〇万円と三文判が入っていた。家屋売買の仮契約に必要な手付金と判子だった。

社内の他部署との重要な打ち合わせと仮契約が重なると、椎根は、「ちょっとよんどころない事情があって欠席するから、柿内さん出ておいてください」と言って、東海道線に飛び乗った。あまりに頻繁にそういう事態になるので、柿内は椎根を問いつめた。椎根はケロッとして、創刊前に、家屋の売買をすべて完了させたいのだと答えた。

椎根はそれまで住んでいた渋谷区南平台町のマンションの一室を売った金で、鎌倉に居住用の住宅を一棟、静岡県熱海に温泉付きマンションを二部屋、伊東に別荘も買った。柿内があきれた顔をすると、椎根は、「どの夕刊紙を買うかと考えるほどの軽い気持ちじゃないと、家は買えませんよ」とうそぶいた。一九八七年の六月から一二月までで、すべての取引がすんだが、住んでいた部屋は買ったときの価格の一・六倍で、有名不動産会社が買いにきた。その後、不動産会社同士で二、三回転売され、さらに高額で売られたようだ。結果としてバブル発生の時間差を利用した形になった椎根を、木滑はひと言で評した。

「編集もできる不動産屋」

「貿易黒字の拡大」「円高」「世界第二の経済大国」というニュースによって、ほとんどの国民が、自分たちは中流階級だという意識を持つようになり、さらに地価の高騰は、その中流意識に富裕感をプラスした。黙って父親の話を聞いていた娘たちは、これからはいくら買い物をしても、外国旅行をしても、わが家は少しも困らないのだと考えるようになった。一九八七年には、時の首相中曽根康弘が、特別に生中継の会見を開き、もっと外国製品を買いましょう、外国旅行にも行きましょう、とTV画面から国民に要請している。

厚生省（現厚生労働省）が、結婚した一カップルから誕生する子の数が、前年を下まわる一・六九人と発表したのも一九八七年のことだった。以後、人口減少と少子化が進み、女性の初婚年齢も首都圏では二七歳近くまで上昇した（「都道府県別にみた夫・妻の平均初婚年齢の年次推移」厚生労働省）。それは、女性の高学歴化、高収入化のせいもあるが、相手となる男性たちが、オタク化しつつあることを証明していた。愛につきものの苦難の道を選ばず、そんな面倒に体力と金を使うことは最初からあきらめて、無抵抗のマンガやアニメの美少女に、一方的に愛のようなものを捧げる若い男が増えたのだ。マンガの美少女に対する愛が現実の世界に持ちこまれると、それは犯罪になった。

ところで、木滑が新雑誌を担当するということは、彼が考えだして大成功をおさめた『ポパイ』方式——販売部数はある程度におさえて広告収入で稼ぐ——を採ることを意味した。それは社内で急速に発言力を持ちはじめ、雑誌の内容にまで口を出すようになっていた広告部をはじめ、社全体に暗黙のうちに了解されていた。『Ｈａｎａｋｏ』の成功以降、広告部だけでなく、電通などの大手広告代理店のゴーサインなしに雑誌は創刊できなくなり、影響が強まっていくことになる。

『ポパイ』方式でいくということはまた、編集長および副編集長が、編集業務以外に広告を集める労役を負うことでもあった。そのため創刊前に、椎根と柿内は広告を出してくれそうな約一三〇社の広告部・宣伝部・広報室に挨拶まわりをしなければならなかった。それはまるでスペインの守護聖人ヤコブの墓があるサンティアゴ・デ・コンポステーラへの巡礼と同じ苦行、と椎根には感じられた。聖ヤコブは、スペインを守るという大役のほかに、金銭がらみの守護聖人という雰囲気をあわせ持つ。彼のシンボルがホタテ貝だからだろう。

しかし、椎根の苦行は、同行する柿内に助けられた。柿内はマグダラのマリアのような存在感で大企業の部長たちと会った。挨拶に行くと、相手は、柿内が少年なのか、老女なのか、あるいは『スター・ウォーズ』に出てくるヨーダ的存在なのか混乱し、皇族の落とし胤《だね》の突然の訪問を受けたような顔をして最高級のコーヒーを出してくれるのだった。彼らは柿内と会話をかわすことが畏れ多いというふうに、柿内のそばに控える椎根に話しかけた。椎根はそのたびに自分が何も説明しなくても、この社は必ず広告を出してくれると確信した。

柿内を以前から知っている社へ行くと、嫁ぎ先から実家に帰ってきた娘のごとく親密な接待を受けた。帰るときには、近い将来に莫大な援助をこっそり約束してくれた気分になった。柿内が、「『Ｈａｎａｋｏ』ですが」と話を切りだすと、わが社は新雑誌の場合、創刊後一年間は様子をみて、それから広告出稿を検討します、という冷たい常套句は聞かれなかったのだ。この最低一〇〇社以上の宣伝部巡礼の旅は、以降、全出版社の新雑誌編集長の義務となった。

巡礼中に誌名を口にするたび、ハナコという誌名は少し古くさいかなと椎根は感じるようになった。しかし誌名はなんでもいい、ストンと決めるのが一番だとも考えていた。木滑もそういう考えで、『ＰＯＰＥＹＥ』を名づけ、『ａｎａｎ』は、清水が当時モスクワ動物園にいたパンダの愛称を採用したもので、雑誌の運命は誌名と表紙で決まるという、彼の雑誌哲学を反映していた。清水が、椎根・柿内のコンビをみて、二人が世間に対して粗相しないように、やり手の女中を一人つけるような気分で、「ハナコ」という詩名にしたのでは、と椎根は深読みした。

そんなある日、木滑が嬉しそうな顔をしてやってくるなり、「表紙はケン・ドーンに決まった」と告げた。木滑がそういう顔をするのは社長との話し合いがスムーズに進み、二人の感性が一致し、木滑も心から同感と思うアイデアが生まれたときである。隠し持っていた三枚目のエースはケン・ドーンだった。

ケンは日本では無名だったものの、祖国オーストラリアでは最高の人気を誇っていて、シドニー空港の売店は、彼の絵をあしらった種々のグッズであふれていた。この時期、日本人の新婚カップルのハネムーン先として、ハワイを抜いてオーストラリアが一番人気で、新妻たちはケンの名前を知らなくても、鮮やかでありながら南半球の光と影を同時に感じさせる色づかいのTシャツやタオルを、シドニー土産に大量に買いこんだ。ちなみに現在の公明党のシンボルマークは、ケンがデザインしたものではないが、彼のモチーフをコピーしたものである。

ケン・ドーンの絵を清水に教えたのは、長いあいだマガジンハウスのアートディレクターをしていた堀内誠一だった。堀内は一九八二年にオーストラリアでケンの絵に出会い、画集を買って日本に持ち帰っていた。

実は、清水の構想では、一九八八年に『Ｈａｎａｋｏ』を創刊する考えはなかった。清水の頭にあったのは『ローランサン』で、アートディレクターを堀内誠一、編集長を柿内という布陣で、西洋名画と俳句・短歌をミックスした内容を想定し、一九八七年の初夏には、来年の創刊に向けて簡単なダミー版も製作された。清水は彼の雑誌理論にしたがって、ダミー版をつくる前から誌名を決めていた。このダミー版では、堀内が見つけてきたケン・ドーンの絵が特集されたが、その堀内がダミー版製作直後、五四歳で急逝した。堀内を失って、新雑誌創刊という意欲が消えたようになった清水に、俳句とか短歌にまったく興味のない木滑が、週刊のリージヨナル（地域限定）マガジンを創刊したいというアイデアを出したのだった。

『Ｈａｎａｋｏ』が人気雑誌になったあと、これまでの雑誌名とひと味ちがう誌名は、堀内の長女の名から採ったのだと噂された。遺された堀内の二人の娘は、花子と紅子といった。清水が『週刊平凡』以来の、堀内誠一との交誼《こうぎ》のあかしとして、長女の名をつけたと考えても不自然ではない。ケン・ドーンの絵も、清水がどうしても世に出したかった『ローランサン』構想の流れから、『Ｈａｎａｋｏ』に引き継がれることになった。

椎根は、仕事上のことについては社長と意見を交換しないようにしていた。それは椎根が結婚式の仲人を清水夫妻にしてもらっていたからで、仕事とプライベートは区別したいという、椎根の妙に意固地な性格と潔癖さによるものだった。だから椎根はそれからも、誌名の由来に関して、清水に問いただささなかった。

『Ｈａｎａｋｏ』が創刊されてしばらく経ったころ、木滑にはじめての孫が誕生し、華子と名づけられた。椎根は、「いいんですか、ハナコで……」と言った。しかし、「少し古くさいのではありませんか」とは口にできなかった。

椎根と柿内は、そういうことをしようにも、二人とも一人の子も授からなかった。椎根の場合は自らの意志でそうなったのだが、柿内の場合は、最初の結婚の時に、子供は一生つくらないと決意したという。相手の男の給料が柿内よりはるかに低く、その上、夫の父親や弟の生活費まで彼女が面倒をみるという形になったために、これで子供を生んだら、共倒れになってしまうと気づき、そうしたのだ。

その柿内は誌名問題や表紙問題について一切口をはさまなかった。あれがいい、これがいいと言うことで問題をさらにこじらせ、悪いほうへ流れるのを恐れるように黙していた。ひとたび誌名決定について現場が迷走すると、ニキビが本人の一番気にしているところにできるように、九割の人がイヤだと感じる誌名に落ちつくことがある。

ケン・ドーンを表紙に使うことは決定したが、誰も連絡をしないままに一月が過ぎて、創刊四カ月前を迎えていた。もう時間がないから、手紙とか国際電話でやりとりするよりも、直接会って契約してくる、と椎根は単身シドニーへ向かい、「五月末に創刊される新週刊誌の表紙の絵を毎週一枚ずつ書いてほしい。それとは別にタイトルロゴも英字で四〜五枚早急に描いてほしい」とケンに頼んだ。彼もびっくりしたことだろう。いきなり見知らぬ日本人が、誰の紹介状も持たず、代理店も通さず、事務所に飛びこんできて、仕事を発注したのだから。シドニーの名所オペラハウスのすぐそば、ロックス地区にある建物のオフィスでのことだった。

若い時分、ロンドンの広告業界でもまれた経歴を持つケンは、いくら魅力的な話でも、その場で契約書にサインをすることはなかったが、芸術家とビジネスマンのふたつの顔が、理想的に日焼けした笑顔のなかで見事に調和していた。椎根はその笑顔を、ＯＫのサインだと理解した。円高のおかげで、画料・使用料とも、それほど高額にはならなかった。

『Ｈａｎａｋｏ』が創刊されると、日本でケン・ドーンのブームが起こり、創刊直後には大きな画廊ではなかったが、二、三カ所で個展も開かれることになる。オーストラリア政府観光局のイメージ・ディレクターをしていたケンは、当然自分ひとりを売りこむだけでは満足せず、オーストラリアの物産の売りこみもサポートした。

ケンの絵が人気を集めるにつれ、オーストラリア産の花もはじめて輸入され、東京の花屋に並びはじめた。カンガルーのように原始時代の名残りを残した奇妙な形のキングプロテアやピンクミンクといった名の花を中心に約二〇種が、花屋の店頭を新感覚の色彩と形で飾った。

新編集長の仕事のひとつに、パーティや展覧会に、自社と新雑誌の宣伝をかねて、花輪・花束を出す習慣がある。そんな時、椎根は社の裏口にあったスズキフロリストに、侘《わ》びを感じさせる茶花とオーストラリア産の花をミックスして届けてほしいと頼むようになった。最初は首をかしげていた番頭の木元だったが、三、四度続けているうちに、「好評ですよ、あの組み合わせが……勉強になります」と、椎根にお世辞を言った。

シャボン玉の泡の日々

一九八八年一月一四日には帝国ホテルで、マガジンハウス広告部主催の創刊発表会が開かれ、日本を代表する大企業の宣伝部員が約一〇〇〇名ほど集まった。この日の椎根と柿内のスケジュールは、意識がなくなるほど、たてこんでいた。

午前中には創刊記念読者プレゼント用として乗用車を一台提供してもらうためにマツダの宣伝部長と打ち合わせ、了承をとりつけ、さらに、その車を女性仕様に特別に改造してもらえないかと厚かましくもお願いした。午後一時からは編集会議。この時期の会議で、椎根は何かと批判された。三時からはスタイリストの原由美子とファッション頁の打ち合わせ。優柔不断がおしゃれをしているような原との話し合いはいつも結論にいたらず、椎根はイライラしながら、彼女は優柔不断をエレガンスと勘違いしている、などと思った。そして、六時に帝国ホテルの宴会場へ。椎根も柿内もそれぞれ三〇〇枚の名刺を持ち、立食式パーティのホストとホステスをつとめた。

柿内は水割り片手にその驚くべき記憶力——顔と名前と会社名の一致——を発揮し、主役となった。椎根はその手のことが苦手なので、前から知っている人と話しこむふりをしていると、柿内が遠くから「シーネ、シーネ」と大きな声で招き、初対面の人々に引き合わせた。椎根はただただ神業に近い柿内の人さばきと箸さばきに見惚れた。二人の手には、一枚の名刺も残らなかった。

その日の柿内の食べもの日記。

○朝　コーヒー

○昼

○夜　ソーセージ、生ハム、スモークサーモン、ぐじかぶらむし、さわら西京焼き、チキン、キャベツ、にんじんスープ、ドライカレー、水割（4杯）、コーヒー

ちどり——大根酢のもの、湯豆腐（白菜入り）、日本酒（2本）

パーティの成功を見届けた椎根は柿内を誘って、居酒屋へ。そこで常連客の一人が、お祝いに長唄「松の緑」を謡《うた》ってくれた。そのあいだ椎根はカレーライスを食べていた。

創刊前に書店・取次・広告代理店向けに配るパンフレットは二度製作された。一回目のパンフレットのヘッドコピーに椎根は、

「ガーシュインを聴きながらディナーをとり、日曜日にはレンブラントのスケッチを見にい

く、ような都市型生活に憧れている女性たちが読者像です」と書いた。すぐ販売部から、「なんのことやら、わからん」とクレームがついたが、椎根は無視した。販売部は、調査会社の数字だらけの読者像を求めていたのだ。

二回目のコピーは「キャリアとケッコンだけじゃ、いや。」だった。

これはコピーライターのこばやしユカに注文し、つくってもらったもので、彼女の柔弱《にゅうじゃく》にして図々しい本性がよく出ていた。もうすぐ大量発生することになる若い女性たちの本質を表現してもいて、椎根は五〜六案のなかから、この欲ばりな、まともな男ならのけぞりそうなコピーを選んだ。九〇年代に登場し、名を残した女たちを、まるごと飲みこんだような傑作コピーである。

二回目、つまり最終的なパンフレットには、ケン・ドーンが素早く描いて送ってくれた「Hanako」のロゴとシドニーの夏の花火大会の絵が間に合った。椎根は、Hの横線が、縦の線よりも太く、そして横線が縦線の左右にはみだしている描き文字に感心した。生まれたときから英字をいじっているネイティブでないと、こんなふうにアレンジできない。最後のoの中に、一二枚の花びらが入っているのも、チャンスを絶対に逃すまいとする、ケンの努力と粋な精神を感じさせた。このロゴは数十年のちの現在もそのままの形で使われている。

「キャリアとケッコンだけじゃ、いや。」のコピーに続く本文を椎根はこう記した。

24時間多面的に増殖を続ける東京は、ある意味では女性のためのシティです。新しいビルも新しいタウンも女性のための装飾を身につけ、突如、出現します。そうした東京の都会生活を充分に楽しんでいる女性たち。キチンと仕事をこなし、ファッション、居住空間、財テク、ショッピング、食事、コンサート、美術展、転職にいつもアンテナを張る、そんな首都圏に住み、働く女性のために、『Ｈａｎａｋｏ』は有能なアシスタント役を務めたいと考えています。（略）原発問題も金融情報も、いまや身近な問題でしょう。

女性誌の創刊告知に原発問題が入っているのは異例のことだったろう。チェルノブイリ原発事故の二年後であり、女性のあいだでは原発事故に対する関心が高まっていた。広告部の渋い顔は予想できたが、椎根は直感だけで雑誌をつくろうと考えて、あえて原発問題という言葉を入れた。

実はこの時期、東京電力がマガジンハウスの全雑誌に「原発は安全だ」というＰＲ頁を入れたいと申し入れていた。広告部の依頼にすぐ組合が大反対し、取締役会で、各誌の編集長の判断にまかすということに落ちついた。もちろん東京電力は、他社の雑誌にも同じ内容で広告を出していた。

創刊一年後のパンフレットに椎根は、「予期しておりませんでしたが、Ｈａｎａｋｏ現象という現代用語が誕生しました！」と、嬉しさをこらえきれない調子で書くことになるが、現実の女性の行動力・活動力は、予想をはるかに超えていた。二回目のパンフレットでは対象読者を、二七歳の首都圏在住の女性で、「週一回レストランで食事をし、月一回コンサートへ行き、年一回外国旅行に行く」としたが、Ｈａｎａｋｏ現象とともに、やがて、週二〜三回レストランで食事をし、月二〜三回コンサートへ行き、年二〜三回外国旅行をするというアクティブな女性が急増していく。

新編集部が入るスペースも木滑が見つけてきたもので、銀座三丁目の本社から歩いて二分ほどの丸喜ビルの二階ワンフロアに決まった。椎根は、編集部をどこに置くかについても、木滑は『ポパイ』創刊時と同じ流儀でやろうとしているな、と思った。つまり、編集部がヨチヨチ歩きの時にはできるだけ社内の雑音が入らないようにし、雑誌の個性を磨く。編集部内の人間関係がスムーズになり、雑誌が軌道にのったところで、本社に戻るというスタイルである。

丸喜ビルからは、首都高速道路をはさんで、向こう側に電通本社（当時）が見えた。窓が東と西と北の三方にあり、一〇メートル×二〇メートルの広さに総勢一五〇人の人間が出入りする。四〇以上の社員編集者とフリーランス用の机、それに編集者用の机の二倍のスペースをとるレイアウト用の大机が八台、三名の校正係の机は、ネズミ色の繊維材質のパーティションで囲われた。

椎根が「来客用のソファはどうしようか」とひとり言をいうと、柿内がアルバイト学生を連れてどこかへ出かけていき、しばらくして、椎根の机の前に、モダンな大テーブルが持ちこまれた。天板は薄いクリーム色のメラミン化粧板、長く丸い足はステンレス製で、イタリアン・ブルー。どこにあったのかと椎根が尋ねると、堀内誠一との幻の雑誌『ローランサン』ダミー版製作時に、堀内が立ったまま仕事をしたいというので、銀座伊東屋でイタリア製のものを買ったのだ、というのが柿内の答えだった。通常の食卓よりも一五センチは高いそのテーブルを、椎根と柿内は応接セットがわりに使った。二人は編集部にいたあいだ何十回も、「効率のいいテーブルだ、よく稼いでくれる」と、デキのいい孫を褒める老夫婦のように、讃えた。

実際、クライアントが広告を出す最終的な決断を編集長との話し合いで決めようとやってきて、二〇分も話していると、「それでは広告を出しましょう」と必ず言ってくれた。そんな魔力のようなものが、このテーブルには宿っていた。

のちに『Ｈａｎａｋｏ』人気が世間で定着したころ、『サンデー毎日』に対談頁を持っていたみのもんたが、編集長にインタビューしたいと申しこんできたことがある（一九九〇年一〇月二八日号）。場所は『Ｈａｎａｋｏ』編集部でと指定された。当時のみのもんたは『プロ野球ニュース』（フジテレビ）のＭＣをやめたばかりで、その人生も中だるみの状態にあった。彼は口だけを動かしながら、手はテーブルのあちこちをなでまわし、話が途切れると、頭をテーブルの下に突っこんで、アズーリ色（イタリア特有のブルー）の足までさわった。みのもんたという人は、インテリアにも興味を持っているんだ、と椎根は観察した。そういえば、後年、みのが出演したCMのなかで最大のものは、タマホームという住宅会社のものだった。

その対談の直後に、みのは彼自身のキャリアを集大成した日本テレビの昼の帯番組『おもいッきりテレビ』のキャスターになり、人気を不動のものとしたが、あのテーブルにさわりまくって、ツキを持っていったのだろうか。

発売曜日についても、販売部と話し合わねばならなかった。といっても、編集長の要望が通ることはない。強大な力を持つ取次店――トーハン、日販――が、キオスクなどの狭い雑誌売場の混み具合を考えて、この日しか空いていないと言ってくるうえに、コミック誌と女性週刊誌の発売日は週のはじめ、男性週刊誌は木曜日におおむねまとめられていた。当時は男性週刊誌にあまり元気がなく、木曜日のキオスクの棚に空きがあり、『Ｈａｎａｋｏ』の発売日は木曜日に決まった、と販売部が知らせてきた。

当初、数年前にはやった「ハナキン（花金）」という言葉から金曜日を狙っていた椎根だったが、「木曜日でいいです」と答えた。東京のレストランやコンサートなどは金曜日にアクションを起こしても、満席、ソールドアウトになっている。恋人と行くレストランの予約も、木曜日にするのが一番リーズナブルだ、と思いなおしたのだ。

「今は『ハナキン』といわれているけれど、創刊されたら、『ハナモク』にしてみせます」と販売部に椎根は見栄をきったが、このハナモクという言葉を、創刊直後に銀座のあるデパートが認めてくれた。それまで「木曜休」だったのを、月曜日に移動したというニュースが編集部に入ってきたのだ。そんな小さな変化が、編集長にとっては、なによりも嬉しいことだった。神は細部に宿るのではなく、細部から変化していく、と椎根はやがて考えはじめた。

創刊するまでは常にシャボン玉の泡の中を歩いているような気分で、椎根は資料を綴じるはずが、指にもホッチキスの針を通したりしていた。繁忙と名刺交換と二日酔いの日々だった。

表紙をディレクションすることになったデザイナーの小西啓介とは、創刊号の入稿時にもかかわらず、七〜八軒のバーをめぐり歩いた。カラダを睡眠不足とアルコールで痛めつけなければ、雑誌は成功しないと椎根は思いこんでいた。それまで創刊に参加したことは何度もあったが、うまくいった雑誌の中枢メンバーには、必ず質のいい酒豪がいた。これが質の悪い酒豪の場合には、たちまち地獄のようになった。

小西は、全盛期の『平凡パンチ』の表紙のアートディレクター。大橋歩のイラストを新しいデザインワークで、さらにチャーミングなものにした。椎根は、表紙のアートディレクションをさせたら、小西啓介が日本で一番だと考えていた。絵を大事にするというより、表紙になったときの効果を考えて、最新の印刷技術を駆使し、その上でハラハラするようなトリミング（画家、写真家の美意識を損なわないように絵・写真をカットする）をしたが、刷り上がると、半永久的に色あせないものになった。表紙絵がケン・ドーンに決まるや、椎根は二十数年ぶりに小西の事務所を訪ねた。

表紙制作という仕事は簡単なようにみえるが、一度歯車が狂うと、次から次へと問題が発生し、一枚の表紙を二度も三度も刷りなおすことがある。タイトルロゴの色の決定、〆切ギリギリまで決まらない特集記事のタイトル、絵・写真のトリミング問題……。

椎根は自ら表紙担当になった。週刊誌では、編集長以外の者が担当するのが普通だったが、表紙ディレクションの天才・小西にまかせれば、編集長の業務をしながらでも担当できると考えたのだ。創刊後、ケン・ドーンからは一度も、あのトリミングはおかしい、色づかいが……というクレームはこなかった。

編集部に男はいらない！

編集者もバタバタと決まっていった。進行（入稿出稿のチェック係）担当の副編集長は信原彰夫に頼んだ。信原はもう二〇年も野坂昭如《あきゆき》担当でやってきたが、結果として自分が所属する雑誌よりも野坂大先生が大事で、どんな新企画を出しても野坂がらみの企画になった。そうすると冠婚葬祭編集者と同じように、社内で浮き上がってくる。

柿内は向田邦子、椎根は三島由紀夫の担当だったが、二人の大作家は全盛期に死んでしまっていた。椎根は三島が死んだ日に、邪悪にも、これで出版界で無条件に頭を下げなければならない大物はいなくなったと感じた。時々話題がなくなると、椎根と柿内は、三島と向田が生きていたら、雑誌製作上どんなに楽だろうと言い合うようになるが、二人ともどこかおざなりで、真実味に欠けていた。

信原進行担当副編集長はしかし、四カ月ほどその職を無難につとめると、さっさと退職し、シドニーへ一家で移住、その地で邦人向けの新聞を発行しはじめた。信原は椎根の二歳上だったが、信原・柿内・椎根の世代の編集者は、自分の身の振り方を知っていた。というか、社会全体が鷹揚《おうよう》で、個性の強い人の生存も許していた、といったほうがいいのかもしれない。

椎根は総務部と人事の話を始めたとき、まず、こう言った。

「新編集部に男はいらない、全員女子でかためたい」

総務部の答えは、「うちには男もいるんだからそうすることはできない」というものだったので、「ではキャップは男でいい」と、椎根は条件を緩和した。

キャップ候補はみな、昭和二〇年代生まれの、柿内・椎根の次の世代だった。彼らは、浅間山荘事件に代表される過激な学生運動の衰退を、間近で見てきた、三無主義の世代といわれていた。「三無」というのは、無気力・無関心・無責任な性向を強く持つにいたった若者たちのことだ。椎根が『週刊平凡』にいたころ、ある若い男性編集者がこう自慢した。

「『週刊平凡』に六年いるけど、一度も芸能人と食事をしたことがないのが誇りなんです」

椎根は何も批判せず、胸の内で、平凡出版は芸能誌で成長してきた会社なんだから、そんな哲学を持っているなら、さっさと社をやめてしまえ……とつぶやいた。もしかすると彼は、いつも社の首脳部の悪口を言っていた椎根を、三無主義の編集長と思って、そう言ったのかもしれない。

実のところ椎根は、「社業至上主義（社の利益を増やし、それに準じて全社員の報酬を増やす）」だった。椎根の考える社業至上主義というのは、具体的には日本一高額な初任給を出す会社になることで、実際『Ｈａｎａｋｏ』創刊の三年後にはマガジンハウスの初任給が三三万円を超えた。もちろん淀川美代子の『アンアン』が急激に広告売上を伸ばしたせいでもあるが、椎根は、日本一になったと思った。しかし、他社を調べてみると、絵本の出版社、福音館の初任給は三八万円。悔しいのでさらにチェックすると、福音館は縁故採用だけで、それも不定期だという。椎根は、公募をしている会社では日本一になった、と自分をなぐさめた。

初任給が高額になれば、三無主義・オタク族の社員たちも、自分と同じように社業至上主義になるだろうと椎根は考えていたが、男子は誰ひとりそうならなかった。一方で女子のなかには、生まれたときからそうした考えを持っている者が数人いた。

五人のキャップ（係長）は、辻幣《たから》（副編集長）、斎藤育男、島田始、佐伯光昭、菅井俊憲に決まった。そのなかに、芸能人とテーブルをともにしないと公言した男子も混じっていた。彼らの下には女子編集者だけを寄こしてほしいと椎根は頼んでいたが、総務部は、村瀬直樹と及川中《あたる》の二人も押しつけてきた。

辻班は部下二名。映画と車の連載頁を持っていたから特集を担当することはまれであった。斎藤班は四名。男子が一人。ステージ・コンサート・展覧会の連載を持ち、五週に一回特集を担当した。島田班は、女子ばかり四名。五週に二回の特集というペース。佐伯班は女子三名。沿線情報の連載を持っていたので特集は五週に一回ほど。菅井班は男一人女三名。エッセイとマンガの連載を持ち、四週に一回のペースで特集を担当した。

及川は『週刊平凡』から異動してきたが、本当は『Ｈａｎａｋｏ』編集部に行かないで退職し、映画監督になる胸算用だった。しかし入社以来、上司から無駄づかいをするな、とだけ言われ続けて、編集とは経費削減のことかとひとり悩んでいた及川は、今度の新雑誌の編集長が浪費型の椎根なので、少しは好き放題の雑誌づくりを体験できるのでは、と監督になる夢を一年先にのばしたのだ。及川のその話を聞いて、椎根は社内での自分の評判がよくわかった。あれだけ金を使ったら、誰でも雑誌を成功させられる、と思われていたのだろう。

創刊早々に、それまでの及川には考えられなかったような場がめぐってきた。そのころ千葉県舞浜にディズニーランドの客をあてこんだ高級リゾート型ホテルが次々とオープンしていて、その全景を撮りたいが、物理的に不可能だと言う及川に、椎根が、「じゃあ、ヘリコプターを使えば」と言い放ったのだ。

「シイネサンシイネサン、これは映画の撮影じゃないんですよ、たった四頁の雑誌の企画なんですよ」

と言いながら、及川はヘリコプターに搭乗し、舞浜を高度二〇〇メートルから撮影した（「遊びに行きたい新しいTOKYO！　ディズニーランドのそば、マイハマ・リゾートに、豪華ホテルが続々オープン。」創刊号、一九八八年六月二日）。そんな及川は暮れのボーナスをもらうとすぐに退社し、本当に映画監督になった。オタク族の世代だけに、彼のつくる映画は、美少女が理由もなく殺されたりするカルト怪奇ものばかり、代表作は『日本製少年』（一九九五年）、『富江』（九九年）、『吉祥天女』（二〇〇七年）、『ひぐらしのなく頃に』（〇七年）、現在までに五七本の映画を完成させている。

総務部はなぜか新卒女子社員を優先的に『Hanako』編集部にまわした。中田由佳里、荒井三恵子、二階堂安希子、吉家千絵子、おまけのように新卒のカメラマン小林恵介もつけてくれた。いずれも、一流大卒の、驕慢《きょうまん》で傲慢《ごうまん》で優秀、少しもやさしいところがない新型の女たちである。

新女性誌には、そういう個性が絶対必要だった。驕慢で傲慢、加えて優秀ならば、それ以前の女子編集者になかった自己主張や権利意識も強く、部内は活発な論争の場――おしゃべりの場といってもよいが――になるだろう。そこのところが新雑誌の新しい読者層と重なるはずだ。

彼女たちと、情報・エモーションのキャッチボールをやろう、そうすれば雑誌は新しい企画のつまった、イキイキしたものになる、と椎根は考えた。口を開けば、ちんまりと文句や不満だけを言う中年男性のキャップ連はひとまず勘定に入れないことにした。

実際、彼女たちが編集部に加わる四月までに製作しなければならなかった創刊号から三号までは、誌面もアイデアも陳腐なもので、当然売れ行きも悪かった。

一方で、社内のほかの編集部からも、船山直子、二階堂千鶴子、佐藤今日子、関輪光江、町田あゆみが、創刊した年の一一月には、博報堂から柴雅子もやってきた。

町田あゆみは、ミッション系の聖心女子大を出て入社し、芸能界的徒弟制度といびりが残る『月刊平凡』に配属され、ア然としながら四年間を過ごした。陰陽師の見習いが、いきなりマクドナルドでアルバイトをさせられるような不自然さが、町田には漂っていた。その二年間で、与えられた仕事には、とりあえず斜にかまえるところから始める癖がついてしまったのだ。芸能界の荒波にもまれすぎ、職業に対する敬意がなくなってしまったかにも見え、上司からすると、なんともやりにくい、手強い部下の特徴をそなえていた。椎根が仕事を命じると、必ず、「エッ、エッ」と聞こえないふりをして、「トーホクベンわかんないー」と答えた。そして、同じことを二度三度と言わないと、取材にとりかからなかった。上役に何か儀式めいたことをさせないと、安心して仕事にかかれないようだった。

『Ｈａｎａｋｏ』編集部が動きだし、ロケハンが始まると、女子編集者の一日の歩行距離が日ごとに増えていくことになるが、ほかの女子が歩きやすく、それでいて女子編集者の品位を維持できるように中ヒールの靴を履くようになっても、町田だけはピンヒール型を愛用し続けた。『Ｈａｎａｋｏ』の取材常識からいって、必ず足にマメができるはずなのに、その種の愚痴もこぼさない。同僚から手抜きをしていると陰口を叩かれてもシッポを出さなかった町田は、何か秘術を使ってカバーしていると思われた。

さっさとオーストラリアへ行ってしまった副編集長の信原の後任がＷである。Ｗとイニシャルで記すのは、最近の個人情報秘匿の考え方によるものである。Ｗはロックスターのフレディ・マーキュリーから髭《ひげ》をとったような美丈夫だった。といっても、ゲイだったわけではない。

なぜ編集長になったことがないのか不思議に思えるほどに、Ｗは仕事がよくできた。彼はプライベートを一切口にせず、未婚なのか結婚しているのか離婚したのか、いずれのケースにもあてはまる風情があった。

一カ月ほどして、Wに関する三つ星クラスの情報が流れてきた。Wは上野方面にある女装クラブの常連だというものだった。そうした秘密のクラブでは、当たり前だが、本名を使用せずニックネームで活動するらしく、そこでは、なぎさ――これは仮名ではなく、そのクラブで実際に使っていた源氏名――と呼ばれていたそうだ。椎根が興味津々でWを観察していると、また彼に関して凄いネタが届いた。

ある夜、女装クラブでお気に入りの女子高生に扮したWは、非常にいい気分で、酒の酔いも手伝って、理性を失ったまま、奥さんと一人娘がいる自宅に戻って、すぐにぐっすりと寝入ってしまった。

朝、いつものように起きた妻は、ギャアと悲鳴をあげた。早朝まだ暗いうちに音を立てずに隣りのフトンにもぐりこんだのは自分の夫だと思いこんでいた。しかし、目が覚めて隣りに寝ている人物を見ると、黒いロングヘアーのカツラをかぶり、少女のようなメイクアップをしたセーラー服姿の夫がいた。

妻は即座に別居を提案、Wは受け入れざるを得なかった。椎根と柿内は、この一件で、Wについてすべて知ってしまった。Wは月給とボーナスの七割を妻と娘の生活費としてさしだし、自分は残りの三割のお金で、安アパート暮らしをするようになった。その木造アパートには風呂もなく、六帖一間の部屋だった。そういう境遇の時に『Ｈａｎａｋｏ』にやってきたのだった。

印刷所から返却される写真原稿やイラスト原画などの整理、ゲラを校正にまわしてまた回収するというような作業は、本来、信原の仕事だったが、彼は海外移住を考えソワソワとしてあまり編集部におらず、仕方なく椎根と柿内がブツブツ言いながら、彼の役目をこなしていた。それが、Ｗが来てから、その作業を彼ひとりで完璧にさばいてくれるようになり、椎根と柿内の飲酒量は四割ほど増えた。

実のところ、Ｗの特殊な趣味は、椎根が待ち望んでいたものだった。雑誌を成功させるために、隠し味として、その時代に合った新しい性のニュアンスをしのばせる編集テクニックがあって、『アンアン』ではフリーセックス気分、『ポパイ』では体育会系少年愛をひそませた。『Ｈａｎａｋｏ』には従来は「変態」として片づけられていた性の領分をひそませることが、絶対必要な時代だと考えていたのである。

変人の椎根、レズもたしなむ柿内、女装という性癖を持ったＷ……。編集部に最先鋭の近代的兵器が三つ揃ったような満足感を椎根は感じ、これに、ガムシャラに仕事にはげむことしか知らない新卒女子編集者たちの「編集未経験パワー」も加わり、最強の編集部が編成された、と一人で悦にいった。

Ｗは徐々にうちとけ、木造アパート生活の話をするようになった。巣鴨のＷの六帖間はすでに世界的に有名になっていた。Wは、自分探しのためにアジアを放浪している欧米の若い女性だけを、タダでその六帖間に宿泊させていたのだ。当時はネットもメールもなく、手紙と口コミによって無銭旅行中の女性たちのあいだで、「東京に行ったら、なぎさハウス……」と、超有名宿泊所になった。世界中から予約の手紙が舞いこむ、とWは言っていたが、今ふうにいうと、世界で一番予約のとれないホテルのような存在だったわけだ。

ある時、「四〇代の日本男性と欧米の若い女性とが狭い六帖ひと間でどうやって生活しているのか」と椎根が尋ねると、Wは、「六帖の部屋の真ん中を布のカーテンでしきっている、それだけだ」と答えた。「それでなんの問題も、愛の事件も起きないの」と重ねて問うと、「何も起きない」とWは断言した。Wは変質的な人類愛によって、欧米女性たちは厳正な道徳的放埓《ほうらつ》さによって居住し、二人のあいだに愛の事件が発生することを防いでいた。

校正係のリーダーは、校正者派遣会社所属の松澤伴行。前々からマガジンハウス各誌の校正をやっていた松澤の仕事ぶりを見ていた椎根が、『Ｈａｎａｋｏ』の編集長に決まると、誰よりも早く松澤に会い、「校正責任者になってくれ」と頼んだのだ。松澤は五日間で一冊というハードな週刊誌の校正を、阿部進、菅原則生《のりお》の三人でパーフェクトにこなし、新卒女子編集者たちには、椎根よりもそのクールな人格を信頼され慕われた。

松澤は椎根が去ったあと、二〇年以上も『Ｈａｎａｋｏ』の校正責任者として重責を果たし、女子たちから文章の神様と呼ばれ続けた。新人の女子たちは、自分が書いた自信のもてない文章が、松澤の手で化粧され、活字になると、なかなかいい文章じゃないか、と考えるようになった。

パソコン導入以前のレイアウトは名人芸

誌面レイアウトのディレクターには藤井進を据えた。オールグラビア印刷の週刊誌の過酷な仕事量、緻密な感性が要求される印刷指定、そしてその煩雑さ、五日で一冊のレイアウト完成というスピード、一〇名のレイアウターへの仕事の割りふりと統率を考えて、藤井のチャランポランな性格が最適だ、と椎根は思ったのだ。少し責任感のあるディレクターだと、たちまちノイローゼになってしまう。

『Ｈａｎａｋｏ』の場合、見開き二頁にはいつも二十数点以上の写真と、その説明文（たとえば一三七字など）が入り、これらを細かく美的にレイアウト指定しなければならない。書くライターも大変だが、レイアウトをするほうがもっと大変だった。その上、椎根には余白恐怖症みたいな病があり、写真をもっと入れろ、三〇点以上入れろ、などと要求した。

その曲芸のようなレイアウト作業は、ケント紙、T型定規、エンピツ、文字級数表を使って、完全に人間の手だけで行われていた。集中力、緻密性、体力が要求された。

のちに、女性レイアウターたちは、数カ月間『Ｈａｎａｋｏ』で働き、お金が貯まると（高額な報酬が支払われていた）、バブルの東京でミリ単位の仕事をするよりも、とさっさとロンドンやパリやオーストラリアへ行ってしまい、戻ってこなくなる。

そうするとレイアウターを補充しなくてはならなかったが、バブル景気のせいでちょっと仕事のできる人で遊んでいる人はいなかった。レイアウトをやりたいと言ってくるのは若い男の子ばかり。全員、箸にも棒にもかからない金持ちのドラ息子タイプで、ある有名イラストレーターの息子などは、自分の父のデザイン事務所をクビになってやってきた。

そういうどうしようもない男の子を、藤井に預けておくと、またたく間に一人前のレイアウターに育て上げた。藤井の下でウロウロと笑われているうちに、まるで魔法にでもかけられたように、彼らに一番欠けていた、一〇時間連続で机に向かい続けるという忍耐心のようなものが身につき、センスを磨く努力までするようになった。

藤井は見かけからは想像もつかない偉大な教育者だった。椎根が、どんな秘術を使っているのか聞くと、「甘やかしすぎているのがいいのかもしれない」という返事。

仕事が終わると、藤井は新人の男の子たちを連れて、西麻布のライブハウス「ライブストック」へ向かった。その店では、矢沢永吉のツアーでも演奏している腕のいいバンドをバックに自分の好きな曲を歌えた。藤井はきまってビートルズ、ローリング・ストーンズの名曲を熱唱したが、連日のハードワーク、睡眠不足、急激にまわるバーボンウイスキーのせいで、三曲目ごろには、いつも気絶してうしろにひっくり返っていた。ドラ息子たちはその姿を見て覚醒し、マジメに仕事にはげむようになり、レイアウト技術を覚えていったのだった。

しかし、毎夜ドラ息子たちがヘビメタ曲ばかりをがなっているあいだに、藤井の収入の大半は消えていった。

藤井は三年半、『Ｈａｎａｋｏ』の誌面アートディレクターをつとめたが、やはり精神――彼にはそれほどないようにみえたが――と肉体がボロボロになり、円形脱毛症にまでなった。そしてある日突然、「もう『Ｈａｎａｋｏ』をやめます、南米ギアナ高地のエンジェルフォールを見にいきます」と言って夫婦で消えてしまった。数年後、椎根と再会すると、

「『Ｈａｎａｋｏ』編集部は楽しかったな……いつもワインとスイーツが山盛りになっていて、アリスのワンダーランドみたいだった。それに編集には若いクレイジーな女の子が大勢いたし……」

と、彼独特の表現法で、昔を懐かしんだ。

藤井がやめていった三年後、一九九五年ごろから、雑誌のレイアウトは人間の手でなく、パソコンでやるようになった。電子レイアウターたちは、なぜかアップル社のマックを偏愛し、

アプリにはアドビシステムズ社の「イラストレーター」や「ページメーカー」、クォーク社の「クォーク・エクスプレス」を使って仕事をした。

編集者にもパソコンが一台ずつ与えられ、編集部からはやがて、あらゆる種類の会話——企画を考え、練り、冗談を言い合うような——が消え去り、雑誌と編集者が先細りしていくことになる。

藤井には、明治以来の伝統的な編集技術——紙、定規、エンピツ——を使って、人間の手だけでアクロバティックなビジュアル誌面をつくり続けた最後の雑誌アートディレクターという称号をプレゼントしたい。それはまさしくパソコンには逆立ちしてもできない名人芸だった。

ところで、創刊当時はまだ、今のようにケータイ・ナビという便利なものがなかったので、はじめて行く店を探しあてるのはかなり難しかった。誌面には銀座、渋谷などのイラスト地図を入れることになったが、路地の奥にある店まで描き入れることは不可能だった。それに下北沢とか三軒茶屋のようにゴチャゴチャしたエリアでは、目印になるランドマーク的な大きな建物や店がなかったから、一店一店により精密な地図を添える必要があった。

ほかの女性誌ではなぜか、全体図さえ入れていないことが多かった。地図を見て目的地へ行くのは、女性は苦手だという先入観があったのだろう。それでも椎根は、一店につき一枚の地図を添えるように要求し、地図製作専門の女性を探した。そこへ、レイアウターの一人が、友人だといって、末永靖子を連れてきた。彼女はロットリング（製図用のペン）、カッター、ピンセット、電動消しゴムを持って、飄然《ひょうぜん》と編集部に現れた。

末永は、取材してきたライターが、危なっかしく描いた原図をもとに、五センチ角の中に、シンプルで正確な地図を描きおこした。誌面ではこれが二センチ角に縮小された。編集部の片隅で、時間と、取材者のいつもより甲高くなった声に追い立てられながらも細かい作業に熱中する彼女の姿は、遠足に出かけるわが子の洋服を完成させようと夜なべをする若い母親のように見えて、そのまわりだけが、バブルに浮かれた編集部の中の、貴重な、清く正しい場所のようだった。

末永は小さいころから地図を見るのが好きだったという。『Ｈａｎａｋｏ』の案内マップは、彼女の独占事業のようになった。一九九〇年からの四年間で、三一五〇点の地図を描き、一点につき五〇〇〇円の画料が支払われた。

2　日本初の女性向けリージョナルマガジンいよいよ創刊！

ふたりの魔女

新雑誌をつくるときの編集者の楽しみに、連載エッセイを書いてもらう作家やライターの人選がある。椎根は有名作家やエッセイストに二、三本書いてもらって、残りはすべて新人、あるいは素人にまかせるというバランスを大事にしていて、『ポパイ』の時は、編集長の木滑が片岡義男を起用したので、椎根はまったく無名だった近田春夫と泉麻人に連載エッセイを依頼した。『オリーブ』では、まだコピーライターで、それほど多忙ではなかった林真理子に、ミュージシャンの佐野元春と山本達彦のエッセイのゴーストライターをしてもらった。同じく『オリーブ』に「マーガレット酒井」のペンネームでエッセイを寄稿してもらうようになった、当時女子高生の酒井順子は、泉麻人から、「立教の後輩だけど面白い女の子ですから」と紹介された(彼女のエッセイは、椎根が『オリーブ』を去ったあとにスタートした)。

『Ｈａｎａｋｏ』では、まず表玄関をつくるような気持ちで、田中康夫に連載エッセイを頼んだ。椎根はある時期まで、『なんとなく、クリスタル』(一九八一年、河出書房新社)のような田中の海外ブランド名が頻繁に出てくる小説を好まなかった。ところが『オリーブ』時代、椎根宛てではなかったが、たまたま田中からの電話を受けたときに、田中がいきなり粋な自己紹介をした。「変態のタナカです」――そのひと言で椎根はいっぺんに田中が好きになった。それは彼の離婚騒動の直後で、それまでとりすました小説ばかり書いていた田中が、スキャンダルの洗礼によってひと皮むけたのだろうか、新しい人になっていた。その騒動のなかで、田中には、女房のパンティを頭にかぶる趣味があるということも報じられた。それも椎根の田中に対する好感度アップに寄与した。会って食事をすると、田中は複雑な航空会社のマイレージ計算をスラスラとやってみせた。計数的な才能が際立っていた。田中はその後、長野県知事になった。

田中のハーフ・エッセイ、ハーフ・ノベル「THIRSTY――すこしだけサースティな時間と空間にいる女性」は創刊号から快調に期待にこたえてくれた。椎根独特の編集理論のなかに、雑誌が売れるには、特に女性誌の場合、どこかに芦屋・夙川《しゅくがわ》の風の匂いをひそませなくてはならない、という妙な約束事があった。打ち合わせの時に、特にそのことについては触れなかったが、田中は創刊号から夙川出身の元客室事務員を登場させて、彼女の上品でセクシーなフランス製ランジェリーが、エッセイのキーポイントになっていた。編集者と執筆者の隠れた欲望のようなものが、はからずも一致すると、雑誌には目に見えないパワーがもたらされる。椎根にはパンティをかぶる趣味はなかったけれど、フランス人の好きなタップパンツ（パンツ型のペチコート）に対する執着はあった。

表玄関が決まったら、裏口が必要になる。そこで当時、椎根が一番愛読していた中野翠に巻末エッセイをお願いすることにした（「週間ぶつぶつ発言」）。彼女は、下世話になりすぎても、すましすぎても落ちつかない勝手口を、品のいい時代感覚で五年間、守ってくれた。

女性誌のお約束、星占いはエル・アストラダムスに頼んだ。日本の雑誌で最初に西洋星占いを掲載したのは『アンアン』だったが、彼の『アンアン』での星占いは大評判になり、その後、女性誌には必ず星占いの頁が設けられるようになった。

エル・アストラダムス、本名、摂田寛二も六〇歳に近づいていた。占星術はもともと天文学と同じ学問で、摂田も約一二〇〇年分の星の運行表（すべてフランス語）を持っていた。彼はまず、生年月日をもとに、生まれた場所と時刻、そして星座を、円グラフのような図にして、そこに星の運行表から得たヒントをプラスし、託宣《たくせん》ふうに説明した。

『Ｈａｎａｋｏ』の星占い（「メトロポリスの12星座」）は、よく当たると評判になった。それも当然で、場所を首都圏に限定して占うのだから、ふたつの大きな要素（場所と星のさしこむ角度）を固定できた。その上、対象は二七歳の女性である。読者は結果として、個人占いをしてもらうのと同じになった。全国誌の場合はそうはいかない。つい複雑な手順をはぶき、おおまかに占うことになる。

摂田が『アンアン』の星占いをやめたのは、彼自身が悪い星まわりの時期に入り、いくら努力しても当たらないようになるという理由からだった。椎根はその話を知っていたので、創刊三カ月前に、荒川区三河島のアストラダムス宅を訪ねて、ひさしぶりに摂田の顔を見るなり、「今は当たる時期ですか、ダメな時期ですか」と尋ねた。摂田は、薄暗い部屋の北側の窓の外を見ながら、返事を寄こした。

「当たる時期に入っています。しかし年齢からくる体力の衰えで、今度は週刊誌でしょ（『アンアン』は創刊当時、月二回刊）。週一回、原稿を書く体力がねー」

摂田の答えに椎根は、「ではデータだけください。女性ライターを用意します」と返した。

ちょうど一カ月前に写真家志望の日本大学芸術学部写真学科の女性——というより少女といったほうが実際に近い——を紹介されていた。冬だというのにガーゼ状のワンピース一枚で寒さにふるえあがっているように見えた彼女の名はミエちゃんといった。

紹介を受けて一週間後に写真を持って編集部に来たミエちゃんは、汚れた紙袋から五〜六枚の8×10判のゼラチンシルバー写真（銀塩写真）を取りだした。一番上の写真には、便器の中央にウンコが生まれたままの姿で鎮座していた。性格がよさそうな形状のウンコだった。椎根が言葉に困って、「誰のウンコ？」と聞くと、「わたしのです」と、ミエちゃんは楚々《そ そ》とした風情にもみえるしぐさで答えた。椎根は、ある種の感動のようなものをおぼえて、絶対、『Hanako』で仕事をしてもらおうという強い衝動に襲われたが、その感情を押し殺した。

「テーマは面白いけど、技術がないね。ほかに特技はないの」

「ボーカルをやっています。時々ほかの大学に呼ばれます。吸いこみ唱法で歌ってるんです。息を吸いこみながら声を出すんです」

と言うなり、彼女は歌いはじめた。曲はオリジナルということだった。女性にしてはノドボトケが少しトゲのように出っぱっていて、そこから木枯らしのようなヒューヒューという音が聴こえた。椎根が、「歌手はね、ウチにはいらないね」と言うと、ミエちゃんはあせるふうもなく、「中学・高校では学園文集の文章を書いていました。みんな褒めてくれました」と応じた。「どこの高校?」と尋ねるとシラユリだという。その校名を聞いて、椎根はライターとして使おうと決めた。

いろいろ質問しているうちに椎根はミエちゃんのある動作が気になった。

「キミは時々手で鼻を隠す癖があるけど、なぜそうするの」

「鼻を隠しているのではありません、手にウンコの臭いが残っていないか不安なのでいつも嗅いでいるんです」

本物の魔女かのような答えが返ってきた。中世のヨーロッパには、口からウンコを吐き続けたために、魔女だと判定され、火あぶりの刑に処された少女がいた。その答えは椎根を満足させた。臭いに異常に敏感な少女は、そうはいない。少女の魔女は、まず臭いに極度に敏感になるか鈍感になるかのどちらかだ。スタッフに一人ぐらい本格的な魔女がいてほしいというのが、椎根の考える理想的な編集部だった。

星占いのライターとなったミエちゃんは、毎週八〇〇〇字の原稿を書いた。週に四〇〇字詰め原稿用紙で二〇枚というのは、かなりハードな仕事量である。しかし彼女は、一度も辛いとか書けないという言葉を吐かなかった。四〇〇字一枚につき四〇〇〇円の原稿料が支払われた。はじめて原稿料を振りこんだとき、椎根が「少ない？」とだけ声をかけたら、ミエちゃんはこう答えた。

「多すぎます。わたしはお金のかからない女なんです。一カ月七〇〇〇円で生活できるんです」

文章もベタベタしていなくて上品だった。そして、五年間、一度も休まず、遅れることもなく書き続けた。魔女だから風邪もひかなければ、腹が痛いと言うこともなかった。食事もあまりとらなかった。誘っても、レストランに行くことが苦行のように、「アー、イイデス」と断るのだった。見かねた柿内がラーメンの出前を頼んで、無理に食べさせていた。食事中のミエちゃんは、人間が食べているというより、コアラの赤ちゃんが一匹ぼっちで、さびしく木の枝か何かを食べているように見えた。

いろんな女たちを見て、賞味してきた柿内も、ミエちゃんほど不思議な女は見たことがない、と賛嘆の声をあげ、

「あの声が独得で、ビブラートがかったふるえ声で話すじゃない？　こっちは、もうどうして

いいかわかんなくなる」

と椎根に告白したりした。

編集部の中庸穏健派の重鎮である船山直子さえも、ことあるごとに、「ミエちゃんが言うのだから、ミエちゃんはいつも正しいのだから」と、ミエちゃんを心から信頼していた。ミエちゃんの言動はいつしか、編集部内における道徳のスタンダードとなっていた。

のちに椎根と柿内が『Ｈａｎａｋｏ』を去ると、ミエちゃんもいつのまにか幽霊のように音も立てずにマガジンハウスから消えた。

それから四年ほど経ったときのこと、椎根は新聞の夕刊に、ミエちゃんの顔写真を発見した。見出しには、「女性初、買春容疑で逮捕！」とある。

顔写真は極小サイズのうえ不鮮明だったけれど姓名が出ていたので、やっぱりミエちゃんだと確信した。見出しだけでは、ことのなりゆきや真相がよく理解できなかったものの、記事中には、中学三年生の男の子をラブホテルに連れこみ、みだらな行為におよんだあと、金三〇〇〇円を与えた、とあった。椎根は、ミエちゃんがみだらだったら、日本人全員がみだらだ、と叫びたかったが、船山直子もきっとそう思うはずだ、と心をなぐさめた。

これでミエちゃんは、日本女性史に残る偉業をなしとげたのだ、とも椎根は思った。しかし、当時活発に発言していた上野千鶴子や小倉千加子といった、ジェンダー論学者たちは、なんのアクションも起こさなかった。

椎根はただ、ミエちゃんを取り調べた静岡・清水署のおじさん刑事たちには同情した。尋問中のミエちゃんはおそらく、素直に――彼女は原罪的といってもいいほどに純朴で実直だった――ありのままを包み隠さずボソラボソラと話したと思う。刑事が猫なで声で、「オナカスイタロ、カツドンクウカイ」などと言っても、例の楚々とした調子で、「アー、イイデス」と答えただろう。隠そうという意志が一切ない犯罪者ほど、扱いに困るものはない。

事件後、三年ほど経って、椎根はミエちゃんと再会し、話を聞いた。清水市（現静岡市）で中学三年生の男の子の家庭教師をしていたミエちゃんは、男の子が性のもだえを訴えるので、ホテルに行き、そういうことをした。別れぎわに、男の子が「ハラがすいた、ケーキが食べたい」と言うから――男の子はケーキ代を持っていなかった――お金を渡したのだという。彼女の話を聞きながら、右のオッパイをほしいと言われ、さしだしたら、左のオッパイもと言われ、慈悲の心で両方をさしだしたら、犯罪と言われたようなものだ、と椎根は考えた。現在、ミエちゃんは酢酸《さくさん》という芸名で、全身に包帯を巻きつけ、都内のライブハウスを中心に吸いこみ唱法で活動中。

二人目の魔女を連れてきたのは柿内だった。魔女一号のミエちゃんほど、見るからに魔女っぽくなく、普通のどこにでもいる地味な女の子に見えた。しかし、編集部への出現のしかたが実に魔女っぽかった。ある日、椎根がデスクで仕事をしていると、柿内が若い娘を伴って現れるや、こう言った。

「この子さあ、お柿と似てるから何か書かせてやってよ」

新人ライターを選別するときに、文章のうまいへたではなく、副編集長の自分にルックスが似ているからという理由ははじめてだった。柿内は自意識だけになるときがあり、そういう場合の選択には、決してまちがいがなかった。

ようやく顔を上げた椎根が、女の子の顔を見ると、たしかに、高校時代の柿内はこんな顔をしていただろうと思わせるものがあった。ポッチャリした白い頰《ほほ》のあたりに、まだ世間の荒波にもまれていない初々しさが残っていた。

これくらいの年ごろまで、頰に初々しさを残しているのはたいしたものだ。ここは東京の銀座三丁目、山間部の小学校の教員室ではないのだから……。銀座三丁目の教員室に突如、仔グマが現れたといっていいほどの違和感があった。

「得意な分野は」と椎根が質問すると、「競馬です」という答えだった。

この時代、馬券を買う若い女性が増えはじめていた。新卒の荒井三恵子と二階堂安希子も学生時代、週末になると競馬場で散財するのが、お楽しみのひとつだったそうだ。彼女たちは、ハイセイコーが人気の小学生のころから、父に連れられて、競馬場に付属した遊園地みたいなところで遊んでいたという。

これまでほかの女性誌に競馬の記事がなかったことに椎根は気づいた。それに、中央競馬会から広告が入りそうだという予感もしたから、すぐに、「じゃあ、競馬のコラムを書いてください」と、柿内似の女の子に依頼した。

彼女が帰ったあと、椎根は柿内と話をした。柿内ははじめて会った瞬間、あんまり自分に似ているので、こう叫んだという。

「ややっ、キミ、お柿に似てるなあ。いやあ、似てるよ、似てる。お柿の若いときにそっくりだ。ちょっと、ちょっと、船山、この子、お柿にそっくりだろ？」

柿内は全デスクに彼女を紹介して歩いたそうである。なにやら剣豪が、オヌシできるな、と感じ入る話によく似ていた（豊﨑由美「お柿さんに似ていた」『IN KAKIUCHI』二〇〇〇年）。

その女の子こそが、いまや一騎当千、当たるを幸いと有名作家たちをメッタ斬りしまくっている書評家、豊﨑由美である。

第四号（一九八八年六月二三日）から始まった豊﨑のレース・エッセイ（「競馬を、たしなむ」）の第一回目はダービー馬券勝負記。彼女は「ハハハハ」と笑いながら連複一五〇〇円を的中させた。

その原稿の最後の部分。

「かくて15万9000の欲は雲散霧消。その後東京は雷雨にみまわれた。黒々モクモクとした雨雲を見上げながら、欲エネルギーの有効利用に思いを馳せる。原子力よりよっぽど無邪気で役に立ちそうなんだけどなあ」

「15万9000」というのは、金額ではなく、その日、東京競馬場に来場した人の数である。初回のラストを、こう世評的に締めくくれるライターを、椎根は求めていた。数カ月後、本当に、「中央競馬会」と「東京シティ競馬」が広告を入れてきた。

編集部で競馬コラムを書いているときの豊崎は、いるかいないかわからないほどで、なんの問題も起こさない模範的なライターだった。

それから二十数年経って、「文学賞メッタ斬り！」で、さっそうと登場した豊崎は、本物の魔女に変身していた。ふつう魔女というのは、魔女狩りという言葉があるように、熱した釘でさされたり、火あぶりにされるのだが、豊崎魔女は違った。

自ら魔女となって、作家たちの小説をヤリ玉にあげたのだ。それは、〝魔女狩りをする魔女〟というめずらしいパターンだった。

四者四様のマンガ連載とイラストレーター神話

『Ｈａｎａｋｏ』ではマンガの連載をすることも決定した。ここで登場するのが秋山協一郎という男で、檜山《ひやま》源太郎というペンネームを持ち、少女マンガ界では「怪人A」という名で有名人だった。椎根は『ポパイ』で彼に少女マンガ論を書いてもらっていた。

そうと決まると、椎根はすぐ秋山に連絡し、マンガを連載したいが、誰がいいだろう、と相談した。週刊ペースで一人が描くとなるとアシスタントも雇わなくてはならないし、それにレベルの高いマンガ家には週刊誌は厳しい。四人のマンガ家が回転式に週がわりで一本描くというのが最良だろうと、秋山は、高野文子、吉田秋生《あきみ》、しりあがり寿、江口寿史の四人の名をあげた。

「しりあがりって誰？」と椎根が聞くと、「今はキリンビール（麒麟麦酒）の宣伝部の社員だが、将来、大物になる」と、秋山は説明したくなさそうな顔で答えた。続いて、「高野さんも寡作で有名じゃないか、週刊誌でやってくれるかな」と不安を口にすると、彼はいつもの死の国の住民みたいな表情をくずし、はじめて人間らしくテレて、「オレ、高野文子と結婚したんだ」と白状した。椎根は昔から、秋山は結婚できない男とみていた。その男が、萩尾望都《もと》以来の天才マンガ家といわれる高野文子と結婚していたとは……。椎根は、いつも伸びている一センチほどの秋山の無精《ぶしょう》髭《ひげ》を引っこ抜きたい気分になった。

高野文子、吉田秋生、しりあがり寿、江口寿史という四人の個性的なマンガ家の連載が決まると椎根は有頂天になった。嬉しさのあまり、編集を担当してもらう秋山に、法外な額の毎月の報酬を口走ってしまった。椎根は、自分のことはさておいて、編集者たちに、原稿や取材を依頼するときには、まず原稿料・謝礼の話を具体的に説明するよう言い渡していた。最初に会ったときにお金の話をできるいい編集者になりなさい、額の高い低いではない。レストラン取材時には、取材許可が出たところで、「材料費はこちらで払いますから」と言いなさい、と。

椎根はすぐ後悔したが、その金額を相対的に低くして、少しでも取り戻そうと、「新聞を読まなくても政治・経済の話ができるページ」（第二号）を案出し、秋山に執筆を依頼した。これは毎週二頁の見開きで、「ソ連がアフガニスタンから撤退したのは、お金がないからだ」などといった今でいう元NHKキャスターの池上彰の〝世の中、そうだったのか〟本みたいな企画で、この原稿料も口約束した金額に含まれる、と勝手に解釈して、椎根は自分を納得させた。

当時から新聞離れは進んでいて、女子編集者たちに聞いても、誰も読んでいなかった。だから『Hanako』編集部には、新聞一紙も、ほかの月刊誌・週刊誌の類も、一冊も置いていなかった。どぎつい表紙の雑誌がない編集部の風景は、すがすがしくもあった。今のようにネット上の、ウィキペディアのような便利なものもなかったから、編集部員はいつも各種情報の最先端を走り続けなければならない、と尻を叩かれているような気持ちになった。新鮮なネタが多かったせいか、のちに中年男性の読者が急増した。

マンガの連載が始まると、一番無名だったしりあがり寿の「O・SHI・GO・TO」（第三号）が編集部内で人気を集めた。主人公の、『Ｈａｎａｋｏ』読者代表のような、ＯＬヨモヤマ嬢の奇想天外なセリフとアクションがカラー頁で炸裂した。この新型ＯＬヨモヤマ嬢の登場と人気沸騰は、『Ｈａｎａｋｏ』の将来に太鼓判を押してもらったようで、しりあがり寿、恐るべし、という感を与えた。

一方で、江口寿史は大変な男だった。マンガ誌で大宣伝とともに連載を始めても、一、二回ですぐ休載になるということを繰り返し、担当した各社の編集者を全員病院送りにした、という伝説まであった。江口から殴られたり蹴られたりするわけでもないのに、どうして病院送りになるのだろう、と椎根には不思議だったが、その理由は第四号、江口の「ご近所探険隊」の第一回目の入稿の段階で明らかになった。

木曜発売の『Ｈａｎａｋｏ』の最終〆切は、火曜日の午前五時だった。もちろん秋山は江口の遅筆を知っているから、その六日前を最終〆切日、と江口には伝えてあった。

秋山は、六日前から江口のスタジオに詰め、泊まりこみを開始した。椎根が本当の最終〆切三日前に江口に電話すると（当時はケータイという便利なものがなかった）、すぐ秋山に代わった。

秋山は自分の父の葬式の真っ最中のような低い陰気な声で、江口の状況を説明した。たしかに三日前に江口は自分の机の前に座った。ペンを握り、白紙のケント紙に向かった。隣りの部屋で二四時間待機していた秋山が、なんの物音もしないので、もう完成間近かなと思い、江口の部屋に入ると、ゾーッと寒気がしたという。江口は二四時間前と同じ姿、同じ顔で、ペンを握りしめていた。机の上のケント紙を見ると、一筆も描かれていなかった。

二日目もそうだった、三日目の今日も同じ状況だ、三日後までに完成するかどうか、まったくわからない。秋山は、たった二頁のマンガを受けとるために（このたった二頁というセリフはマンガ家には絶対言ってはいけない）、ほぼ一週間、一六八時間もスタジオの控え室にこもり、同じ姿勢を保つ江口を見守り続け、ようやく発売日に間に合った。もちろん秋山は、万が一、落ちた場合の、ほかのマンガ原稿を用意していたのだが……。

江口というマンガ家には、時間という概念も、編集者の精神的疲労を考えるような気づかいもなかった。江口の遅筆は、怠けてそうなるのではなく、あまりに熱心に自分のマンガに集中しすぎるのが、その原因のようであった。自分がこれでよし、と得心するまでは、最初の一筆を描きはじめない。この修験道の荒行以上の創作態度を続けられると、担当編集者の胃と神経が壊れはじめるが、感心なことに江口は、描くオレのほうがもっと辛いという顔を一度もしなかった。

編集長として椎根は、入稿前に原稿をチェックするという姿勢をくずさなかったので、最終〆切の三日間は、午前六時まで編集部で待機した。そのまま一睡もせず、翌朝の午前一〇時から スポンサーと打ち合わせ、午後からは部数決定会議があり、夜は何がなんでも酒を飲まなければならない気持ちに追いこまれた。

最終〆切ギリギリに、江口の画稿を手に駆けこんできた秋山は、まったく別人の顔になっていた。お寺のネズミが獲物をくわえてきたようだった。

「ＭｉｓｓＲＵＫＩ」（第一号）の高野文子は、〆切をきちんと守った。努力という方法ではとても描けない、ほれぼれするような美しいタッチの画稿を見るたびに、椎根は、ある種の神々しさ、たとえばダ・ヴィンチ手稿の水の渦巻きのひと筆描きを見る思いがした。その絵が『Ｈａｎａｋｏ』の粗悪な紙に印刷されると、不思議な輝きは失われたが、それでも高野の清冽な叙情性は、四週間に一度、俗にまみれた誌面を洗い清めてくれた。その上、たとえば、ぐるぐるまわる洗濯機の水槽の内から見た、無機物を見るときの女性の表情とか……世界中の映画作家に教えたいほどの新しいアングルからの描写にあふれていた。

吉田秋生（スージー吉田）は「ハナコ月記」（第二号）で、八〇年代に、同棲中の、あるいは新婚早々の、若い二人の実生活上に起きる、少しエロい、女性側からの理不尽な感情をリアルに描ききってくれた。もちろん大家の余裕を漂わせて……。

江口寿史はその後の二年間、とだえとだえに連載を続けたが、彼の持病、休載病にかかった。その穴は泉昌之こと久住昌之と泉晴紀が埋めてくれた（「いまどきの若者」第二三号、一九八八年一二月一〇日）。

数年後、まず、しりあがり寿が『弥次喜多 in DEEP』（アスキー、一九九八年）で第五回手塚治虫文化賞＝マンガ優秀賞を受賞した。翌々年は、『黄色い本――ジャック・チボーという名の友人』（講談社、二〇〇二年）のマンガ大賞受賞で高野文子が続いた。

怪人Aこと、秋山は、江口寿史がほぼ休載状態になった直後に、下血して入院した。江口担当者は病院送りになるという伝説は現実に証明された。もちろん秋山は一命をとりとめたが……。

ところで、『Hanako』創刊号から鮮やかな色彩のイラストを描いてくれたのが荒井良二である。

マガジンハウスが創刊し、成功した雑誌では、必ず無名のイラストレーターがデビューし、のちに有名になるのが通例だった。『平凡パンチ』では横尾忠則と大橋歩、『アンアン』では原田治、『ポパイ』では加藤裕將《ひろまさ》……その神話は、椎根もよく知っていて、『Hanako』でも、とひそかに目を配っていた。そんな折、アートディレクターの小西啓介が、ある新人イラスト賞で審査員をしたときに荒井良二を発見、すぐ連載を頼んだ。

荒井は毎号の目次のイラストと、うしろの沿線情報的な「自分の住んでいる街を愛してんだ。」（創刊号）に添える絵を描き続けた。二〇一二年に彼が描いた、NHK連続テレビ小説『純と愛』のタイトルバックと同じタッチのイラストレーションだった。荒井良二は最初から「完成」していた。スタートして六カ月も経たないうちに吉祥寺のギャラリーでの個展が話題をよび、荒井はしばらくして、世界的な絵本の新人賞であるキーツ賞の日本代表になった。椎根は、マガジンハウスの伝統的な神話が継続される予感がして、銀座の高級割烹で、荒井、小西、柿内の四人で小さな祝賀会を開いた。

荒井良二はいまや、日本を代表する絵本作家である。数年前、日本人ではじめて、絵本界のノーベル賞といわれるスウェーデンのアストリッド・リンドグレーン記念文学賞を受賞、ストックホルムでの授賞式に出席した荒井が、係の人に、「ノーベル賞受賞者のようにタキシードを着なくてはいけないんですか」と質問すると、「絵本作家の場合は、普段着でいいのだ」と言われたそうだ。その授賞式には、スウェーデン国王夫妻が、タキシードとロープデコルテ姿で出席していた。

「かんずり」特集の窮地を救った、一頁の「東京最新パン情報」

創刊号（一九八八年五月二六日売）の特集は、「いい部屋はステイタス――すぐ借りられます。厳選27物件。」と「植松黎《れい》のジョイフル・クッキング」の二本。
「いい部屋……」は、有名建築家が設計した賃貸マンション・ガイドである。コンクリート打

ち っ放しや、天然ムク材の床が、若い女性の憧れになりつつあったころで、味つけとして、台東区谷中のレトロな「ホタル坂アパート」（家賃二万円）をはじめ、完全防音で音楽家向けの、新宿区中落合「カーサ・デ・オクト」（家賃一三万円）や、プール付きのマンション「ベルクレエ新百合ヶ丘」（神奈川県、家賃一六万四〇〇〇円）なども紹介されている。よく集めてくれた、と椎根は担当者の頭をなでてあげたい気持ちになった。

もうひとつの「ジョイフル・クッキング」は、椎根が当時ひそかに入れこんでいた、新潟県新井市（現妙高市）の特産「かんずり（トウガラシからつくる香辛料）」を使って、メインディッシュからピザまでこしらえてほしい、と植松に無理に頼んだものだった。

かんずりを起爆剤に、『Ｈａｎａｋｏ』を一気に浮上させたい、何かひとつの記事が話題になれば、それで雑誌の人気は出るものだと椎根は信じていたが、「創刊号にかんずりを持ってくるなんて……」と編集部全員が編集長の早トチリと思ったことだろう。菅井俊憲や船山直子は、椎根が『週刊平凡』の編集長になってすぐに、へんな特集を組んだことを思い出したにちがいない。その時は、芸能誌でありながら、仏壇特集をやったのだ。

柿内は、かんずり特集と椎根が言いはじめたときから、それじゃ売れないよと感じていたようだが、創刊早々の編集長を孤立させるのは最悪の選択との大人の配慮で、「かんずりはいい、かんずりはうまい」と、いつもより声を大きくして、その企画を持ち上げた。

創刊号の、椎根の窮地を救ったのは、編集部でただひとり、都会風の洗練さを求めていなかった佐藤今日子による企画だった。それが「東京最新パン情報」、一点集中・継続展開という理想的な内容で、タイトルは「ジョアンのパンはピカイチ。行列度ナンバーワン。」

八〇年代の中ごろから、ヨーロッパの有名パン専門店が、次々と東京のデパートに開店しはじめていて、五年前には銀座三越の地下二階に、パリに本店のある「ジョアン」がオープンしていた。ジョアンは、メニューを二〇〇種に増やしてから人気が急上昇し、焼き上がりを待つ人でいつも行列ができるようになった。女性たちはパリス袋と呼ばれた、ダークグリーン地に「Ｊｏｈａｎ」のロゴの入った袋を手に、銀座を闊歩した。

そうした現象を取り上げた、このたった一頁のパン記事が、椎根の失敗を目立たなくして、さらに広告売上増に寄与することになった。

今日子は第二号（六月九日）でも「〝Ｂ１の女〟と呼ばれたい――デパートの巨大食料品売場を徹底的に情報化！」と、自分の故郷をいとおしむかのように、地下食料品売場＝Ｂ１の話題づくりに精を出した。続く第三号（六月一六日）でも「有名人が必ず買う　あのデパートのこの一品」と題して、後藤久美子、吉本ばなな、久世光彦、おすぎ、平野レミらを登場させた。椎根が口を出していたら、こういう人選にはならなかったはずだ。Ｂ１とパンに関しては、今日子に好きなようにやらせるのが得策、と椎根は傍観していた。

この記事の中で久世光彦は、銀座松屋「米八《よねはち》」の「赤飯、ゴマ塩付き（三五〇円）」を、「ときどき食べたくなる」と書き、吉本ばななは、プランタン銀座「グリーンテーブル」の日本茶を、おすぎは、伊勢丹「ゴディバ」のひと粒一九〇円のチョコレートを挙げている。

このころの今日子は、口を開けば、「B1、B1」と言っていたので、椎根は、今日子を呼ぶときには、「そこのB1の女」と叫び、これに今日子も、「B1の女と呼ばれたい」とタイトルで返答した。第二号が出て以降、テレビや新聞も、デパートの地下食料品売場を、B1と呼ぶことになる。

第四号でも今日子は、「あら、もうない……の毎日です――これがうちの売れっこNo1」として、焼き上がり時間までキチンとのせた。パン売場に並ぶ女性の心理をついた、今日子調の、遠慮しながらも他人の台所にずかずか入っていってイチャモンをつけるような、図々しい名コピーである。しかしタイトルはよかったが、今日子はこの記事で、ジョアンの焼き上がり時間をまちがえて書いた。

「B1の女」と呼ばれる前、今日子には、「早トチリの」という形容詞がついていた。せっかく「ルノートル」（有楽町西武）、「トロワグロ」（新宿小田急）、ジョアン（銀座三越）、「ビゴの店」（プランタン銀座）、「ポンパドウル」（有楽町そごう）など九大人気パンの焼き上がり時間を調べ上げ、パン売場の前に時間ごとに大行列ができるという現象をつくりあげたのに、一番うるさい銀座三越でしくじってしまったのだ。

ふだんは決して緊張などしない柿内と広告部の増形文男は不機嫌な顔になり、急ぎ足で三越へお詫びに向かった。きっと三越の社員は、悪魔も逃げだしそうな暗い顔をしているにちがいないと考えていた二人の前に、予想外の笑顔が現れた。流通業界ナンバーワンという自負と「大店」意識は、どこかに消えてしまったような顔だった。

実はそれまで、柿内と増形は、『Ｈａｎａｋｏ』に広告を出してくれるようにと何度も三越に懇請していたが、いつもケンもホロロの応対。その三越の社員がニコニコしながら、

「いやあ、大変でした。『Ｈａｎａｋｏ』の書いた焼き上がり時間に並んだ大勢のお客さま全員が、この時間と書いてあった、どうしてくれると言って、大騒ぎになったんです。とにかく平謝りに謝って、なんとか納得していただいたんですが、うちのお客さまが、『Ｈａｎａｋｏ』という雑誌をこんなに読んでいるんだ、とあらためて知らされました。今後は、広告の面をふくめて、協力関係を築いていきたいと考えています」

と言ったのである。

今日子のうっかりミスが、逆に三越の広告出稿の第一歩になるとは柿内もまったく考えていなかったので、「今日子も味のあるミスをしてくれるわい」と胸をなでおろした。その後、ジョアンのパンの店頭お目見え時間は、三越がパン工場に焼き上がり時間を変更させ、今日子がま

ちがって書いた時刻になった。

この小事件はもうひとつ、おおげさでなく史上はじめての企画を生んだ。銀座の七つのデパートが共同で、ひとつの催事を開催したのである。

バレンタインデーもクリスマスも、みんな外国からやってきたものだが、「でもほら、あるじゃないですか、日本にもとっておきのやつが」というコンセプトのもと、その年の七月七日号（第六号）で「ラブ・スターズ・デイ」という特集を組み、有楽町西武、銀座松屋、銀座三越、銀座松坂屋、有楽町そごう、プランタン銀座、数寄屋橋有楽町阪急が同じ飾りつけをして、「タナバタ・ウィーク」を盛り上げようというキャンペーンが実現したのだ。この時『Ｈａｎａｋｏ』はまだ創刊して一カ月も経っていない。

それまで銀座のデパートがひとつの企画で動くということはなく、その原因は、三越の意向にあった。その三越が、焼き上がり時間事件以降、軟化しはじめ、ようやく若い女性に向けた共同企画「ラブ・スターズ・デイ」が可能になった。

この企画を担当したキャップの島田始は、頭の痛くなるような各デパート間の見栄と競争意識の調整を、なんの問題も発生させないで、見事にまとめてくれた。各デパートいち押しの、ペア・ギフトやジュエリー、生花のコサージュの写真が誌面を飾った。

銀座のデパート七店の共同企画は、その一度きりのはずである。七夕が一年に一回の星の行事とすると、この共同企画は、七〇年に一度というハレー彗星のようなものだったのかもしれない。島田はその後、早朝のＴＶショッピングの司会者などをやっていたが、話を切りだしておいて、すぐ自分でウゥンと相槌《あいづち》を打ってしまう癖は最後まで直らなかった。

アクロバティックな「かんずり」特集は、誰がみても失敗だったものの、椎根個人の人生には、甘美なスパイスをふりかけてくれた。失敗した企画ほど、熱狂的な支持者や、思わぬ愛を生むことがある。ちなみにこの原稿を書いている現在、椎根が入れこんで情報を集めているのはタマリンドという香料である。

創刊号は首都圏限定販売で、三〇万部刷り、実売一五万部。椎根は、全国で売れば四〇万近い数字になる、と自分をなぐさめた。

女子編集者のコピー力

そしてようやく編集部に社内研修を終えた新卒女子たちがやってきた。椎根は早速、筆力がどのぐらいか試そうと彼女たちが誌面に登場する企画を考えた。

それが第三号の「新快楽拡大シリーズ　競馬は、東京女性の新しい楽しみ。やってみると、初めてでもけっこう大丈夫！」で、東京競馬場の第四九回オークス——牝馬《ひんば》（メス馬）の女王を決めるレース——の馬券を四人の新入社員に買ってもらい、その感想を書かせるというものだった。

「損しても、返さなくていい。儲かったら元手の三万円だけ返してもらい、残りは当人の取り分とする」

と言って、競馬場で、中田由佳里、荒井三恵子、二階堂安希子、吉家千絵子の四人にそれぞれ現金三万円を渡した。この時、荒井と二階堂はすでに馬券買いのベテランだった。中田と吉家は、競馬場へ行くのも馬券を買うのもはじめての経験。

結果、荒井は元手を七万円に増やした。二階堂もプラスになったが、なぜか当たり馬券を落としたと言って、三万円を返さなかった。中田は、彼女の性格どおり、チビチビ賭けて、六九〇〇〇円残した。吉家は混乱のうちに、元手をすべて失った。

その馬券買いの体験手記を、各人に書いてもらい掲載したわけだが、驚いたことに、四人とも、すぐエッセイストになれるほどの筆のサエをみせた。中田の文の最後は、

「私、湯殿山で修験道を学び菊花賞で復活です」

と結ばれ、荒井は、

「今度はボートとか自転車にチャレンジしようかともくろんでいるお調子モノであった」

と書いた。二階堂は、

「そんなわけで、買い足した単勝と自分の金で買った馬券を落とした私であった。当たり馬券を拾って暮らしている地見屋《じみや》さんの生活を助けてしまったのであった。あーんバカ」

　吉家は、

「勝った人間は、焼き鳥を食べる暇もなく家に急いだが、残りの3人はあとは野となれ山となれ。夏の暑さに耐え抜いて、秋の菊花賞で万馬券でも狙いましょう」

というものであった。

　椎根は荒井の文を一番高く評価し、一年後、荒井三恵子の本名で、一頁の連載エッセイ「メトロポリスのシンソー探検」（第一〇〇号、一九九〇年六月七日）を二年間書かせた。しかし、台東区根岸育ちの荒井の文章は、すぐ落語調になる欠点があり、ダジャレも多すぎて、ほかの出版社から原稿注文がくるほどには大成しなかった。

　四人の文章もよかったが、椎根がなによりも満足したのは、馬券買いのなかで四人がある遊びを見つけだし、その日一日のキーワードとして楽しんだり、イジワルをしあったりしていたことである。それが、「馬主の愛人風」ごっこで、四人のなかに、競馬場でサイコーに格好いいのは、馬主の愛人なのだという認識があった。彼女たちには、その場の空気を読みとり、ショーアップする能力があり、それは雑誌編集者にとって必須の才能だった。万華鏡のように細かい断片ばかりの女の世界をまちがわずに進むためには、新卒女子たちの場の空気を言語化する力がどうしても必要であった。そして、中田の東北的な実直さ、荒井の下町風船のような軽さ、二階堂の手がたさ、吉家の、いくら叩かれても、決してめげない突貫精神――これらはいずれも新雑誌に求められる能力だった。

中田に関してはこんな記憶も残っている。一九九〇年の初秋発売の「イケイケ鎌倉だ！ 小町通りを中心に征服する大特集」(第一一六号、一〇月四日)は、鎌倉が一番暑いときに取材しなければならなかった。炎天下、ゆで釜《がま》のような暑さのなかでの取材を終え編集部に帰ってきた中田は、同僚にその日の成果をいつもより一オクターブ高い声で説明していた。その中田の背中、薄いシャツ地の上には白く塩が噴き、たすき掛けにしたバッグのベルトの形に、バッテン印の奮闘のあとが残っていた。

椎根は、中田の背の塩を見て、思わず涙が出そうになり、すぐ自分の席に戻ると、アイラ島産のスコッチウイスキーをあわてて飲んで涙をおさえた。その背中について何かを言えば、すべての調和がくずれそうで、椎根はあえて指摘しなかった。

さて、編集部には二階堂という姓を持った女子社員が二人いた。一人は競馬好きの安希子、もう一人は、すでに編集長に必要な素質をきらきらさせていた千鶴子である。柿内はその煩雑さをきらい、安希子を「アキニカ」、千鶴子を「チズニカ」と、スペイン女の名前のように呼ぶことにした。

椎根は編集者の素質を、タイトルや小見出しの出来で判断していたが、チズニカは、『Hanako』にふさわしい、使いがってのいい言葉を紡ぎだす能力に長けていた。

毎週の電車の中吊りを制作する際には、限られた時間内に、その号の企画と狙いをいかに魅力的に読者に伝えるかという技術が要求される。

『Hanako』の場合、毎週火曜日の夜一〇時ごろから二時間で、中吊りと新聞宣伝用のコピーを全部書き上げ、入稿しなければならなかった。一発勝負である。

一冊分の校正紙の束をパラパラめくりながら、あれも入れたい、これも力作だから落としたくない、と思っていると、ポスターという限られたスペースにはおさまりきらず、必然的に連載もののスペースが少なくなる。田中康夫のエッセイのタイトル「THIRSTY」は英語だから、訴求力が弱く、田中の名前の前に何か形容詞のようなものを入れたいが、五字分のスペースしかない、と毎週その五字分で悩むのが椎根の習慣のようになった。

ある夜、いつものように迫りつつある〆切時間を気にしながら宣伝ポスターの制作をしていると、チズニカが編集部に帰ってきた。歌舞伎を観てきたという。好きな演目だったのか、いつも白いチズニカの頬《ほほ》が、少し紅色に染まっている。椎根は、「おっ、いいところに帰ってきた、田中の形容詞で何かアイデアはない？」と声をかけた。

チズニカにはくどくどとした説明は不要で、すぐ何を求められているか理解した。いつも編集部で何が行われているか注意深く観察していないと、とっさの反応はできない。週刊誌には説明をしている時間的余裕などないのだ。チズニカは自分の机の引き出しを開けたり閉めたりしながら、「東京の達人、は……」と言った。

当時、「達人」という言葉がメディア上で使われる頻度は極端に少なかった。言葉は時代によって訴求力が違ってくる。椎根は、その古さ加減がアナクロでいいかと思い、チズニカの言うとおりに、「東京の達人、田中康夫」と書き入れた。その後の五年間、中吊りの左端には、「達人」という言葉がのることになる。チズニカは、ほこりまみれの納戸から、「達人」という言葉を引っぱりだして、蘇生させたのだ。それから二〇年経った今では、朝、新聞を開けば、面接の達人、交渉の達人といった書名を目にするし、夕方の主婦向け番組でも、ナントカの達人と叫んだりしている。

今でも椎根は、その「達人」という言葉を見つけるたびに、あの夜、チズニカが運んできた歌舞伎の興奮を、おそらく、絶頂期の玉三郎の艶《あで》なる姿を見た余韻を頬に残した白い顔を思い出す。編集部は歌舞伎座のすぐうしろにあった。

二〇一三年現在、チズニカは『クロワッサン』の編集長で、少し低迷していた同誌を、チズニカ独得の古くさい言葉を堂々と臆面もなく使うタイトルづけの力で、部数を伸ばしている。

キャリアとケッコンだけじゃ、いや。

そのチズニカだが、『Ｈａｎａｋｏ』の創刊直後、金曜日になると、「月曜日は少し出社が遅くなります」と言い残して退社することが、二、三回続くようになった。

「いつも金曜日になるとソワソワしてるけど、土日になんかいいことでもあるの」

と椎根は聞いた。返ってきたのは、

「実は、このところ香港とシンガポールのどちらかに毎週末行っているんです。五年前にシャネルのデザイナーになったカール・ラガーフェルドがようやくなじんで、いいアクセサリーを次々に売りはじめたから、それを買うために」

という説明だった。

椎根はチズニカの発言に瞠目《どうもく》した。目を覚まさせられたといっていい。いくら給料が上がったといっても、普通の女性が二週連続で、香港、シンガポールへ週末旅行に行くようになったとは、考えもしなかった。それもシャネルの新製品を買う目的だけで、海外旅行をするなんて……。

シャネルのデザイナー、カール・ラガーフェルドも頭がよかった。それまでのシャネルの製品は趣味がよく、品もあったが、普通の女性には手が出ない価格だった。

そこでカールは、金ピカ趣味のアクセサリーを何種類もつくり、さらに数カ月ごとに新作を発表した。また世界中で、この店にはこの商品だけ、あの店にはあの商品だけを置くという経営方針で、購売者たちの飢餓感をあおった。

そしてなにより、創業者ココ・シャネルの奔放な人生に憧れているが、今までのシャネルの商品には手が届かなかった、普通の、世界中のチズニカのような女性たちでも買える価格設定にしたのだ。カールの新作をすべて自分の目で確かめるには、世界中のシャネル・ブティック（直営店）を駆けめぐるしかない。カールは、ポップアート界のアイドル、アンディ・ウォーホルが、美術を複製・反復して成功したように、シャネルの古い商品を自分の好みに複製・反復し、安価な美術品のように売ったのである。

この一九八八年の時点で、シャネル社は銀座に自社ビル＝直営店を持っていなかった。「エルメス」「ティファニー」も同様で、デパート内や高級ショッピングモール内で売っていた。

「第八号（七月二一日）は、海外のシャネル特集をやろう、チズニカには香港へ行ってもらう」と、椎根はその場で狂ったように叫んだ。続けて柿内に、明日一番に、シャネル日本支社の大川涼子に連絡をとり、香港、シンガポール、ホノルルのシャネル・ブティック取材の紹介状をＦＡＸしてもらうように頼んだ。

柿内の親友、大川は、すぐその手配をしてくれた。ただひとつ、『Ｈａｎａｋｏ』が外国で取材してきた商品が日本で売られていたとしても、その日本での値段に触れて比較しないでほしい、という条件をつけた。椎根は、その条件を飲んだ。

参考までに当時のシャネル商品の海外での値段は、ココ・ピンクの口紅が二〇〇〇円、ＣＣマークのブローチが一万七〇〇〇円（ホノルル）、定番のパンプスは二万四〇〇〇円（香港）、クラシカルデザインのバッグ（大）が一五万四〇〇〇円であった（シンガポール）。

シンガポールは佐藤今日子、ホノルルは吉家千絵子が担当することになり、各地とも取材日数は、週末海外旅行者と同じ三泊四日と決めた。

チズニカは宿泊先に、当時、アジア一のホテルといわれたザ・ペニンシュラを予約した。チズニカとカメラマンの武井哲史が啓徳空港に到着すると、ペニンシュラからロールス・ロイスが手配されていた。米国の旅行誌の読者投票でアジア一のホテルとの折り紙をつけられていたペニンシュラが、なぜそういう厚遇をしたかは不明である。チズニカによれば、宿泊代が割引になるシステムを使っただけだという。

こうして、「絶対欲しい！　品薄状態のなかでシャネルを賢く買う大情報」というトップ記事ができた。このタイトルづけでも、椎根は悩んだ。「賢く」という表現をなかなか発見できず、「正しく」とか、「リーズナブルに」とか考えたが、どれもしっくりこなかった。例によってチズニカに相談すると、即座に、「賢く、がいいんじゃない」と言った。椎根は、「達人」の時と同じように、「賢く」という表現におもはゆさを感じたものの、チズニカが言うのだから、とその言葉を採用した。「賢く」という言葉は、以後、女性誌や主婦向けの番組でしばしば使われている。

この第八号から、『Ｈａｎａｋｏ』の快進撃が始まることになる。発売直後には銀座教文館（書店）社長の中村義治が編集部に、「今、大変なことになっている」と電話をかけてきた。柿内がすぐ、チズニカを連れて教文館へ向かうと、来店する女性客全員が、『Ｈａｎａｋｏ』を買っていた。販売部数は、前号比一六〇％となった。

「シャネルを賢く買う大情報」の成功は、椎根にひとつのアイデアを授け、また得体のしれない混乱に直面させた。アイデアとはつまり、今後の『Ｈａｎａｋｏ』は、海外ブランド紹介が、企画の強力な柱になるだろうという確信だった。

もうひとつの混乱のほうは、海外取材の増加による編集費の高騰と、若い女子社員たちのとどまることのない権利意識の増大であった。

香港に行ったチズニカはアジア一のホテルに宿泊してきたのに、ハワイチームは名も知れぬコンドミニアムだったという不満の声があがった。ホテルの質に差がついたのは偶然のなりゆきだが、新卒女子は差別されたと感じたのだ。

一〇年前の『ポパイ』の時代、椎根は約一〇〇組ほどの海外取材チームを送りだしたが、男たちを一部屋に三、四人つめこんでも、外国に行ける喜びのほうが大きく、取材さえうまくいったら、誰も文句を言わなかった。

ところが、新卒女子たちは海外旅行に慣れた世代だった。大学卒業直前に海外旅行に行くことが常識になっていて、中田由佳里などは卒業前にオペア（フランス独特の住みこみのベビーシッター制度）として、タヒチに一年間滞在した経歴を持っていた。

彼女たちの権利意識にさらに拍車をかけたのが、一九八六年に施行された男女雇用機会均等法だった。椎根は、鬼に金棒を与えたようなものだ、などと退嬰《たいえい》的に考えるしかなかった。

均等法ができる前は、大学を出た女性でも、お茶くみやコピーとりという補助的な仕事に甘じなければならず、四〜五年働いたら、寿退社してほしいというのが会社の希望であった。そのかわりに、女性社員の深夜労働は禁じられていた。

この法律が施行されたあと、社長や幹部社員になれる総合職で入社する女子学生が急増した。大卒女子を総合職で採用する枠を、あわててつくった会社も多かった。

キャリアは、女子にとって、目に見えないティアラ（王冠）になった。キャリアさえ手に入れば、一人で自由に、自分の夢の生活を叶えられそうな気分にさせた。結婚は、相手の問題もあるので、夢になりそうもなかった。

皇太子妃、当時は小和田雅子が、キャリア職の最高峰である外務省のキャリア試験に合格したのは、均等法の施行と同じ一九八六年だった。彼女は、キャリア試験に合格した数日後に、東宮御所のパーティで、皇太子浩宮《ひろのみや》（徳仁《なるひと》親王）にひと目ぼれされた。キャリアの取得と同時に、シンデレラ結婚へのパスポートを手に入れたのである。

椎根も均等法を意識して、創刊時の『Ｈａｎａｋｏ』のキャッチフレーズを、「キャリアとケッコンだけじゃ、いや。」としたわけだが、その欲ばりなキャッチフレーズの責任をとらされる格好になった。

「三つ星のホテル以外は、いや」という女子に、「社には海外宿泊旅費規定がある」と言っても、「それは男を対象にした規定であり、女子の安全を考えたものではない」と反論された。『Ｈａｎａｋｏ』以前、女子社員が海外取材に行ったのは、柿内と、のちに四代目社長になった吉森規子ぐらいだった。柿内は、『クロワッサン別冊』で中国とモロッコに取材に出かけたことがあった。ただし、モロッコに行っても柿内はまったく女性扱いされなかったし、同行したカメラマンの和泉繁も、スタイリストの原由美子も、たぶん、柿内を女性とは思っていなかったはずだ。

柿内は、しみじみとつぶやいた。

「女編集者が、ファッション取材で海外へ行くと、法外に取材費がかかっちゃうな……」

新卒女子たちは、ホテルばかりでなく、往復の飛行機もビジネスクラスにしてほしい、という要求を突きつけた。椎根は、タイアップ先の航空会社に、すべて契約が整ったあと、「それで申し訳ないのですが、均等法も施行されましたし、ビジネスクラスにしてほしいのですが」というひと言を付け足さなければならなかった。結果的に『Ｈａｎａｋｏ』の海外取材の七割ほどは、ビジネスクラスを使った。

新卒女子社員たちに浪費は美徳という意識をプラスしたのが、英国ダイアナ妃のシンデレラ物語である。フリフリのブラウスとダサいサロペット姿の保母さんとして、日本のマスコミに紹介された彼女は、結婚から一年もしないうちに、全世界の若い女性たちのファッションリーダーのような垢抜けしたレディに変身した。さなぎから蝶になった変貌の秘密は、彼女の浪費癖にあった。

結婚直後から週に数十万円も衣裳・アクセサリーを買いこみ、これにはチャールズも困惑しているというニュースが日本にも流れてきた。そのニュースは、過剰な浪費こそ美にいたる近道かもしれない、という考えを日本の女の子の脳にも刻みこんだ。

日本のシンデレラ物語の主人公である小和田雅子も、『Ｈａｎａｋｏ』のキャッチフレーズどおりの人生を歩んだ。父が外務省高官だったこともあり、彼女は少女のころから、通称キャリア組といわれる外務省上級職試験に合格することを最大の目的として、ハーバード大学などで猛勉強した。

外務省でキャリア組としてバリバリ仕事をしはじめると同時に、皇太子からのアタックが激しくなり、一九八八年にラブコールを避けるように、今度はオックスフォード大学の国際関係論修士コース取得のため、英国に渡った。外務省派遣の留学だった。

英国に留学していた二年間、皇太子から電話も、一枚の手紙もこなかったといわれる。皇太子にとっては、昭和天皇が崩御したこともあり、喪に服す期間でもあった。彼女は自分に対する皇太子の愛が消え失せたと思い帰国し、北米第二課で日米間の貿易摩擦問題に取り組んだが、この時代の活躍ぶりは、「タフネスマーちゃん」という愛称として残されている。皇太子と結婚しなかったら、今ごろは、頼りない日本の外相を叱咤しながら、TPP（環太平洋戦略的経済連携協定）交渉問題で、米国の国務長官相手に、タフネゴシエーターとして剛腕をふるっていただろう。

時は流れ一九九二年のこと、どうしても彼女を忘れられない皇太子は、二人だけで会う場をセッティングし、彼女は、皇太子の求婚を受け入れた。皇太子は、「雅子さんのことは僕が一生全力でお守りしますから」と、真剣に約束したという。こうして彼女は、目に見える本物のティアラを、ケッコンという場でも頭上につけることになる。

しかし、入省以来六年間という短い期間では、自分はこの仕事をなしとげた、というキャリア組としての達成感を得ることはできなかったろう。ただ彼女は、皇太子の渇望的な愛の告白のなかの、「二人で皇室外交のようなものもできるかもしれない」というあいまいな言葉に、自分が真に求めるキャリア活動が可能だと判断した。宮内庁が、そんな前例のないことを許さないということを、彼女は徐々に理解せざるを得なかった。以後も、宮内庁の役人たちは、永遠に割りきれない円周率のように、だらだらと続く数字のような態度でもって、彼女に接している。

椎根は、この時代の女性のキャリア熱というのは、過剰なまでの達成感を得られないと、その傷が一生、モヤモヤとした不満となって残るものとみていた。だからこそ、「キャリアとケッコンだけじゃ、いや。」なのだ。

その達成感は、年に数回もの外国旅行、病的な買い物癖、有名レストラン通いが伴ってはじめて実現するものだった。

最近になって、皇太子妃が、数万円の懐石料理を食べたとか、娘・愛子のために一泊一二万円のホテルを予約して、数日間滞在し、精養軒からオムライスを取り寄せたなどと報道されているが、結婚十数年後のささやかな、遅すぎる浪費といえる。ダイアナのように、結婚直後から週数十万円分のドレスを買っていれば、今のような窮した状態になることはなかったろう。

皇太子との婚約発表は、一九九三年一月のことだった。編集部でそのニュースを観ていた椎根は、女子編集者たちに、「雅子さんは、絶対『Ｈａｎａｋｏ』の愛読者だ、それを証明してくれる外務省や高校時代の友人を至急探してこい」と大声で命じた。

女子編集者たちは誰ひとり椎根の指示に反応せず、面倒な仕事が新しく発生するのを避けるように、それまでの仕事にあわてて戻り、さも忙しい、とその背中で語りはじめた。編集部は、椎根の意志だけが突出した、バランスの悪い、気まずい雰囲気になった。

その重苦しい沈黙をやぶるように、

「わたしだったら、皇太子と結婚しても、外務省に勤務し続ける、東宮御所から自転車で霞が関まで通勤する」

と新卒の吉家千絵子の、女性にしては低い声が、静まりかえっていた編集部にしみわたった。

女子編集者たちはみな、重圧から解放されたように、どっと笑った。男子社員たちはとまどったのか、なんの反応もしなかった。彼女たちの笑いは、吉家の発言をあざ笑ったものではなく、七〇％ほどの同意の気持ちがこもっていた。

彼女たちは、たとえ皇太子との結婚であっても、すでにキャリアを獲得している女性の権利要求意識はいささかも減ずるものではなく、キャリア面での未達成感は埋められないだろうことを直観的にさとっていたのだ。

自分の努力でつかんだ目に見えないティアラのほかに、ケッコンで本物のティアラを手に入れる者に対しての、嫉妬も羨望もない、冷静で余裕のある態度が、吉家の発言を、正しいと評価したがゆえの笑いだった。

一九九三年のこの時代、普通のカップルも、絶えず新しい欲求が生じる豊かな生活を維持するためには、共稼ぎという形をとらざるを得ず、「ディンクス族＝ＤＩＮＫｓ（ダブル・インカム・ノー・キッズ）」が、新しい夫婦像として定着しつつあった。

たぶん、吉家の発言こそが、現在、適応障害といわれる皇太子妃を救う、ただひとつの治療法だったのかもしれない。ほかのお妃候補をすべて退けたあげくの求婚であったのだから、タフな交渉力を持つ彼女は、外務省勤務継続という絶対条件を認めさせ、せめて皇后になるまで、仕事を続けるという約束をとりつければよかったのだ。

椎根も吉家の発言を正当なものと思い、雅子さんの友人探しはしなくてもいいと発言を訂正した。

一九九五年、ダイアナが英国赤十字社副会長として単身来日した。すでに夫、チャールズとの不仲が噂されていた。その初対面の場で、皇太子妃とダイアナはどのような会話をかわしたのだろうか。自分たちの結婚生活の実態について語り合ったのだろうか……。もちろん、二人は通訳抜きで、会話できたはずである。

ダイアナは、来日の翌年に正式に離婚し、その一年後、一九九七年に悲劇的な事故死という運命をたどった。

一方で吉家は、『Ｈａｎａｋｏ』のあと、『ブルータス』に異動し、二〇〇一年には『Ｃａｓａ ＢＲＵＴＵＳ』の実質的な創刊編集長になった。彼女が求めたキャリアは、新雑誌の創刊という仕事だったのである。

『Ｈａｎａｋｏ』から『ブルータス』に移るとき、吉家は、入社以来マガジンハウスから得た全収入の九割は海外ブランドものに姿を変えたと言っていたが、その彼女が手がけた『ＣａｓａＢＲＵＴＵＳ』は、安藤忠雄などの建築家たちの仕事を紹介し、建物ばかりでなく、インテリア、ワイン、レストラン情報を盛りこんだ、欲ばりな建築誌になり、雑誌の世界に、新しいジャンルを定着させた。吉家は八年ほど編集長をつとめたのちに、資産数十億円というロジスティクス会社社長と結婚、自転車通勤をせず、妊娠と同時に退職した。

海外ブランドものと街ガイドが企画の柱に

シャネルを特集した次の号の特集が「横浜」ガイド（「オリジナルＹＯＫＯＨＡＭＡが素敵　横浜のいいお店50店！」第九号、七月二八日）。そのなかで、ミュージシャンの小田和正が、学生時代、フェリス女学院の女の子と元町の「ジャーマンベーカリー」でグループデートをした、その相手の女の子たちが、いきなり遠慮エシャクもなく、生クリームのたっぷり添えられたバウムクーヘンを注文したので、妙に驚いてしまった、と語っている。

こうした一地域だけを徹底的に取材するという企画は以後、『Ｈａｎａｋｏ』の定番となる。安心してやれた銀座・渋谷・六本木・横浜・鎌倉はもちろん、さらに日比谷・丸の内・四谷三丁目・下北沢など、全国展開の雑誌では、やりたくとも販売戦略的にできないマイナーな地域も、首都圏限定販売の『Ｈａｎａｋｏ』では可能だった。

このひとつの地域を選び、一冊にまとめるという企画は、一種の「街おこし」の効果があった。もちろん当時は、街おこしという言葉は一般的ではなかったが、発売のその夜から、『Ｈａｎａｋｏ』を片手に、はじめて訪れる街の料理店へ行き、掲載された食べものを口にする若い女性たちが、その街のすべての路地にあふれることになる。

第一四号（九月八日）の特集は、「いま、東京で買えるエルメスのすべて」。名物スカーフ七種類を中心に紹介したが、当時、エルメスでは植木バサミ（七万五〇〇〇円）も売っていた。見るからに家宝になりそうな一品である。ケリーバッグはスエードで六〇万円だった。

第一五号（九月一五日）は、「ティファニーのすべて」。この年のクリスマスシーズン、この号をきっかけにティファニーは社会的な大騒動を巻き起こすことになる。当時、ティファニーもまだ自社ビルを持っておらず、販売は三越デパート内だけであった。売場は九〇平方メートルほどの狭さ。そのころの人気の高まりを考えても、そこに数千人の若い男やカップルが押し寄せて商品選びをしたら、大混乱になるのは目に見えていた。ショーケースは見えず、それどころか売場にも入れない状況になるだろう。そこで椎根は、クリスマスの三カ月前にあたるこの号で予約案内をのせることをティファニーに提案した。何頁にのっている、九〇〇〇円の「シルバーオープンハートペンダント」を予約したい、と電話してもらって、あとは取りにいくだけというリザーブ方式である。エルサ・ペレッティのデザインによるオープンハートとビーンのネックレスに注文が集中した。

そして迎えた一二月二四日の午後三時半ごろに、椎根がこっそりとティファニーに行くと、すでに銀座四丁目の交差点路上は、あきれるほどの若い男女であふれ、満員電車以上の混み具合になっていた。三越の店員が大きなプラカードに、「オープンハートの受けとりはこちら」などと大書して整理にあたっていたが、かえって混乱を増すばかり。ジョアンのパンの時は行列ですんだが、今度は、宗教的熱気にあふれた大渦巻状態だった。椎根は空恐ろしくなり、なんの挨拶もせず、悪いことをしたかのようにコソコソと編集部に戻った。

第一七号（九月二九日）は、「ウェッジウッド」「ジノリ」「コペンハーゲン」といった陶磁器の特集（「テーブルウェアが女のステイタス。だから、ヨーロッパ陶磁器の基礎知識」）。陶磁器担当ライターだった黒田美津子は、この特集で、ひとつのブームに火をつけた。毎年デザインが変わるクリスマス

プレートを大きく取り上げ、

「去年のクリスマスが再び戻ってこないと同じように、時期をはずすと二度と手に入らないプレート。売り切れる前にぜひ自分のものに」

と書いたのだ。そそっかしいところのあった黒田はこの時、一番値がはる——本物の二四金をふんだんに使った——ヘレンドの「インドの華」というカップ&ソーサーの、ソーサーだけを割ってしまい、これは編集部買いとりになった。椎根は以後、残った美しすぎるカップを灰皿がわりにして、毎日一〇〇本の吸い終えたタバコを、オブジェのように突きさすことになる。

黒田は最近、椎根に泣きながら電話をかけてきて、こう愚痴った。

「実家から、近所のマンションに引っ越したんだけど、ここ二十数年間で買った衣装とお皿の山に囲まれて、ボーゼンとしているの。トホホホ。一億円ぐらいのブランドものを買ってしまったワ」

黒田は結婚せず、渋谷の実家に住み続けていたので、こういう悲惨な有様になった。

第一八号(一〇月六日)は、「ラルフローレン・スタイル」特集。銀座店、原宿店に次いで鎌倉店がオープンしたばかりで、ラルフローレンは当時、トラッド趣味にあふれた家のプランニングから施工までを請け負っていた。その世界を「感動さえ呼び戻す、新鮮さが息づいている」と書いたのは、元トラッド大好き少女だったライターの角島ますみである。椎根は、万事ソッなくこなし、クライアントを上機嫌にさせる才能を持っていた角島に、吉家千絵子などの新卒女子の教育係を押しつけた。角島はタイアップ記事担当のようになり、妙にクライアントに信用され、この一〇年後、社員五〇名をかかえる、日本最大の編集プロダクションの社長になったが、その絶頂期に急病死した。

ところでこの号では「赤坂」についても特集している（「赤坂　女が行ける店」）。当時、コリア・タウン（リトル・コリア）と呼ばれていたのは赤坂で、この地から高級焼き肉料理ブームが始まった。続いて韓国料理ブームが起き、そのなかで純韓国家庭料理を売りにしていた「武橋洞《むぎょどん》」のモツ寄せ鍋が、若い女性たちの人気を集めた。数年後に本格化するモツ鍋ブームは、この武橋洞からスタートしたのである。椎根はオープンの時からひいきにし、行くたびに細切りゴボウの入ったモツ寄せ鍋を食べた。のちに簡単料理法で有名になった飛石なぎさを連れていったこともある。飛石も『Ｈａｎａｋｏ』のライターだった。ほかの客はコリアン・マフィアのような怖いお兄さんばかりで、なぎさは、熱いモツ鍋のせいなのか、おびえての冷汗なのかわからなかったが、若い女性にふさわしくない大量の汗を流しながら食べていた。一九八八年はソウル・オリンピックの年でもあった。

当時の赤坂には「ブルガリ」が、世界で七店目というふれこみで、サンローゼ赤坂の一階に直営店をかまえていた。この特集では、スリーカラーのコンビネーションのスネークの腕時計、一九〇万円を紹介している。そのブルガリの隣りには「フェンディ」があった。ダブルFのモノグラムがふたたび輝きはじめたころで、再人気の理由は、カール・ラガーフェルドの才能が開花し、パワーアップしたためで、おばさん層から、若い女性にも人気が広がった。ダブルのFマークも、雑談中にカールがちょいちょいと描いたものだ。

振り返ると、日本の、いや世界のブランドブームの感性の中核に、このドイツ生まれで、同性愛者のカールがいたことがわかる。カールは、自分の名のブランドを持ちながら、シャネルでも衣類、バッグ、アクセサリーをデザインしていた。彼は香水にまで手をのばし、エリザベス・アーデン社が輸入販売していた新香水「クロエ by カール・ラガーフェルド」までつくった。カールはココ・シャネルの不徳の息子になった。

さて、このラルフローレン特集号ではまた、『Hanako』にはめずらしく、あるスポーツウーマンを大きく取り上げている（「スポーツ経済見栄講座 100m走をファッションショーにした女」）。陸上女子一〇〇メートルで世界新記録を打ち立てたフローレンス・G・ジョイナーである。彼女は記録も凄かったが、ユニフォームというより衣装が凄かった。もう改良の余地がないと思われていた女子短距離走のユニフォームを、革命的にファッショナブルに変化させたのだ。片足レオタードのワンレッガースタイル、残りの片脚には、ランジェリーのようにひらひらしたレースがついたストッキング——それは改良ではなく余分なものをプラスしたものだった。

その姿で全米オリンピック代表選考会で優勝した直後の彼女のコメントが、そのまま記事の小見出しになった。

「外見は機能を助ける」

記録を伸ばすためには余分なものをはぎとるというのが常識だったが、彼女は、余分なものや過剰なものを身にまとうことによって、楽々とソウル・オリンピックの米国代表になった。

彼女の意識が、すでに思想的境地に達していることを証明するこの言葉に、椎根は、「そうだ、それだ」と叫びたい衝動をおさえ、二、三度、「外見は機能を助ける」とつぶやくにとどめた。それは『Ｈａｎａｋｏ』が目指していたものを、シンプルに表現していた。

もともと世界最速のスピードを出せる身体能力を持ちながら、絶対的な勝利を求めて、過剰な装飾のついた衣装で、自分に負荷をかけながら走りきるというスタイルと思考法……。同じような思考法が、次々とブランドを追い求める日本女性のどこかに巣くっていた。

「外見は機能を助ける」というコメントは、スポーツ界よりも、世界のファッション界にふさわしい言葉で、当時の女性の本質を見事に言いあてていた。

無駄づかいをやめなさい、と言われたら、女の機能を高めるために買い続けるのよ、と答えればよかった。

ジョイナーは、ソウル・オリンピックの女子一〇〇メートル決勝で、走る喜びをおさえきれない褐色の筋肉をランジェリーのような衣装に包み、獅子のように黒髪を振りまわし、魔女のごとき長さ一〇センチほどにも見える爪をひらひらさせ、微笑みを浮かべながら、楽々と金メダルを獲得した。決勝レースで彼女の考えた負荷は、凶器のような長い爪だった。いま流行のネイルアートを世界中に見せつけた最初の女性である。爪ばかりが凄かったのではない。彼女が打ち立てた世界新記録の一〇秒四九という記録を、二五年経った今でも、誰もやぶることはできていない。

ジョイナーの人気は、日本の若い女性たちのあいだで沸騰するとみられていたが、それほどでもなかった。むしろ日本の男たちにショックを与えた。何ごとにも敏感に反応する日本の風俗業界が早速動き、銀座に「ジョイナー」という名前のクラブができたのだ。

それにしても、ジョイナーのように「外見は機能を助ける」という考え方に一〇〇%染まってはいなかった日本の若い女性たちは当時、世界中から日本にやってくる高額なブランド品に対して、どんな心理状態だったのだろうか。

日本人男性で最初に「オーデマ・ピゲ」や「グッチ」やティファニーを愛用した三島由紀夫は、いつもこう答えて、その堅牢性を褒めた。

「（ブランド品は）いつおよびでも、正確に動きだす」（「スーパーマン三島由紀夫氏のとてつもなく優雅な私生活」『平凡パンチ』一九六八年五月一三日号）

「キャリアとケッコンだけじゃ、いや。」というコピーをひねりだした、こばやしユカは、『Hanako』の連載エッセイ（「週末は東京磁場に目がいく」第二八号、一九八八年一二月一五日）で、

収入が増えると、自分の守備範囲が広がった、っていうか、およそそういう感じなのよね。ハイ、ここからここまでがあなたのテリトリーっていう、そういう範囲が広がったってかんじ。だから、エルメス見かけると声かけなきゃいけないし、そういえばシャネルはどうしてるかしらって、なんだか〝面倒見なくちゃいけない相手が増えた〟ってかんじで忙しくなっちゃうのよね。

と友人のプランナーの言葉を書き記し、まるで古代母系社会の首母のような、彼女らしいおおらかさで、津波のごとくやってくるモノに、人にかける情けの感情でもって相対していた。

当時の日本では、エルメス、ティファニーといった老舗ブランドと並んで、フランスの若い女性が起業した「アニエスb.」や「ソニアリキエル」の影響力も大きかった。そのころ、首都圏でアニエスb.を販売していた店は七軒、本社は青山にあった。ソニアリキエルのほうは、首都圏に一〇店舗、両ブランドとも、洋服を中心に、化粧品、傘、時計、靴などの雑貨も売り、老舗ブランドにはない、カワイイ感覚を売りにしていた。

ソニアリキエルは、チョコレートまでも「ショコラ・ド・パリ」と命名して、銀座和光だけで販売していた。ソニア人気は商品だけにとどまらず、彼女の独特なヘアスタイルも日本で大流行した。今でも、日本人形風のおかっぱヘアの、年配の女性を街で見かける。

そのアニエスb.を特集した第一九号（一九八八年一〇月一三日）のもうひとつの大特集が、「東京ウォーターフロント」である。隅田川の両岸には古い大きな倉庫がまだ多数残っていて、このころから、使われなくなった倉庫に目をつけた、抜け目がない空間プロデューサーたちが、再開発を始めていた。

音楽のディズニーランドを目指した「ＭＺＡ有明」（コンサートホールなど）、山本コテツが内装を手がけた、勝鬨橋《かちどきばし》南詰《みなみづめ》の怪奇ＳＦ趣味の「ＣＬＵＢ ＮＹＸ」、店内に大ジャングルを再現したレストラン「アマゾンクラブ」――ここは、やしの芽サラダが人気だった――などが立て続けにオープンした。松井雅美がプロデュースした「ＴＡＮＧＯ」と「インクスティック芝浦」というのもあった。インスティックのほうはライブハウスで、ユーミン（松任谷由実）が時々パーティを開いていたＴＡＮＧＯはレストラン。モロッコ料理のクスクスが売りだった。

アンティーク家具の「ケンジントン」や「ザ・ペニーワイズ」の巨大な店内、「ＳＡＺＡＢＹ」も、寺田倉庫の中にアンティークものからトレンディなものまで並べていた。まさにバブルのシンボル的な箱物だった。

「ベニサン・ピット」は繊維会社を改造したマルチ・スペースで、坂東玉三郎も一九八九年にアンジェイ・ワイダ演出の舞台「ナスターシャ」に出演するなど、この空間に夢を託した一人である。永代橋近くの「佐賀町エキジビット・スペース」は、アールデコ調の食糧ビルを改造し、大人気となった。クリエイティブ・ディレクターをつとめたのは、椎根の古くからの、恐るべき友人、小池一子である。オープン時には、なんと「杉本博司展」を開催していた。彼女の新しい才能を見つける早さに、バブルと添い寝をしているような軽薄な椎根はいつも、言葉にできない畏怖を感じたものだ。

この号で日本ではじめて「ウォーターフロント」という言葉を使ったその由来は、タヒチにあった。八〇年代の初めごろ、椎根はタヒチの首都パペーテを何度か取材で訪れていた。パペーテの港は、暴風雨で有名な南回帰線を乗りこえ、帆もズタズタ、マストもへし折られ、命だけ残した世界中の海の男たちでいっぱいで、彼らは上陸するとまっさきに、港のすぐ前にある大きなバーで、正体がなくなるまで飲んだくれるのだった。椎根はもちろん飛行機で島に渡ったが、同じようにそこに直行した。二〇〇人以上収容できる大きなバーが五〜六軒並ぶそのエリアを、フランス人たちはなぜか英語で、「ウォーターフロント」と呼んでいた。その時から、いつか日本でその言葉を使ってやろう、とあたためていたのだ。椎根は、誇らしげに「東京ウォーターフロント」と表紙に大書した。

築地場外の個性的な店がマスコミに初登場したのもこの特集である。「大和寿司」「たけの」「豊ちゃん」……当時なぜか場外の名店は、あまり紹介されておらず、シロウトが足を踏み入れると殴られるというふうにいわれていた。そこは『Ｈａｎａｋｏ』編集部で、それ以前から徹夜仕事明けの早朝に連れだって、大和寿司や「寿司清」で、「さあ、ここならいくら食べても安いよ」と、食欲もないのに爆食していた。睡眠不足と食べすぎで、海幸橋《かいこうばし》のたもとで戻している女子編集者の背中を叩きながら、汚物を見るまいとして顔を上げると、東京で一番美しいといわれる朝焼けの隅田の空が広がっている。椎根は、自分が、銀座あたりで豪遊する不動産バブル紳士になったような気がした。

この特集で取り上げた店で、椎根がなんといっても忘れられないのは、晴海通りと清澄《きよすみ》通りの交差点にあった立ち食い関西割烹料理の「かねます」である。外観は掘っ立て小屋風、調理場と客スペースを入れても八帖ほどの狭小空間で、客は満員電車の乗客のように、二重三重に折り重なり、身をよじりながら飲み食いする。はじめてフラリと入ったとき、黒板にスッポンと書いてあったのでウソだろうと思い、椎根がそれを注文すると、この店を開く前は京都の老舗旅館の板長をしていたというオヤジはしゃがんでゴソゴソやっていたが、元気のいいスッポンをつまみ上げ、「これでいいですか」とのたまい、椎根はあわてて、「今日はやめておく」と注文を取り消した。

かねますの常連客は、トラックの運転手や近所の楽隠居、料亭の勉強熱心な小僧たちばかりで、店が混んでくると、俺は充分飲んだからとひとりごちて、新しい客のためにスペースをつくって帰っていった。客同士にゆずり合いの気働きがあり、それが店を活性化していた。

ところが、近所の朝日新聞社の記者たちが常連になってくると、人事話を大声でする不粋な客ばかりになった。たまりかねて、こんな店では人事と政局の話をするもんじゃない、と椎根は怒鳴った。数週間後、かねますに顔を出すと、オヤジはこう言った。

「ずっと、椎根さんを朝日新聞社の人だと思っていたんですよ」

椎根が、かねますを人類で最初に発見したのは自分だという自慢顔で、柿内に、「知ってる?」と聞くと、

「ああ、あそこなら女だけの〝ぐいぐい会〟で、二度ほど使った。二階に四帖半ほどの宴会場みたいなのがあって、お尻をぶっつけ合いながら大騒ぎしたよ。骨についたマグロをスプーンでそぎ落として、海苔で巻いたのがうまかった」

と、自分の故郷の町を語るように返事を返した。かねますに二階があることも知らなかった椎根は落胆し、二度と柿内をかねますに誘わなかった。それでも椎根は、安普請の油じみた店内と格調高い料理のミスマッチな魅力に惹かれ、せっせと通った。

シャネルの大川涼子から、フランスの有名なキュレーターが来日して、いろいろ案内してい

るのだが、下町に詳しい椎根さんなら、どこか面白いとこを知っているでしょう、と電話があったとき、それでは、とかねますに連れていくと、フランス人キュレーターは、京都の有名料亭にも連れていかれたけれど、ここが一番よろしい、と絶賛した。

東京ではフランス料理は、イタリア料理に押されてあまり人気がなかったが、数年前から「ヌーベル・キュイジーヌ（新しい料理）」を旗印に、フランス料理界の巻き返しが始まっていた。フランスの三つ星シェフたちが、御大ポール・ボキューズを筆頭に次々とやってきたのだ。

そして、星印を持ったフランス人シェフが来日すると、まず一番最初に、かねますを訪れるという噂が流れはじめた。皿の上の芸術家、天才ジョエル・ロブションも、ナチュール・レシピ（シンプルで身体にいいレシピ）のアラン・デュカスも、かねますで食べたといわれた。あの有名キュレーターが帰国して、東京へ行ったら、かねますへ行け、と触れ歩いたのだろうか。かねますはその後、三度移転。現在も晴海通りに面した大ビルの一階で営業を続けている。

連載終了の代償にキノコ荒行

このように、創刊から数カ月が経つと、『Ｈａｎａｋｏ』のメイン企画は、海外ブランドものと、レストラン紹介を中心にした街ガイドの二つにしぼられてきた。そんな状況で悩ましかったのが、創刊号からスタートした「植松黎のジョイフル・クッキング」の処遇だった。『Hanako』の読者は、自分で調理するよりも、レストランのほうを好む、ということもわかってきた。椎根は自分の貧乏性から逆算して、普通の女の子が高級レストランで食事をする時代にまだ達していないと思いこんでいて、そのために学者肌の植松に、創刊前から毎号三〜六頁の料理頁を依頼していたのだった。

「ジョイフル・クッキング」は、スタートしてまだ一〇回目、断りたいけど、一〇回じゃ申し訳ない、と椎根はウジウジと悩んでいた。

そのころ、「渋谷」を特集した第一六号（「渋谷は知ってる！と思ってる人のための渋谷大特集」一九八八年九月二二日）のモデル書店での売上が一〇〇%を記録。二〇〇〇冊を配本して、三部売れ残ったという報告で、この数字を見た社長の清水が、ボクは四三年間雑誌をつくってきたが、モデル書店売上一〇〇%という数字をはじめて見たと言っていたよ、と木滑から聞かされた。

それを聞いて、急に元気になった椎根は、柿内に、「植松さんの連載をやめたいが、彼女を怒らせないように話をつけてきてくれ」と、虫のいいことを頼んだ。柿内は即座に、「わかった、オレが行って話をつけてくる」と請け合った。そういう嫌な仕事を椎根はいつも柿内に押しつけたが、こういう時の柿内の反応は、頼もしいの一語につきた。植松に連載を頼んだのは椎根なのだから、椎根が行くべきだというスジ論は一切しなかった。

帰ってきた柿内は、どんなマジックを使ったのか、「気持ちよくやめてもらうことになった」とだけ言った。椎根は命拾いをしたような気分になったが、一カ月後、その決着のために生死の境を踏み歩くほどの荒行をしなければならないことをこの時は知るよしもなかった……。

マガジンハウスには、編集部の都合で突然、連載をやめる場合、そのお詫びとして執筆者を一流料亭か有名レストランに招待し、なんとか納得してもらう習わしがあった。しかし、相手が和洋に通じた料理研究家だけに、それもそぐわない。それよりお詫びの場を取材現場にしてしまい、それを「ジョイフル・クッキング」の最後の回とすることにした。

テーマは「キノコ料理」。椎根の故郷である東北の福島県郡山へ行き、もはやめずらしくなっていた自生のキノコを椎根が採り、それを調理してもらう案を提示すると、植松も了承してくれた。長雨が続いた秋だった。

椎根の遠い親戚が鯉料理を売りにした旅館をやっていて、秋になるとキノコ料理を出していた。キノコといっても栽培されたものは一切出さず、深い山で自然に生育した本物にこだわり、最後のキノコ採り名人といわれた宗形喜久男が深山から採ってくるものだけを使っていた。旅館の主人は、名人にガイド役を頼んでくれた。

世界中でキノコは古くから特別な食べものと扱われていて、ギリシャでは「神々の食べもの」、メキシコのアズテク族は「神々の肉」と呼んでいた。今でも西欧では、「妖精の食べもの」

といわれるだけに、食器も英国貴族のピクニックのような雰囲気を出したいと思い、椎根は食器スタイリストの黒田美津子に、できるだけゴージャスな銀食器を借りてくるように頼んだ。黒田はすぐ、取っ手つきトレー（一八万円）から、ワインクーラーにする大ボウル、建築家リチャード・マイヤーがデザインしたトレー（七万五〇〇〇円）、サラダボウル、水差し、シチュー用の蓋《ふた》つき食器、フォーク、ナイフ、スキットル（水筒）まで、すべて銀製品で用意した。これにワイン三本、大量の果物、ウールのブランケットが加わり、あまりの重さに、運搬にロケバスをチャーターしなければならなかった。そのバスに、柿内、植松、武井哲史カメラマン、黒田の四人が同乗し、郡山へ向かってもらうことになった。椎根だけは一日早く出かけて実家に泊まり、早朝四時集合のキノコ採りに行くことにしたのだ。

当日、集合場所の旅館の前には、名人と、仲間というよりその手下という感じの中年男が二人待っていた。山菜採りという牧歌的なごやかさはなく、財宝が隠された魔宮にしのびこむという密命を帯びた山賊たちの緊張感のようなものすら感じられた。

いざ出発すると、車はあっちこっちと裏道ばかりを三時間ほども、椎根に道順を覚えられまいと努力しているようにジグザグに走り、ようやく名人だけが知っているキノコの宝庫の山の麓《ふもと》にたどりついた。名人と椎根の組、ほかの二人の組と二組にわかれて行動することになった。キノコが生えている場所は、自分の息子にも教えないといわれるほどだから、山仲間の二人にも、最後は自分たちの嗅覚で探しなさい、という意味でのグループ分けだったのだろう。

ありふれたなんでもない山道を少し歩くと、山の西北にある大斜面の一番上に出た。傾斜は三五度以上に見えた。何かにつかまらなければ歩くことのできない斜面だった。しがみつけそうな草も木もない。ほんの三分前までの、のどかな日差しがふりそそぐところから、突然、光がまったく当たらない異次元の場所に入った。イリュージョニストの手にかかったようだった。

名人も椎根も竹製の籠《かご》を背負っていた。椎根はキノコ採りを軽くみていた。

『Ｈａｎａｋｏ』創刊七カ月前に、四〇代に入った自分の体力はどのくらい残っているかチェックするために、山形県湯殿山の修験道修行に参加したことがあった。粗衣粗食で過ごした最終日は、湯殿山から月山頂上までの往復二〇キロの、駆け上り駆け下りの荒行である。雪が残り、強風も吹いていて、白衣一枚では体温がどんどん奪われ、必死で駆けるしかなかったが、それでもゴールの滝――そこで仕上げに落差四メートル直径五メートルの直下する冷水を浴びる――に着いたときには上位グループに入っていて、椎根は、これなら週刊誌の編集長の激務もつとまるだろうと安堵していたのだった。

しかし、名人のあとについて斜面に足を踏み入れるや、椎根はズルズルとすべり落ちた。足はなんの抵抗もなく、くるぶしのあたりまで沈んでいく。水でも泥でもなく、ただ何万年ものあいだ、枯葉や動物の排泄物や死骸などが腐って堆積してできた地面だった。

その二〇〇メートルほどの斜面には、雨水をたっぷりかかえこみ、一滴の水さえ蒸発させないような、物質循環の輪が隠されていた。何十本、何百本もの、朽ちたブナ、アカマツ、コナラの大木が、糸状菌の斜面宮殿を支えるように倒れていて、昼前だというのに薄暗い闇に横たわる木の内部ではさまざまな菌が大繁殖していた。太さ三〇センチほどの朽ちた幹は押しても引いてもびくともしない重量があり、その木にしがみついた椎根の手の平と衣類には、腐食してぬるぬるしたものがねばりついて残った。倒木をまたごうとしても、斜面にあるだけに、股《また》下《した》二メートルの脚を持っていないかぎり、地面に届かない。くぐり抜けようとしても、背負い籠が引っかかって身動きがとれなくなる。椎根はどうやって倒木の森を越えたか記憶にない。意識がなくなったり、戻ったりしているような肉体の、その足元に極彩色のキノコの大群が、リズミカルに並んでいたことだけは覚えている。

山野草の可憐な小花もない。無色ですらない。ただただ腐食した生物の色の世界……。新宿歌舞伎町のネオンサインのような、どぎつい橙赤色《とうせきしょく》、卵黄色、粘土色としかいいようのない灰《はい》褐色《かっしょく》、紫紅色《しこうしょく》、鮮赤色《せんせきしょく》、粘液がしたたり落ちている暗オリーブ色のキノコたち。それらの稀代なキノコが、腐食しかかった木と、糸状菌の海といってもいい地表との狭い空間に群生していた。

名人がキノコの宝庫を息子にも仲間にも教えないというのは、悪意ではなく、その場所に立ち入った者に、根源的な腐、生の影を宿さない聖の世界の存在を教え、ここがあまりにも地獄に似ていると危惧するせいだろう。そうした地獄のようなものは、自分で発見するしかない、という最上の善意の表現なのかもしれなかった。

椎根はそのなかから幻の化身のような白いスギヒラタケ（スギタケ）を選んで、壊さぬように下のほうからざっくりと採っていき、籠の中に入れた。キノコの傘がくずれないようにその上に古新聞紙を敷き、次は海のイソギンチャクの形をした黄色のホウキタケをのせた。最後に一番上に、千古の香りといいたいような、強烈な匂いの、人間の顔より大きいコウタケ（シシタケ）をそっと置いた。

斜面を、キノコを採りながら下ると、椎根は精も根も尽きはてた。これほどの疲労はかつてなかった。月山の荒行の一〇倍も疲れた。

キノコのジュータンの上をずるずるとすべり落ち、誤って毒キノコのひとつでも口に入ってしまったら、という恐怖感……。口で呼吸をするため、気力・体力が徐々に奪われた。椎根は意識朦朧となりながらも、湯気をたてているワラジ型の大キノコを発見したので、「これは大丈夫ですか?」と名人に聞くと、それは熊のクソだという返事だった。

「まだ一〇分も経っていない、そこら辺でまだキノコをムシャ食いしているだろう」

名人は一回二時間ほどのコースを、昼食もそこそこに二回目のアタックに誘ってくれたが、椎根は、「もういいです」と言って参加しなかった。この時の椎根の消耗、体力の喪失がどれほどのものだったかというと、キノコ採り一行の車が戻ってきたときの柿内のリアクションが、それを物語っていた。椎根が車からヨロヨロと降りると、目の前にいた柿内が死人を見るような顔をして、椎根に向かってこう言ったのだ。

「椎根はどこにいるんですか。まだキノコを採っているんですか」

一日一五〜六時間も一緒にいるのに、椎根の顔を認識できなかった。それほど顔が変容していたのだろう。椎根のほうも、柿内の呼びかけをへんだなあ、と思うゆとりもなかった。椎根の顔に浮かんでいたのは、肉体の疲労というものではなく、生物の始原を目のあたりにした驚愕だったと理解したほうがいいのかもしれない。

植松は、椎根が採ってきたキノコで、「ピスタチオ入りのコウタケと鴨のテリーヌ」「サクラシメジとナスのパイ」「ダイコクシメジのクリームシチュー」「8種のワイルド・キノコサラダ」を、マジシャンのようにさっとつくった。

それを、旅館の庭の芝生で、持参した銀食器に盛りつけ、一枚の写真にまとめた。撮影がすむと、旅館の主人や板前さんもまじえて全員で食べた。名人はそんなヘンテコな料理を食べられるか、という顔をして帰っていった。椎根はそのキノコ料理の味を、何も覚えていない。食べたかどうかさえ記憶にない。この時の料理は「長雨の贅沢——東北の温泉地へ行ってキノコを、たっぷり食べる。」と題してカラー四頁で掲載された（第二一号、一九八八年一〇月二七日）。

昭和天皇の篤病《とくびょう》がテレビや新聞で報じられはじめていた。もしものことがあれば、国民はみな、喪に服さねばならなくなる。椎根は、その〝服〟の部分に反応し、第二一号の特集を決めた。「黒っぽい服とパール」である。リード文は「フォーマルな日には欠くことのできない、シンプルさが美しい永遠のアイテム」と、椎根の邪《よこしま》な気持ちが少し覗いた、文法的にはどこかおかしい一文となった。取材が先行していた例のキノコ料理と同じ号である。キノコのサイキック・パワーに影響されたのだろうか。

「時間さえ止めてしまいそう。どんな風景にも似合う、黒い服」というリード文に、右翼から文句がこないかと椎根はヒヤヒヤしたが、何も起こらなかった。

「コム デ ギャルソン（ベッチンのワンピース五万四〇〇〇円）」、「イッセイミヤケ」「マダム・ニコル」「ロメオジリ」、エルメス、アニエスb.などの黒と白の服ばかり十数点を掲載したが、このころ黒い服といえば、コム デ ギャルソンと「ヨウジヤマモト」が代表的だった。一九八一年のパリ・コレクションで、川久保玲、山本耀司の二人とも黒い服だけを披露、センセーショナルなデビューを果たし、八三年ごろになると、日本でもファッションに目ざとい女性編集者たちのあいだで、ギャルソンの黒い服がフォーマルファッションとして大人気になっていた。この現象は「カラス族」誕生と皮肉られ、あるファッション誌の女性編集者の結婚披露宴に集まった女性客全員が黒い服を着ていたため、華やかであるべき宴が、通夜の席になってしまった、などと揶揄《やゆ》された。その第一次ブームから五年ほど経過していたが、ギャルソンはまだ、すばらしい黒い服をいくつも揃えていた。

この特集ではまた、いつも海外ブランドばかりを紹介している罪ほろぼしに、真珠の「ミキモト」をたっぷり取り上げ、外国の元首夫人たちがミキモト本店を訪れた際のエピソードや写真も掲載した。もちろんミキモトは外国の王族ばかりでなく、日本の皇室との関係も深く、皇族が嫁入りする時の宝飾品の大半はミキモトが揃えるという伝統があった。

この特集でミキモトには、一五号のティファニーと同様に、「すぐ来るクリスマスを『ミキモト』でリザーブ」というタイトルのもと、ダイヤ入りのネックレス（三万二〇〇〇円）、ブローチなど数点を読者限定告知という形式で販売してもらった。すぐ完売した。が、ミキモトの人気が沸点に達するのはこれから二年後のクリスマスのことである。それについては後述する。

酒の力で乗りこえて

一九八八年、パリ、ＮＹに次いで世界で三番目という「サロン・ランバン・キャビア・バー１９８８」が原宿ピアザビルの二階にできた。店内はフランスのランバン家の居間を模したアールデコ調。イラン産の純粋生キャビアの「ベルーガ」「オセトラ」「セブルーガ」が、「メルバトースト」やそば粉のパン「ブリーニ」の上に盛られた。ランチは三〇〇〇円だった。

柿内の食べもの日記にも、キャビアが登場しはじめた。

一九八八年九月六日、火曜日。

○朝　塩鮭、オクラかつお節あえもの、あさつき入り玉子焼、みそ汁、きゅうり漬物、ごはん

○昼　なし

○夕　帝国ホテル――スモークサーモン・帆立・えびサラダ、キャビア・エビのクリームあえ、タンシチュー、スパゲッティ、温野菜、うずらのスコッチエッグ風、白身魚のソース煮、帆立ソテー、アンティーブとトマトのサラダ、チーズ（2種）、ロールパン、コーヒー、白ワイン（2杯）、赤ワイン（2杯）、水割り（1杯）

ワインブーム前夜のことで、柿内もワインの銘柄についてはあまり記していない。それでも、特においしいワインの時には、きちんとメモしていた。一九八九年九月のある日は神奈川県小田原のフランス料理店「ステラ・マリス」で、「鶏の卵のボイル・トリュフのピューレ添

え、アシェットキャビア・クレソンソース、トリュフのガレット、レンズ豆のスープ・フォアグラ入り」とともに、「シャトー・マルゴー」の八二年ものを飲んだと記されてる。

一九八八年九月二三日、秋分の日。会社は休み。

○夕　アンティーブ、カマンベール（チーズ）、キャビアゆで卵、ジョーヤ特製餃子、お魚鍋、みょうがオクラ大根サラダ、きゅうりなすお新香　日本酒（1杯）、ビール（2杯）、白ワイン（2杯）、赤ワイン（2杯）、チンザノドライ（1杯）

この日は、友人宅というより、柿内の同性の恋人宅での夕食である。料理関係の仕事をしていた恋人の部屋は、柿内のマンションから歩いて二分のところにあった。

女同士の愛の食卓は、いつも豪華というか、過剰というか、過食症の人のための食事だ、ともいえた。柿内も日記の欄外に、「ダイエットせよ！　夜十時スギに食べるな！」と書いて自戒していたが、メニューもあれこれ必要以上に心配りされ、食卓は、いつも愛情表現の発表会のようになった。だから、餃子にキャビアが並んでしまう。

椎根はある時、柿内に尋ねた。別々のマンションに住んでいて、朝食を食べにいったときには、どんな挨拶をするのか、と。柿内はシンプルに答えた。

「さあ、メシだ、メシだ」

女同士の家庭で、柿内は完全なオヤジとしてふるまっていた。

柿内が、料理上手な恋人と知り合ったのは『Ｈａｎａｋｏ』創刊の七〜八年前、中国関係のパーティでのことだった。当時三〇代の柿内は、両性にまたがる愛の戦場で、蠱惑的《こわくてき》な魅力をまきちらしていた。

ある時、柿内は椎根にこうつぶやいた。

「ある女にこう言われたことがあった。『あたし、お柿さんのこと、ずっと女だと思ってたんですよ』ってね」

めまぐるしく戦局が変わる愛の戦場でなければ、生まれてこない言葉だろう。いつも仕立てのよいジャケットに白いシャツ、パンツ姿のその人が、「ボクは、ボクは……」を連発したら、どうしてもその正体を知りたい、と思いこむ女がいても不思議ではない。

ところで、料理上手な女性と連絡先を交換した柿内が、その夜、もう一軒の別のバーで飲んで自宅アパートに帰ると、扉のところに、くだんの女が立っていた。

「どうしたの……お茶でも飲もう」と鍵を開け、お湯をわかそうとバタバタして、ふと気がつくと女の姿が見えない。ああ、怖くなって帰ったんだろうと思い、軽い寂寥感《せきりょうかん》とともにお茶を飲んだあと、着替えのために寝室に入ると、消えたと思っていた女が柿内を待っていた。

コトのあと、柿内は、えらいことになった、すぐ引っ越さなければ、と決断した。

当時、隣りの部屋には、柿内と結婚披露宴まであげた男性が住んでいた。新宿二丁目の、各社の雑誌編集者が集ったゲイ・バー「ぼ・るーな」のオーナー兼マスター、熊ちゃんである。

一〇年ほど前、柿内は、熊ちゃんと奇妙にウマが合い、結婚でもするか、ということになった。二人は熊ちゃんの故郷にその報告に行った。実家には熊ちゃんの母ひとりが住んでいた。三人で夕食を食べ、熊ちゃんは、今日は疲れたと言って先に寝てしまった。静かになった居間に、熊ちゃんの母と柿内が残された。熊ちゃんの母は、「悪いことは言いませんが、ウチの息子と一緒に暮らすのはいいけれど、籍だけは入れなさんな」と、一升瓶がのった卓袱台の向こうから言った。柿内はその時、すでにバツイチという状況にあった。

帰京すると二人は、籍を入れず、披露宴だけを一流ホテルで盛大にとりおこない、同じアパートの隣り同士の部屋を借りて、別居している夫婦のような、親友同士のような結婚生活を送っていた。

けじめが大事、といつも言っていた柿内は、その夜から数日して、別のマンションに引っ越した。料理上手な女性もすぐ近くのマンションに越してきた。柿内は部屋を移ったあとも、週に二、三回はぼ・るーなへ行き、以前と同じ調子で熊ちゃんと会話していた。熊ちゃんは怒りもせず、嫁に出した娘をいたわるように、やさしく接していた。

さて、キャビアがちょっとしたレストランに出てくるようになると、椎根は意識的にそれを食べないようにふるまった。はやっているものは、避けたくなる性分で、キャビアの場合、「和製キャビア」とか「畑のキャビア」といわれていた秋田産のトンブリを愛食し、キャビアよりもカラダにいいと理由をつけて、和食料理店へ行くと、トンブリありますか、と聞いた。ほうき草の実を加工したトンブリは、安い昔ながらの居酒屋か、超高級懐石料理店にしかなく、そういうアンバランスな存在の食べものが椎根の好みだった。

一九八九年ごろからワインブームが始まると、スコッチウイスキーの「ラフロイグ」の一〇年ものや、「ボウモア」ばかり飲むようになった椎根は、うまいスコッチウイスキーのシングルモルトを求めて、東京中の盛り場をタクシーで駆けめぐった。ラフロイグだけが、偽金づくりをやっているような仕事の疲労を忘れさせてくれた。

一九八八年の暮れごろから、都心では夜七時以降、まったくタクシーがつかまらなくなっていた。空タクシーの運転手は、娼館で女を値踏みするかのような目つきで客をながめ、ノロノロと走り去った。チップをはずむ遠距離の客だけを探していた。銀座から赤坂や六本木へ行きたいなどと言ったら、あの世か地獄に行ってくれと言われたような絶望の表情をつくり、返事もしなかった。赤坂まで五〇〇〇円のチップを出すからと言っても、そんなことは常識で、聞くまでもないという顔で乗車拒否をした。「では一万円」と言うと、ようやくブレーキを踏み、

「しょうがないなあ、俺みたいな仏様のような運転手には、めったにめぐりあえないよ」と恩きせがましく言ってドアを開けるのだった。交通渋滞が慢性化していて、銀座から六本木の交差点まで一時間半はかかった。タクシーの運転手と交渉する時間が異常に増えたというのが、椎根のバブル時代の実感である。

あえて都心の盛り場を避けて、「三軒茶屋まで」と言うと、「高速道路なら行ってもいい。お客さんを降ろしたあとの帰りの高速代もつけてくれるんなら行きましょう」との返事が返ってくるので、自然、椎根が三軒茶屋に行く回数も増えた。三軒茶屋にはまだ大きなビルもなく、終戦直後のバラックがかろうじて残っていた。

そんなある夜、深夜一二時過ぎに椎根が、三軒茶屋の三角地帯にあった木造バラックの階段をギシギシいわせながら、なじみのスナック、ゲイのマスターがいる「アイドル」の前に立つと、一枚の白い紙が扉に貼ってあり、「店主急死につき閉店します」とあった。すべてを放りだしたい、という気持ちになったときに行く最後の防波堤だった。椎根は心の中で、ついに死んだかとつぶやき、くるりとひき返して、三軒茶屋での新しい根城発見の、小さな旅に出た。

そして、三角地帯とは反対側の玉電（玉川線）の停留所裏のにぎやかな細道をブラブラしていると、ラーメン屋の上の「幻の桜」という看板が、椎根の目にとまった。名前に惹かれて二階に上がり、店内を覗いたが人の姿はない。新建材だけでつくられた内装が、できるだけしぼった照明のせいで、かえって寒々とした安っぽいムードを醸しだしていた。と、誰もいないカウンターの端にかかった黒いカーテンの下に、分厚く肉のついた男の脚の太腿から下だけが見えた。

さっきは死亡通知書だったが、この店は殺しかと思った椎根は、死んでいるように動かない脚に、慈しみ深い言葉をかけた。

「生きているんですか」

すると、太りすぎたムーミンみたいな若い男が立ち上がり、相撲力士が着るような大きなTシャツと下着姿で、カーテンのうしろから現れた。椎根は、「パンツ姿じゃ、まずいんじゃない」と、思わず論した。

はじめて入った店で、最初から、こんなにやさしい気分の会話ができるのは、常連客になるということだった。幻の桜のインテリアはひどかったが、酒類が凄かった。世の中のワインブームに背を向けて、ワインは一本もなく、稀少なウイスキーやスピリッツ、リキュール類だけを揃えていた。

「俺は一九四二年生まれなんだけど、その年のウイスキーはあるかい」と、椎根が尋ねると、

「四二年ものはないが、四六年のホワイトホースならある」と男は言って、注ぎ口のところをガムテープでグルグル巻きにした瓶を出してきた。うしろの棚のすべての瓶にも、酒精が抜け

ないようにガムテープが巻かれていた。瓶の白い馬の絵は、今のよりもはるかに小さく印刷されていて、「No L210256」と、シリアルナンバーも印してあった。英国サザビーズの酒類オークションに電話参加して落札し、成田の税関まで自分で取りにいったのだという。インターネットがない時代だった。

椎根が通うようになってしばらくすると、サントリーの広報の女の子が、著名なウイスキー評論家になった学者Tを連れて、勉強にやってくるようになった。ワンショット三〇〇〇円以上した。でも、椎根は文句を言う気にはならなかった。ウイスキーはグラスで決まるといわれていたが、「バカラ」や「ラリック」「リーデル」ではなく、もっと高価なアンティークのベネチアンやボヘミアンのコブレット（足つきのグラス）を二〇個も用意していたのだから。太った若いマスターの名は井口晴貴といった。

椎根はワインブームを馬鹿にしながら、自分の金で洋酒を飲むときは、ワイン好きと同じように銘柄と年度にこだわった。その恥ずかしさも、珍奇な酒のボトルの姿を見せられると、すぐに忘れた。

マスターは、椎根が店へ行くたびに、いらっしゃいませという挨拶のかわりに、「女の子を紹介してくださいい、まじめに結婚を考えているんです」と、その気もないのに頼んだ。

ある晩、椎根は、これはさすがに置いてないだろうと思い、「シャルトリューズはある?」と聞いた。三島由紀夫の初期の小説で、題名は忘れてしまったが、同性愛者の魅力的な中年男性が、ひとり孤独な夜、精神の渇きをしめらせるための寝酒としてその酒を飲んでいて、いつか自分も飲んでやろうと記憶していたのだった。

マスターは無言で、これまで見たことがない妖しい緑色の、少し背の高い瓶を取りだした。

「六九年ものです」

彼によれば、これはフランスのシャルトリューズという名の修道院だけでつくられているリキュールで、ブランデーをベースに一三〇種類のハーブを混ぜているという。彼は、「男のお坊さんの手だけでつくられるのです」と、余計な情報も加えた。椎根にはセリ科のアンゼリカの匂いが強く感じられた。アルコール度数は五五度とあった。

シャルトリューズのような強い酒をストレートで飲み、毎晩四〜五軒はまわったせいで、やがて椎根の背中の右うしろがチクチク痛みはじめた。すい臓がやられたと直感した椎根は、行きつけの、渋谷の小林整体治療室で施術を受けた。西洋医学を信じず、東洋医学的な治療法を好んでいた椎根に、小林紀が、背骨が曲がっていますと見立てて、アクロバティックな柔軟体操のような技をかけると、すぐ背中の痛みは消えた。

雑誌が人気になると、編集者やライターが病気になったり、事故に遭うことが多くなると体験的にわかっていた椎根は、『Ｈａｎａｋｏ』を始める前に、自分が編集長のあいだは、病人も神経症も事故者も出さない、と心に決めていた。編集部には約八〇人の若い女性が出入りしていたが、雑誌の躍進とともに、彼女たちの労働量も増えていった。マガジンハウスのほかの雑誌では、社員編集者は取材に出ず、原稿も書かない風潮があったけれど、『Ｈａｎａｋｏ』では、取材をしてもらい、原稿も自分で書く方式にした。当然、徹夜作業になる。〆切の時間は午前五時三〇分。椎根はその過重労働を、自分と同じように酒の力で乗りこえてほしい、と柿内と手分けして、若い女子編集者を夜となく朝となく酒の飲める場所に誘いだした。社内には仮眠室があったが、誰もそこを利用せず、朝方の編集部では、椅子を三個並べて、束の間の睡眠をとる女子社員の姿が見られるようになった。

部内の女子社員やライターが、腰が痛いとか、肩がこるなどと小さな徴候を訴える声を聞くと、椎根は迷わず小林治療室に送りこんだ。そのころの治療室の一番の常連は、プロ野球史上、最高に自分のカラダの手入れをし続け、四〇〇勝という大記録を残した、元巨人軍投手の金田正一だった。彼は重大な故障を未然に防ぐために、引退後も定期的にみてもらっていた。

小林治療室は、まるで『Ｈａｎａｋｏ』軍の野戦病院のようになったが、女子編集者たちは、すぐ戦場に戻ってきた。椎根と柿内がいたあいだ、長期病欠者は一人も出なかった。

ボジョレー・ヌーヴォー解禁に集まった八〇〇人の丸の内ＯＬ

七〇年代末期の第一次ワインブームは、高価なものほど有難がる日本人の通例どおり、「ロマネ・コンティ」や「ロートシルト」というバカ高いワインから始まった。作家、開高健の同名の小説（文藝春秋、一九七八年）が話題となったロマネ・コンティは、当時でも一本二〇〇万円以上して、銀座の編集者のたまり場「アイリーン・アドラー」のトイレにはそのラベルが額縁に入れて飾ってあった。ロートシルトを英語風に発音すると、ロスチャイルドとなることも椎根は知らなかったが、そんなワインに浮かれた日本にいよいよ、廉価な「ボジョレー・ヌーヴォー」が入ってきた。

一九八八年一一月一七日の第三木曜日、椎根はホテルニューオータニのある会合に呼ばれた。指定された会議室に入ると、約三〇〇人ほどの男性と数人の女性がいた。ワイン輸入業者、デパート、マスコミ関係者、それからフランス大使館員からなる会は、ボジョレー・ヌーヴォーの試飲会だった。世界中で人気になっているのに、なぜか金持ち国日本では知名度が低く、あまり売れていなかった。もっとボジョレー・ヌーヴォーを日本人に飲んでもらうために開かれたのだが、ワインのもたらす陽気な雰囲気はなく、陰気な中年男たちが、ショボショボだらだらとワインを飲んでいた。いいアイデアも生まれず、そのうちワインの酔いに、本来の目的などどこかへ行ってしまい、お開きになった。

この夜の椎根は、編集部に戻りたくなかった。会社が「年末一時金七カ月」と回答しても緊張感がなく趣味的にみえたボーナス闘争がズルズルと続いていたからで、それでも明日からの四つの海外取材（パリ、スコットランド、台北、ソウル）チームを送りだす仕事が待っていたために、帰らざるを得なかった。戻ると、大テーブルの上に一五本のボジョレー・ヌーヴォーが、髙島屋と三越とワイン輸入業者から、それぞれ届けられていた。

「さあ、今日はボジョレー・ヌーヴォー解禁の日だ。全部飲みつくそう」と椎根が怒鳴り、手ずからグラスについで飲みはじめると、スコットランド出張が決まっていたキャップの菅井俊憲が、「今日の団体交渉で社員の国内国外出張拒否が決定しまして、残念ながらぼくは行けないことになりました」と嬉しそうに声をかけてきた。それを見ていた台北取材チームに入っている新卒女子社員はあとでこっそり、「わたしは組合決定を無視します」と言ってくれた。

椎根はワインをあおりながら、菅井のかわりに明日出発できるライターを電話で探しまくった。取材費受け渡しの煩雑な手続き、取材内容の最終指示……。このまま編集部に残り、午前一〇時の経理の出社を待って、それらの作業をするしかないと覚悟した。一九八八年のボジョレーの酒神《バッカス》は、気持ちのいい酔いと、阿鼻叫喚《あびきょうかん》の場での入稿作業を与えてくださったわけだ。

その翌年の一〇月になると、「一一月一六日は、ボジョレー・ヌーヴォーの解禁日ですから、ぜひまたニューオータニにお集まりください」と、フランスのワイン事務局からふたたび連絡があった。そこで椎根は、

「去年と同じように中年男が集まってもボジョレー・ヌーヴォーの知名度は上がらない。八〇〇名の読者を集めるから、彼女たちに無料で飲ませてください。そうすればテレビ・新聞が取材に来ます、大宣伝になります」

と言い、「場所は丸の内ＯＬが来やすい日比谷シティの広場を確保してください」と加えた。

一九八九年一一月一六日、小雨まじりの寒い日だったが、八〇〇人の丸の内ＯＬが午後六時三〇分に日比谷シティ広場に集まった。女性たちにはプラスティックのコップが配られ、ボジョレー・ヌーヴォーがそそがれた。乾杯の挨拶をせよと命じられた椎根は、そばにいたフランス人に、「本国ではこういう時、どういうふうに言うの」と教えを請うた。「ボートル・サンテ！」　椎根はその短いフランス語を、「ボゥットルー・サンテー」と東北なまりで締まりなく言った。この会の会場費ならびにバンド出演料、ワイン代は、髙島屋が中心となって全部支払ってくれた。

一夜明け、テレビは八〇〇人のＯＬがボジョレー・ヌーヴォー解禁を祝ったことを大きく報道し、この年からボジョレー・ヌーヴォーの狂騒が始まった。

一九九〇年になるとボジョレー狂騒曲はピークに達し、日本で一番最初に飲みたい、と成田空港の税関の前で立ち飲みするグループまで出現した。そのなかに『Hanako』特集班のキャップ、島田始の姿もあった。

フランスでボジョレー・ヌーヴォーという安い価格帯のワインが発売されたのは一九六三年ごろのことである。それ以前は世界的に有名なボルドーとブルゴーニュ産ワインに市場をおさえられ、ボジョレー地区のワイン農家の生活は困窮していたという。そこで、彼らがなんとか豊かになろうと知恵をしぼり、考えだしたのが収穫後四〇日で飲めるような、早出しワインの生産システムだった。フランスのワイン農家によるボジョレー・ヌーヴォー生産は、現在、日本各地で流行している村おこし街おこしの最初の成功例といえるかもしれない。

これに味をしめた『Hanako』は、すぐに次のハヤリものを外国の行事から選びだした。女性がバレンタインの日に意中の人にチョコレートを贈り愛の告白をするという習慣は、五〇年代からメリーチョコレートなど国内のメーカーが促進し、ようやく数年前から流行のきざしがあったが、最後のひと押しが足りなかった。

ゴディバは早く、一九七二年から日本橋三越で売られていた。その後、一九八八年の六月には、オーストリア・ウィーンで二〇〇年の歴史を誇る老舗「デメル」が、世界でただひとつの支店を原宿クエストにオープン、それ以前から細々と売られていた、「ヴァローナ」「トゥールダルジャン」のチョコレートも有名デパートで売られるようになった。

これらの開店を受けて一九八九年の二月九日号（第三五号）でも、「特別な人だから、味もパッケージも旬な、海外高級ブランドのチョコレートを贈る。」という企画を組んでいる。しかし残念ながら、バレンタインデーという言葉は、この号のタイトルには入っておらず、本格的なブームにはいたらないままだった。

翌一九九〇年、椎根はボジョレー・ヌーヴォーの体験から、デパートが熱心に動かないかぎり、ブームにはならない、とデパートの関係者に説いてまわった。

「ボジョレーの時のようにやりましょう。二月八日号（第八四号）で、大々的にバレンタインデーを取り上げるから、ぜひ協力してください」

意識的に動いていると、まるで放火犯になったような気がしたが、酒の力を借りて、考えないようにした。

迎えたバレンタインデーは予想どおり盛り上がった。恋人のいない人が上役に日ごろの感謝の気持ちを伝える「義理チョコ」という言葉も定着した。椎根がぎこちなく、「ゴディバ、ゴディバ」と連発すると、女子編集者から、「編集長がゴディバと言うと、違う食べものに聞こえるから、あまり言わないでほしい」という要請もあった。当時、六個入りのゴディバは二〇〇〇円だった。

椎根のところには各デパートや高級ブランドチョコレート会社から届けられたチョコがダンボール一箱分にもなり、ウイスキーで流しこんで、ほぼ一人で食べつくした。結果、すぐに歯が痛みだし、その後二年間も歯医者通いが続いた。柿内にも、ファンの女性から大量に届けられた。彼女はそれには手をつけず、ビールだけを飲んでいた。

この号には、ベルギーの「ノイハウス・チョコレート」を筆頭に、チョコだけで約九頁の広告が入った。NTTも「バレンタインに電報、いいと思う」という、いま考えると牧歌的なコピーで二頁広告を入れてくれた。

その後、椎根は、ホワイトデーもブームにしようと考えたが、デパート側が協力してくれず実現しなかった。しかし個人的に、バレンタインのチョコをくれた女性には、バレンタインデーを生んだ国、イタリアの習慣にしたがって、シルクのパンティを一四枚買い求め、ホワイトデーのお返しとした。

みそ汁を飲んだエルメス・バッグ

話は前後するが、ボジョレー・ヌーヴォー解禁日と社員出張拒否が重なった一九八八年のあの日に、スコットランド取材に行けなくなった菅井俊憲のピンチヒッターとして椎根が電話したのが、現在は日本ペンクラブ・女性作家委員会副委員長という恐ろしげな肩書きの、ライターの茅野裕城子《ちのゆきこ》である。「明日でも出発オーケーよ」という返事を返した茅野は当時、トラベルライターとプリントしてある名刺を使っていた。

椎根が茅野と知り合ったのは『オリーブ』創刊のころだった。編集部で一人で仕事をしていると、扉を開け、上半身だけ内に入れて、注目しろと、自分の顔を指差している和装の女がいた。彼女の着ていた着物は異様に地味で、わざと渋すぎるものを選んできたように見えた。案の定、彼女は、「ライターとして使っていただけません」と言い、自分から、初代のミス青山学院大であること、三島由紀夫の戯曲『葵上《あおいのうえ》』にも出演したことがあるという話をした。

「まあ、それはあなたの顔を見ればなんとなくわかるが、ほかに特技は」と椎根が聞くと、竹製の笙《しょう》（雅楽で使う笛の一種）を取りだし、「炭はありますか」と言う。「そんなもの編集部にあるわけないでしょう」との椎根の返事に彼女は、「笙をあたためないと音が出ないので、演奏はできません……」と返した。

最初から編集部に炭がないことを見越してそういう演技をしたのかもしれない。その種の知恵は見事に発達した女の子だった。椎根は会話が面倒になり、『オリーブ』の特集企画案を一週間で一〇個考えてもらい、いい案が三つあったら、ライターとして使うと告げた。

次の週、持ってきた案に三つだけいいものがあった。そのひとつは、当時誰も騒いでいなかった「バービー人形のファッション感覚」というものだった。その後十数年経って、茅野はマテル社のオフィシャルブック『バービー・ファッション50年史』（共著、扶桑社、二〇〇九年）を手がけている。

小柄な美人で、すでに独自の方向感覚を持ち、大きな野望の底にどうしようもない善意が露呈しているところが気に入り、新しい雑誌に異動するたび、椎根は茅野を使い続けた。

『週刊平凡』の時には、茅野が編集室で大暴れするのに困りはて、たまたま持っていたステンレス製の手錠を茅野の片方の手首にかけ、残った片方を机の足にかけ、動けないようにしたこともある。しばらく仕事を続けた椎根が、ふと机の向こう側を覗くと、茅野はそのスタイルで寝るのが好きだとでもいうように、手錠をはめられたままの姿で眠りこんでいた。

彼女が暴れたのは、特別の理由があったわけではない。椎根と茅野のあいだには、とりとめのないおふざけをエスカレートさせて、おおごとにして楽しむというお約束のようなものができていた。

この時、編集長のデスクの前に、手錠をかけられた若い女が横たわっている姿を見た、当時『週刊平凡』キャップの菅井は、「どうしたんですか、これは……」と言うなり絶句した。

茅野はその後、作家、中上健次に遊んでもらったり、著名人との付き合いが増えていった。すべて秘密にしているつもりの茅野だったが、なぜか半分ほどは、椎根の耳に入ってきた。茅野が誰かと関わりを持つと、必ず事件、あるいは事件のようなものが起こったからだ。

スコットランドの取材は英国政府観光庁の招待だったので、日本人には耐えがたい儀式が用意されていると予想された。毎晩正装をして三時間以上のディナーに招かれ、その席でハギス（羊の内臓料理）を無理やり食べさせられる。そして、その苦しみが終わったかと思うと、キルト・スカートを着たヒゲの大きな紳士と、同じくらいの体重がありそうなレディたちと横一線に並んでカントリーダンスを踊らなければならない……。まずいデザートのように必ずそのダンスがついていた。椎根はその苦行を、あえて内弁慶の菅井に用意したのだが、組合決定ということで逃げられたわけだ。

代役の茅野は「ハギスは食べたことがあって、結構おいしかったし、ダンスも元女優だったので平気です」と、椎根の脅しとおもねりがミックスした依頼にびくともせず、飛行機に飛び乗った。

取材を無事に終えて帰国した彼女は、五頁ほどの記事（「ピートの薫香《アロマ》に誘われて　スコットランドへ、そして島へ」第三五号）を書いたが、『Ｈａｎａｋｏ』ではめずらしく紀行文スタイルで、それはそれでいい、と椎根は考えた。

『Ｈａｎａｋｏ』の動員力が認められるにつれ、来日直前の世界的有名人への取材依頼が増えはじめていた。

マジシャンという肩書きに飽きたらず、世界で最初にイリュージョニストを名乗った、米国のデビッド・カッパーフィールドの取材時には、向こうが世界的イリュージョニストなのだから、こちらのライターもそれ相当な玉でないとまずいと、椎根は、愛の奇術師・茅野にアトランタ行きを命じた。帰ってきた茅野に彼の印象を聞くと、「普通の手品師だったわ」と冷めた表情で言うばかり。カッパーフィールドは食事の席で、ヨウジヤマモトが好きだとか、次は万里の長城を消す予定だとか語っていたという。ハンサムなイリュージョニストとのあいだには、なんの幻想も結晶作用も生まれなかったようだ（第八九号、一九九〇年三月一五日）。

創刊した年の暮れには、ポール・ボキューズとともに長いあいだ、ミシュラン三つ星シェフの栄誉を担っていたトロワグロ家のピエール・トロワグロを取材している。新宿小田急デパートの中にあった彼の店のリニューアルにあたって来日した彼のもとにも、茅野を向かわせた。「いいおじさんだったわ」というのが茅野の感想で、「フランスに来たら、ぜひロアンヌの私の店にいらっしゃい」と言われたそうだ（第二五号、一九八八年一一月二四日）。

それから数年後、パリに長期滞在していた茅野は、日本女性一人とフランス男一人を連れてトロワグロへ行き、名物のサーモン料理を食べた。ピエールは約束どおり一銭も受けとろうとせず、今夜はうちの宿（トロワグロはオーベルジュ・スタイルで、宿泊施設つき）に泊まっていきなさい、と強くすすめたが、茅野はその親切な申し出を断って近くのリヨン市のホテルに宿泊した。

普通の女性なら、その場かぎりのご挨拶と受けて、実際には行かないものだが、茅野は自身の心の底の善意に導かれ、ピエールの言葉を素直に信じて、彼のレストランを訪ね大歓待を受けたのだった。当時、ピエールの多彩な女性関係はよく知られていた。

世界三大テノールの一人、ルチアーノ・パヴァロッティをインタビューしないか、という誘いもきた。茅野でもよかったが、パヴァロッティが、肥った男が好みの茅野の毒気にあてられて体調をくずし、横浜アリーナでのコンサートが中止になることを恐れた椎根は、『Ｈａｎａｋｏ』で「ＣＬＡＳＳＩＣＡＬ ＳＣＥＮＥ」を連載していた、まじめな音楽ジャーナリスト、伊熊よし子を米国サンディエゴに派遣した。

インタビューの約束の場は現地の大きなリハーサル会場だった。パヴァロッティは大勢のオーケストラ団員らと打ち合わせをしていた。質問は彼が休憩しているときに、断続的にしてもいい、といわれていた。

ミネラルウォーターの大きなボトルを手にした彼が椅子に座ろうとしたとき、伊熊は自己紹介をし、インタビューを始めたい、と声をかけた。彼女の挨拶が終わらないうちに、パヴァロッテイはボトルをかかえて、一〇〇キロは優に超すであろう巨体をゆすりながら逃げだした。記者嫌いを知っていた伊熊はすぐ追いかけた。彼は広いリハーサル会場を、大汗をかき、ぜいぜい息をあえがせながら逃げまわる。

編集部では、おしとやかな伊熊であったが、ここで取材できなかったら、記事は書けないと思い、必死で追いまわした。小柄な日本の女性が世界最高のテノール歌手を追いかけまわすという異常な光景を呆然と見ていた団員たちから、やがて「トムとジェリーみたいだ」という声があがりはじめた。

パヴァロッティはめったにない追いかけっこに疲れはてて、とうとう椅子にへたりこんだ。中学時代、短距離走の選手だった伊熊は、動けなくなったパヴァロッティを相手に質問をはじめた。そのマンガ的なドタバタ劇をあとで聞かされた椎根は、心臓発作を起こされたら、世界的な大事件になっただろう、と胸をなでおろした。幸いにも最悪の事態にいたらず、パヴァロッティは無事に来日したが、椎根は伊熊の熱心な取材態度に肝を冷やした。マイクを使った横浜アリーナでのコンサートのＳＳ席は八万円、それでも完売した（第二二二号、一九九二年一一月二六日）。

どこに取材に行っても歓迎され、どんなことを要求してもそれがまかりとおりそうな空気を感じはじめた若い女子編集者やライターたちは、その幸福感の具体的表現として、自分たちだけのハヤリものを探して、熱狂するようになった。一九八九年の春はＮＹのデパート「ヘンリー・ベンデル」の白と茶のストライプ柄のバッグと化粧ポーチがそれで、そういう保守的な女の子の秘密の小部屋みたいな流行は、なんの事件ももたらさなかったが、茅野がウイルスとなってまきちらすハヤリものは、呪いとか、たたりとか、災いとしかいえないような奇妙な事件を引き起こした。

第四二号（一九八九年三月三〇日）の「ニューヨーク大情報——ティファニー、シャネル、エルメス、ルイ・ヴィトン　NY徹底調査」の取材から帰ってきた茅野が、入稿を二、三日前にすませたあと、ひさしぶりにおシャレをしてきましたという風情で編集部に現れた。

この時も地味な着物を着て、バッグもアンティーク調のクロコダイルのものをかかえていた。茅野はその特集で、NYの、デパートではなく「スペシャリティストア」と呼ばれていた、「バーニーズ」「バーグドルフ・グッドマン」、ヘンリー・ベンデルを取材していた。バーニーズが日本の雑誌で取り上げられたのは、この時がはじめてのはずである。

第一級のおシャレをしてきたなと見てとった椎根は、「今日は神楽坂の関西割烹・弥生でディナーにしよう」と彼女を誘い、外に出てタクシーをつかまえようと四〇分間も乗車のお願いを繰り返したが、夕方のラッシュ時でもあり、とうとうつかまえられなかった。弥生をあきらめた二人は、編集部の近くの、どうしようもない居酒屋に行き、椎根は日本酒と定食のようなものを、茅野はお粥《かゆ》を頼んだ。あらためて対面して茅野を見た椎根の目に、隣りの荒縄を編みこんだような椅子の上に置かれたクロコダイル・バッグが、その存在感を強く主張した。

「いいバッグだね、エルメスのケリー？」と軽い調子で椎根が尋ねると、「これがケリーに見える？　名前はよくわからないけど……バーニーズで買った、エルメスなの」との答え。「高かったろう」との返しに、自分の持ちものの値段を男には絶対教えない主義の彼女がめずらしく、「ホント高かった」と言う。続けて、「どうせＮＹのオトコに買ってもらったんだろう」と思わず口にした椎根に、すぐ顔色を変えた彼女は、「その言い方は何よ、わたしを見くびらないで」と気色ばんだ。のちに作家になった茅野だけに、「なめんじゃないよ」とかいった下品な言葉ではなく、少し古い言葉を使った。それから例によって口論はエスカレートし、二人の声と感情が高ぶった。椎根にはタクシーに対しての恨みのようなものが、茅野にはおシャレをしてきたわたしを、こんな薄汚れた居酒屋に連れてきてという怒りのようなものがあった。二人が罵り合いの言葉を総動員して、相手を黙らせようとしていると、椎根の手が偶然、みそ汁の椀《わん》に触れた。椀は底にしこまれたエンジンが点火されたようなスピードで、エルメス・バッグに命中、みそ汁がバシャとバッグの上に流れでて、金色の大きな留め金のあたりに黒いワカメがベローンとたれさがった。

茅野の怒りは沸騰点に達し、いつものように椎根の顔をかきむしろうとしたが、椎根はその攻撃を片手で防ぎ、もう片方の手でワカメをとりのけ、「直った、直っただろう」と叫んだ。と、突然カウンターの向こうから、顔なじみのオヤジが、「痴話喧嘩は外でやってくれ」と怒鳴り、茅野はこれに、「わたしがこんな不細工な中年男の恋人でないのは馬鹿でもわかるでしょう」とすぐ言い返した。

この喧嘩は、「みそ汁を飲んだエルメス・バッグ事件」として仲間うちで語られている。困ったことにこの事件はなぜか、女子編集者が新しくブランドバッグを買うと、そこに液体がそそぎこまれるという事態を招いた。それも、たたりのように連鎖的に。

事件の数日後、椎根は、町田あゆみ、吉家千絵子、柴雅子を連れて、深夜の西麻布へ食事に出かけた。この三人が集まったときほど、ああ、男女雇用機会均等法の時代になったのだ、と思い知らされることはなかった。彼女たちの前の世代の女編集者は、まず男を立てて、自分たちは残りのスペースをしっかり守るという役割だけを忠実にこなし、雑誌の根幹である企画に口をはさむことは少なかった。雑誌が好きではないのでないかと思われることもあったほどだ。

新時代の女子編集者たちは、あっけらかんと自分たちの権利を求め、そのついでのように決定ずみの特集内容や雑誌の基本姿勢にまで口を出してきた。椎根からみると、はじめて出現した本物の雑誌好きの女たちだった。

椎根も、彼女たちのそういう考え方を歓迎し、利用しながら企画を決めていた。そのせいで男子社員には無関心をもって接し、女子には自由と平等をプレゼントした気持ちでいた。椎根は彼女たちの父親とほぼ同じ年だったが、その三人に加わるといつもいじめられ役になった。

吉家も、茅野とともに、ライターの平野久美子、それにカメラの吉野健二、奈良岡忠らと、

「NY大情報」取材から帰ってきたばかりで、その夜はNYで買った、新品のルイ・ヴィトンのヌメ革巾着型大バッグを持っていた。

食事が終わり、「このルエル・ドゥ・ドゥリエールのシフォンケーキはおいしいんだよ」と椎根が説明しているうしろを、トレイにコーヒーをのせたボーイが通りかかった。……と、コーヒーがカップごと落ち、運悪く口紐《くちひも》をゆるめてあったそのヴィトンのバッグにすっぽり入った。吉家は急いでバッグからファイロファックスの黒革手帳と小物類をつまみだしたが、時遅くすべてコーヒーまみれになってしまっていた。

三人の女は、ボーイを責めないで、この事故の責任はすべて椎根にあると強く責めたてはじめた。茅野みたいな女をチヤホヤしているからこんなことになるんだ、と憎々しげに言う子もいた。

椎根が店のマネジャーに事態を説明しにいっているあいだ、三人の女は、サバトの集会に集まった魔女のような顔をしてなにやら密談していたが、椎根が席に戻るや、すぐに赤ワインとビールとコーヒーが届けられた。

そして三人は、「吉家のバッグが受けた被害と同じような罰を受けてもらうことに決めました」と言うなり、椎根のラルフローレンの革ブリーフケースを開け、ひとり一カップずつの液体を、そこにそそぎこんだ。あわてて止めようとした椎根の肩は、残りの二人によって押さえこまれた。

彼女たちのうち、二人はミッション系有名女子大を出ていて、もう一人は慶応大卒だった。彼女たちの、目には目を歯には歯をという仕打ちに、椎根は中世の広場に引きだされた罪人になったような気分がした。三杯飲まされたバッグをようやく返してもらったものの、内を覗いてみると、むきだしで入れてあった一万円札や一〇〇〇円札が数枚、悲しげに浮いていた。

椎根は妙な興奮状態になり、「さあ、口直しに飲みなおそう」と、ルエルから五〇メートルほど離れたバーに向かった。店にはなんの愛想もないバーテンが一人いたが、奥へ引っこんで出てこない。

三人が、こんなつまらない店に連れてきて、とまた椎根を責めるので、汚名返上のつもりで、『ノルウェイの森』（講談社、一九八七年）が大ベストセラーになっていた村上春樹の名を出し、「この近所に、村上の小説のほうではなく、バー経営のほうの弟子がやっているバーがある、そこへ行こう」と提案した。そのバーは、「ショットバー」というシンプルな名前で、五人も座れば満員になるカウンターだけの店だった。

ここで三人はまたさきほどの事故をむし返してきた。さっきまでは、職場の上司に対する批判だったが、今度は父親世代への憎悪のようなものまでにじませて罵詈雑言を吐きはじめた。さすがに村上春樹の薫陶を受けたマスターが見かねて、「どんな事情があるにせよ、上司をそんなふうに批判するのはよくない、非人道的だ」と口をはさむと、三人の矛先はマスターに向かい、彼に集中攻撃を浴びせた。

椎根はこの凄まじい光景を呆然としてながめていたが、マスターを救うためには自分がここを出るしかないと思い、ワンショットの値段×四人×二杯という暗算をして、赤黒いワカメのようになったお札をカウンターの端に置き、外へ逃げだした。しばらくゆっくり歩いた椎根がうしろを振り返ると、三人の女がマフィアのギャングかのように道路に飛びだし、追いかけてきた。つかまったらまた何をされるかと怖くなった椎根は、午前三時の西麻布裏通り、通称モトマケ横丁を、自宅とは逆の方向に走りはじめた。椎根は当時、渋谷寄りの坂の上の西麻布四丁目に住んでいた。

酔いがまわったカラダで、椎根が全速力のつもりで逃げていると、横をものすごいスピードで追い抜いていくハダシの女がいる。女は一〇メートル先まで走り、ようやく止まると、こちらを振り返った。両手に靴をさげた吉家だった。前とうしろから追手が迫ってきたので左手の民家の路地に逃げこんだ椎根は、とうとう三人組に取り押さえられた。

四人はまた酒の飲める処《ところ》に入った。早朝のダッシュ劇は、四人をどこかすがすがしい気分にさせた。三人の女たちは、ふざけ合ったり、いたぶり合ったことをすぐ忘れることができるという、美徳のようなものを持っていた。一方で椎根は、昔の政治家が、政治とは目の前の雑事を処理することに尽きる言ったように、編集長も、その場かぎりという考え方でことを処するのがなにより大事だと信じていた。

なぜハダシで追いかけたのか、と椎根が聞くと、「だってこれ、買ったばかりのＪ・Ｍ・ウエストンのローファーなんだもの、新しいから走りにくくて……」と、吉家は、もう足に戻った黒革のローファーに目をやった。

ジョイナーの「外見は機能を助ける」との哲学とは反対の行為となった。パリに本店があるＪ・Ｍ・ウエストンは、ヨーロッパのおしゃれな外交官御用達のブランドといわれていた。この事件は、「ウエストン追い越し事件」としてのちのちまで笑い話として語られた。

茅野のたたりは、その後も続いた。写真家、萩原宏美が編集の岡戸絹枝と近所の串かつ屋へ行ったとき、注文したなめこ汁を運んできたアルバイト店員が、手をすべらせて、汁碗が萩原の背中にザブリとかかった。彼女は、高温を保ち続けるなめこ汁のせいで背中に火傷をおった。バッグではなく、背中というのが悲劇だった。萩原はこの事件のあと、編集部を離れ、世界放浪の旅に出た。

取材不可なら自腹で買います！

先に触れたように吉家は、「NY大情報」の取材で大きなストレスをかかえて帰ってきたばかりだった。数カ国語に堪能な茅野や、英・仏・中国語を話す平野らを、ただひとりの社員編集者として統率するという重責を担い、出発前から必要以上にプレッシャーを感じていた吉家は、まだ編集経験が一年足らずで、英語しか話せなかった。

吉家がベテランライターの二人にかなわないのは語学だけではなかった。まず平野には度胸があった。『オリーブ』(一九八三年四月三日号)でのイタリア取材の時、フィレンツェからローマまで列車で移動することになった平野は、コンパートメントを予約し、同行のカメラマンとフィレンツェの駅に向かった。すると、自分たちが予約したコンパートメントが、三人のアラブ人男性に占領されている。平野がひるむことなく、「ここはわたしたちのコンパートメントです。あなたたちはすぐ移りなさい」と言うと、アラブ男たちは、中近東的馴れ馴れしさだろうか、ゴーマンな態度で、「まあ、一緒でいいじゃないか」と言って動こうとしない。平野は、一段と大きな声で、分厚いカラダをした男たちに、「あんたたち、すぐここを出ていきなさい」と英語で怒鳴りつけた。その見幕に驚いたアラブ男たちはすごすごと出ていったという。この話は同行していたカメラマンが椎根に教えてくれた。

平野はその後、『Ｈａｎａｋｏ』の取材で訪れたパリで、カンボジアの元外交官を知り、彼の亡命体験をもとに一冊の本を書いた。その『淡淡有情』（小学館、二〇〇〇年）は、第六回小学館ノンフィクション大賞を受賞した。副賞は一〇〇〇万円だった。三菱財閥をつくった岩崎弥太郎の曽孫《ひまご》と噂されていた平野は、ＮＹではマイペースに、あまり問題が発生しない新レストラン中心の取材をしていた。

一方で、茅野は、「わたしは米国人のカメラマンと取材するから」と言って、一人で勝手に、チームとは別のホテルに宿泊した。そして、当時ＮＹに次々オープンしていたセレブ御用達の小規模な超高級ホテルを、二日ごとに泊まり歩いた。

そんな妖怪・茅野と剛勇・平野の二人に囲まれて、吉家はＮＹで鬱積していたのだった。その上、吉家には超難関のティファニー本店取材という仕事が命じられていた。

「ＮＹ大情報」の企画が決まった段階で、柿内と吉家はティファニーの代理店のような業務をしていた三越の重役に会いにいっていた。ティファニー本店の店内取材をしたい旨を重役に伝えると、即座に「大丈夫です、わたしが連絡をすれば、できます」ともったいぶりながらも言い切った。

そのころのティファニーは、日本での知名度の浸透をみて、三越を離れて直営店方式でやったほうが利益があがるのではないかと思いはじめていた時期だったのだろうか。三越重役の安請け合いを信用し、意気揚々とティファニー本店へ向かった吉家を待っていたのは、「そんな話は聞いていない」というひと言。これに逆上した吉家は、東京の柿内に国際電話をかけてきた。柿内がすぐ重役に連絡しても、彼は煮えきらない返事しかしない。

それからの吉家は、昼はほかの取材をし、日本時間夜一〇時ごろになると、三越はなんと言っているのかと柿内に国際電話をかけてくるのが習慣のようになった。当時の国際電話代はなぜか異常に高かった。

吉家がNYに着いて一週間が経ったころ、ティファニーの国際部門担当副社長ジーン・ダニエルにインタビューがかない、彼女のオフィスでの撮影もできた。しかし、どうしても店内の撮影許可がおりない。

頑として首を縦にふらないという話に、ティファニーの人間には、あの有名な包装紙のティファニー・ブルーの血が流れているにちがいない、と柿内に言いながら、椎根はここでぼんやりと思い出した。ティファニーの店内は、一九〇〇年初頭のクラシカルな感じのものを見た記憶はあったが、ここ三〇年ぐらいのものは欧米の雑誌でも目にしたことがなかった。店内撮影は許可しないというのが不文律なのかもしれない。

帰国の日が近づくと、吉家の深夜の電話がますます長くなってきた。明日の午後便で帰国するという前の晩には、ついに三時間を超えた。長々と吉家をなだめていた柿内も疲れはてて、「吉家はティファニーの取材が終わるまで、一人でＮＹに残ると言っているよ」と、椎根に受話器を渡した。

幾多の海外取材チームを送りだした椎根だが、そんなことを言いだした編集者は一人もいなかった。椎根が電話に出ても、吉家は、居残って取材するまで帰らないと言い張る。椎根は、電話料金のほうが気になった。

「吉野カメラマンに替わってくれ」

吉野は椎根と同時期に入社したベテランカメラマンである。椎根はその吉野に短く、

「吉家が帰らないと駄々をこねても、ダンボール箱に梱包して機内持ちこみ扱いにしてでも連れて帰ってきてくれ」

と頼み、吉野は、「わかりました、必ずそうします」と電話を切った。

次の朝、吉家は、「最後の交渉にティファニーへ行くから、私のスーツケースを空港に持っていってください」と吉野に頼んだ。吉野、奈良岡、平野の三人がヤキモキしながらケネディ空港で待っていると、チェックインすれすれの時間になってようやく吉家が現れた。吉野の表現によると、今まで見たことがないほどルンルン顔だったそうだ。その午前中、何が起きたのか、吉家は説明しなかったし、吉野も聞きもしなかった。

帰国後、吉家は、NY特集のトップに、ティファニー本店記事を三頁にまとめ、そのうちの二頁で、日本では未発売の、NY本店でしか買えない伝統的なティファニー・ブルーの箱に入ったレターセットをはじめ、招待状、ピル・ボックス、新製品のうさぎのペンダント、シルクのストール、オーストリッチ（ダチョウの革）の小銭入れなどを紹介した。

あとで吉家が言うところには、日本に帰国する午前中、ティファニー本店で約三〇点、総額四五万円ほどを自腹で買い、それを誌面にのせたという。

取材させてくれないのなら、全部自腹で買ってしまうという考え方の編集者がはじめて出現した。それは雑誌に対する愛がそうさせたというよりも、夢の中でライオンに追いかけられ、無我夢中で川に飛びこんだところで目が覚め、カラダが汗でビッショリ濡れているのが、夢の中の出来事なのか、現実のことなのか、自分でも判断がつかない精神状況での、切ない行為だったのかもしれない。それともティファニーをビルごと買いたいという、当時の日本人に蔓延しはじめた誇大妄想的発想のひとつの表れだったのだろうか。現に数カ月後、日本の不動産会社が、エンパイア・ステートビルを買い上げた。

NY特集では、吉家にはティファニー取材のほかに、「コーチ」の本店および、工場取材も課せられていた。四頁のタイアップ記事である。タイアップ記事というのは、編集頁のような広告といえばわかりやすいだろう。編集部員が取材し、原稿も書くというものだ。これはそもそも『Ｈａｎａｋｏ』がＮＹ特集を企画していると聞きつけた広告代理店の若い男が椎根を訪ねてきたことがきっかけだった。

日本未上陸のコーチという名のバッグメーカーの本社がＮＹにあるので、取材してほしい。これから三越だけで売る予定だが、ルイ・ヴィトンやエルメスのように誌面で取り上げてほしいという依頼に、「それはちょっと無理だけど、どんな会社なんです？」と椎根が聞くと、男は、現在、ＮＹのワーキングガールに一番人気のバッグがコーチであること、でも一〇年前までは野球のグローブをつくっていたこと、それに工場がマンハッタンにあることを述べたて、「めずらしいでしょ」と続けた。ＣＯＡＣＨという英語は、西部開拓時代の駅馬車を意味する。エルメスも、もともとは馬具メーカーだった。

「ハナコさんのお力でなんとかなりませんか」と人なつっこい顔で食いさがる代理店男に、

「宣伝広告の予算は当然あるでしょう。それを『Ｈａｎａｋｏ』だけに注入したら、なんとかなるかもしれません」

と椎根はシレッと言い、「取材はわが編集部の若きエース、吉家にやらせますから……」と言いそえた。こうして四頁五〇〇万円の商談が成立した。これでＮＹでの取材費がオーバーしても言い訳ができる。五〇〇万円は広告部に入るが、『Ｈａｎａｋｏ』の稼ぎとして計上されるのだ。

吉家がコーチの工場を取材した当時、バッグには野球グローブを参考に丈夫な革が使われ、化学繊維を使ったバッグはまだなかった。コーチは最初の約束どおり、その後二年間、『Hanako』だけに広告を入れ続けた。

二〇〇二年、コーチは銀座・晴海通りに大きな自社ビルを完成させた。日本上陸からわずか一四年目のことだった。設計デザインは米国のマイケル・ニューマン建築事務所。ほかのブランドビルがこけおどしのファサードを競っているなか、コーチのビルだけが五〇年代のよきアメリカの、明るい堅実さをさりげなく表現していて、好ましい印象を与えている。隣りにはエルメスのビルが高級感を醸しだす淡い光を放っている。その二棟並んだ夜景は、コーチがここ二十数年間で、最も成功したブランドだということを物語っている。

NY特集号を発売したおよそ一年後の一九九〇年五月一八日、椎根は意外な人の訪問を受けた。米国バーニーズの副社長が、ひと言挨拶をするために表敬訪問をしたいという連絡が入ったのだ。取材記事について文句を言いにくるのかと多少不安な気持ちになった椎根が、編集部の応接セットではなく、社長専用の広い応接室を借りて待っていたところ、約束の時間に小柄な活きのいい米国人が、二人の日本人を従えてやってきた。握手がすみ、椎根がソファをすすめると、連れの日本人は立ったまま、「バーニーズの副社長だ」と紹介した。まだ二〇代に見える副社長は、ストンとソファに身を沈め、同時に右脚を肘《ひじ》かけにのせた。

そのふるまいは、F・F・コッポラの映画『ゴッドファーザー』(一九七二年)の無鉄砲な長兄を思い起こさせた。ジェームズ・カーンが演じた、粗暴な考え方のために射殺されたソニーである。

そして、副社長は話しはじめた。彼が椎根を指して使った「You」という単語は、あなたという意味だと思うが、椎根には、お前とか、お前のという所有格が強いニュアンスで伝わってきた。

「お前の雑誌が、はじめてバーニーズを取材してくれて感謝する。ウチの店はNYでは少し物騒なところにあるから、日本人客は今までとても少なかった。でも『Hanako』が出たその日から、日本の若い女が来るようになった。次の日からは開店前に行列ができた。今日、オレがここに来たのは、そのお礼の気持ちを伝えたいと思ったからだ。これからすばらしい契約の場へ行く」

ふつう、こういう時は、バーニーズを代表している人なのだから、手土産や記念品の類いを持ってきそうなものだが、社長は何も持ってこなかった。名刺さえ残さなかった。それは、椎根と会ったという痕跡を残したくないという強い意志すら感じさせた。

バーニーズの副社長には具体的な目的は何もなく、ただ、あいまいにぼんやりした謝意を伝えるだけで、当然会話はとぎれがちになったが、沈黙はまずいだろうと椎根は、五年前に自分がバーニーズ本店を訪ねたときのことを話題にした。その時は『ターザン』創刊号（一九八六年四月）のファッション撮影のため、二人のデザイナーの衣類をバーニーズから借りたのだった。まだアメリカン・カジュアル風の作品だけだった「ジョルジオ・アルマーニ」と、前衛的な作風の「ジャン＝ポール・ゴルティエ」の二人で、そのころは、アルマーニよりも、ゴルティエのほうが世界的人気を得ていた。

五年前のバーニーズ訪問の際は、直前にバーグドルフ・グッドマンへ行き、取材をしたいと願いでるなり、「うちは日本の雑誌は相手にしない」とユダヤ系美男子の店員に、はっきり断られた。そのあとだっただけに、なんでも持っていけ、という態度のバーニーズには好感を持っていた。

そんなことを思い出しながら椎根が、「ゴルティエはどうしています」と尋ねると、「あいつは……」と言って少し沈黙した。まずいことを聞いてしまったかと、「ジョルジオは……」とあわてて話題を転じると、副社長は嬉しそうに、「あいつは時々、NYのウチに一カ月も泊まり続けて、ウチ所有のレストランで、イタメシばかり食っておる」というニュアンスで語った。

当時、アルマーニはまだファッション界の帝王と呼ばれていなかったものの、日の出の勢いのイタリア出身のデザイナーで、この会見から一年後には、アカデミー賞授賞式に出席したトップ俳優全員がアルマーニの黒タキシードを着ている、と話題になった。これはバーニーズの力技だったかもしれない。ゴルティエのほうはなぜか急に人気がなくなっていた。

連れの日本人二人は、こんなファッション界の大物が、一編集長を訪ねて、時間をつぶしている場合ではないと言いたそうな顔をしてソワソワしていた。バーニーズは昨年、伊勢丹と業務提携したばかり。日本での出店を準備中だった。彼らは伊勢丹の人間だったのだろう。副社長は二人のあせりを平然と無視していたが、やっと立ち上がり部屋を出ていった。

その年の一一月にはバーニーズNY新宿店、九三年には横浜店がオープンしたが、しばらくして日本の新聞は、伊勢丹と米国バーニーズのあいだに、契約内容についての見解の相違から、暗雲がたちこめていると報道しはじめた。最終的に伊勢丹が、バーニーズへの数百億円の投融資を放棄することでこの争いは結着、思わぬ痛手を負った伊勢丹社長は、その座を降りなければならなかった。

当時の社長は、伊勢丹創業家の四代目、若き小菅国安《くにやす》だった。やがて、社長は会長に退き、経営実務から離れた。それまで伊勢丹の社長は全員小菅という姓だったが、この時以来、小菅という名の社長は出ていない。

一九九六年に米国バーニーズ社は倒産。二〇〇六年に伊勢丹は、バーニーズジャパンの株式を住友商事に譲渡した。現在、日本にある五店舗のバーニーズは、米国バーニーズとまったく資本関係がない。一方で、倒産した米国バーニーズ社は米国のアパレル・グループに約四億ドルで買収されたが、二〇〇七年にまた売りにだされ、日本のユニクロが買収に乗りだしたものの、なぜかすぐ引っこんでしまった。その後も買収価格がはね上がり、結局、ドバイの投資会社が九億ドル以上で買い上げた。

3　女たちのキャリアとケッコン

シャネル社の辣腕女性、華麗なる三段飛び

一九八九年一月七日、ついに昭和天皇の崩御が発表された。日本中が喪に服し、テレビはコマーシャルを流さず、皇居の風景をバックに、陰鬱なクラシックを一日中流した。バラエティ番組も放送中止、都心の盛り場から人も車も姿を消した。一月八日からは平成元年となった。昭和は六四年で終わった。

二月二四日に行われた大喪《たいそう》の礼には世界一五〇カ国以上から、国王、女王、大統領、首相がそれぞれの配偶者を連れて参列した。椎根は朝から自宅のテレビの前に座り続けた。参列する世界のＶＩＰ夫人の服や持ちもの、それに靴をチェックするためだった。調査の結果、五割以上の夫人たちが、シャネルの品を身につけていた。

大喪の礼の列席者の持ちものチェックを終えると、椎根は編集部へ行くために広尾から地下鉄に乗った。全席に乗客が静かに座っていた。立っているのは数人だけだった。全員が葬式の帰りのように眼に力がなく、椎根も夢から覚めた直後のようなぼんやりした視線で乗客ひとりひとりをながめた。と、急にさっきまでのチェック作業の続きのように、意識にスイッチが入った。

なんでもない車内風景が、突如、高級ブティックの店内のように思え、椎根は隣りの車輌に移るふりをして、車内をチェックした。五人の若い女性が、シャネルのバッグとアクセサリー、時計を身につけていた。

相当な金持ちであろう元首夫人たちがフォーマルな席で持つバッグと同じブランドが、普通の日常生活のなかにあふれている光景を前に、椎根は、これはやはり凄い時代に日本は入ったのだという思いにとらわれ、誰に報告したらいいのか、まったく見当のつかない目眩《めまい》のようなものを感じた。

社に着いて、しばらくボーッとしていたが、この異常な事態を報告するのは、シャネルの大川涼子しかいないと、椎根はすぐ電話をかけた。待っていたように間髪をいれずに大川が出た。椎根が、今日の大喪の礼で五割以上のＶＩＰ夫人が、シャネル社のものと思われるものを持っていたが……と言うと、大川はこう答えた。

「わたくしどもも、世界のＶＩＰの方々がご臨席なさるときにはどこのものをお持ちになるか、テレビでチェックいたしました。わたくしどもの調査では、約七割近いご婦人が、なんらかの当社のものをお持ちになっていた、お使いになっていたという結果を得ています」

日本の若い女性ばかりでなく、世界のＶＩＰのあいだでも、シャネルブームだったとは……。それも凄いことだけど、それに気づいて、自社のために調査をした大川のマーケティング力には、ある種の感動をもたらすものがあった。よく気がつきましたね、と褒められるかとの椎根の淡い期待はすぐ消えた。海外ブランド各社のあいだでは、常識となっている習慣だったのだろう。

ＮＹのアルマーニは、そのわけのわからないパワーを発揮して、アカデミー賞授賞式に出席した多くの俳優にアルマーニ製の黒タキシードを着せたが、世界の元首夫人相手では、いかにシャネル社でも、これを着なさいと命令するわけにはいかないはずだ。それでも、彼女たちの自由意志にまかせて、約七割……。

椎根にとっては、海外ブランドものの影響力の大きさに、あらためて焦燥《しょうそう》と恐怖心のようなものを感じさせられた出来事だった。

この大喪の礼と同じころ、パリのシャネル本店が、「日本人買い物客の入店お断り」との書面を在仏日本大使館に提出したとのデマが現地で広まっている、と日本の新聞が報じた。当時、急激な円高のせいで、外国では日本よりもはるかに安く買えるという快感を、若い女性たちは知りはじめていた。そこに目をつけた日本の小売業者が、店にある商品を全部買いとってこい、その総代金も払うし、もちろん謝礼もはずむといって現金を渡した。彼女たちも、最初は商品選びに快感を感じていたが、そのうち面倒になって、あの棚の端から端まで全部ちょうだい、と言うようになり、現地の店員を困らせた。それは日本女性特有の「棚買い」という言葉で表現された。

「入店お断り」はデマだったようだが、大量に購入する日本人客にたまりかね、「日本人へのバッグの販売は一人二個まで」と購入制限するブランド店はパリにもミラノにもウィーンにもあった。いくらお金を支払ってもらえるといっても、マナーや店の品位の点で容認できるものではなかったにちがいない。シャネルも、ほかの欧米ブランド店も、客が商品を受けとるまでの儀式のような手続きを重視し、それが客に対しての敬意の表れのひとつだと考えているふしがあった。棚買いをする日本の若い女性たちは、店からすると、「買い物小鬼」のように見えたのだろう。

欧米のブランドは、王侯貴族や超金持ちを相手に、昔ながらの売り方を守っていればよかったが、急激に売上を伸ばした日本では、そうはいかなかった。日本シャネル社の大川のような立場にある人は、世界の元首夫人から、日本の普通の若い女性たちまで、その両極端の層を相手にしなくてはならなかった。

同じバッグでも、何十年と続く品と格式があれば、そこそこの売上はみこめる。しかし、日本の女性たちはそれだけでは買ってくれない。いつ行ってもある商品ではなく、早く行かないとなくなってしまう商品、それに、絶えず買い手に飢餓感を抱かせ続ける新しいマーケティング手法の採用と、どこの都市の店頭にはこれをこれだけの数量で、という読みが必須である。

大川は日本シャネル社でブティック部門の責任者の立場にいたが、その役割は、マーケティング業務をこなしたうえで、全国に散らばる店の管理と、日本におけるシャネルのイメージ向上、つまり広報、当時はやりはじめた言葉でいえば、「プレス」という仕事もこなさなければならなかった。

彼女はまた、五〇万から一〇〇万円ほどの新商品をその場で予約してくれる金持ち層と、メディアを中心とした、その場で買ってはくれないが情報を広めてくれる層にわけて、二度、ショーを開く方法を考えだし、実行した。

大川の存在は、パリのシャネル本社にまで鳴り響いていた。一九八六年ごろ、柿内がまだ『ELLE japon』という雑誌をつくっていたとき、パリのシャネル本店で衣裳を借りるという破天荒な企画を立てて、大川に相談したことがあった。彼女は即座に、「やってみましょう」と言ったという。大川の「やってみましょう」は、椎根も何度も聞いた。「みましょう」という部分が少し独特のイントネーションで、椎根には勝利宣言のように聞こえた。柿内も同じ気持ちだったろう。

一九八六年にはすでに、日本の雑誌界におけるシャネル社の影響力には目を見張らせるものがあり、シャネルの日本支社から衣裳を借りることは編集者にとって、難しい交渉のひとつだった。そのころ、世界中のメーカーがシャネルをまねて、似たような服を売りはじめ、日本の女性誌は、それらのシャネルもどきを、「シャネル調」という都合のいい言葉で紹介した。シャネルの日本支社はこの事態にすぐ、シャネル調という表現はシャネルの本質を侵害するものだから使用しないでほしい、との通達を全雑誌社に送った。もちろん、マガジンハウスも、ほかの大手出版社もそれに従い、この表現は姿を消した。シャネル社はそれほどの力を持っていた。女性誌の編集長はみな、シャネル社を恐れていた。

しかし、そんなことはどこ吹く風の柿内は、「今度『エル・ジャポン』でパリに行くから、シャネルの衣裳を五〜六着用意してくれるように本社に連絡しといてよ」と、大川に軽く頼んだのだ。

後日、柿内がパリ・カンボン通りのシャネル本店を訪ねると、きわめて友好的に二階に案内された。部屋に入ると、三メートルほどのハンガー掛けに、約一五〜六着の最新の衣裳が、バッグ、アクセサリー、ベルト、靴までも完璧にコーディネートして用意されていて、どこへ行っても宇宙人的平常心を決して失わない柿内も、そのいたれりつくせりの光景に呆然としてしまった。そして、パリ本店にここまでサービスをさせる大川のネゴシエーション力、意志の伝達力にあらためて凄い、と感服した。

大川は五年ほどシャネル社に在籍、その間に日本国内での年間総売上を三〇〇億円近くまで押し上げる原動力になり、その後、はじめて銀座に直営店を持ったカルティエ社の重役クラスの広報責任者になった。こぶりながらも華麗な雰囲気の新ビルをステージに、富裕層を相手にたびたび豪華なレセプションを展開した大川は二年ほどカルティエにいたが、次に日本で本格的に販売を開始したアルマーニ社に引き抜かれた。後発組といってもいいアルマーニ社のその後の快進撃をみれば、大川の功績がどれほど大きかったかが、一目瞭然である。

わずか数年間に、シャネル↓カルティエ↓アルマーニと転職した大川凉子の海外ブランド三段飛びは、業界、編集者のあいだで、驚異と羨望のまなざしで語られた。シャネルの前には、たしか「ニナリッチ」にいたとは柿内情報である。

しかしその大川も、シャネルからカルティエに移るときには、その決断で相当に悩んでいた。『Ｈａｎａｋｏ』にとっては、そのままシャネルに居続けてもらったほうが何かと好都合だったが、椎根には彼女の才能と運がどこまで伸びるかを見届けたいという気持ちもあった。

そんなある夜、大川を励ますために、椎根と柿内は数軒の店を飲み歩いた。彼女は飲めば飲むほど正気の顔になっていった。最後には、生まれてはじめて酒を飲んで酔ってしまった少女のような顔になり、全身から発する才気と美貌のオーラが、より純粋なものになっていった。

その間、大川は、仕事上の悩み、つまり転職すべきかどうかという悩みを、少しもこぼさなかった。仕事がらみの悩みがあふれでそうになると、それを隠すために、柿内の体調についての質問をした。ひと晩で五回も六回も同じことを尋ねた。

彼女が仕事以外でもいかに魅力的な女性だったかを物語るエピソードがある。大手広告代理店・博報堂のヤリ手広告マンが大川に恋をしてしまい、くどきにくどいたが、彼女はどうしてもイエスと言わなかった。ふられたその広告マンは、すぐ別の女性と結婚した。その女性は当時——現在もだが——フジテレビのニュース番組のキャスターをしていて、知的美人として人気絶頂だった安藤優子である。厳密な意味で、どちらがより魅力的だったと判断することは不可能ではあるが……。

その結婚披露宴には、ヤリ手広告マンと知り合いであった椎根も出席した。花婿のベストマン（付添い人）をつとめたのは文藝春秋社長の田中健五とマガジンハウス社長の木滑良久、しかし雑誌界の大物ふたりの労をもってしても、二人はすぐ離婚した。

プレス——美しき職能集団の誕生

大川涼子の大活躍ぶりを見て、ブランド各社も、日本の大手化粧品各社も、粒ぞろいの女性たちをプレス・広報担当に迎え入れた。編集者からプレスに転職する女性もいた。

彼女たちは全員、英語、フランス語、スペイン語のどれかに堪能で、その上海外生活もよく知り、それでいて日本古来の優雅さを残し、パーティを盛り上げる方法に習熟していることが最低条件だった。

海外ブランド各社は、日本の慣習に反して、彼女たちの才能と度胸に賭け、いきなり重役クラスの仕事をまかせた。日本の会社社会でしか通用しない、女子の総合職入社や年功序列など、海外ブランドの外国人幹部たちは、誰も気にしていなかった。このころから彼らは、欧米の大学のMBA（経営学修士）やMIA（国際関係論修士）を取得している日本女性たちにも、目を向けはじめた。その結果、プレスという職種は、日本企業文化のなかで、そこだけが、美しき花園のようになった。戦後の日本では三番目に出現した美しき職能集団の誕生である。

一番最初は、一九五四年、JAL（日本航空）が国際線を飛ばしはじめたときのこと、それまでの六頭身の大和なでしこから、ひと足飛びに、八頭身美人で英語が堪能という、当時としては想像もできない女性がスチュワーデスとして採用された。空を飛ぶということで「天女」ともいわれ、それ以来、若い女性たちの憧れの職業となった。

二番目は、一九六四年の東京オリンピックのVIP専用コンパニオン嬢たちである。椎根はこの時、雑誌記者として駒沢公園でのお披露目式に取材に行き、こんな知的な美人たちが日本のどこに隠れていたんだ、と驚いた。三カ国語に堪能なコンパニオンもいた。二九名のなかで、西村亜希子という女性が美貌と知性で突出していた。配られた資料には、米国ミネソタの聖テレサ大卒とあった。その彼女は、当時の日本の独身男で、肉体的にも年収からいってもナンバーワンだったプロ野球選手の長嶋茂雄と、オリンピックが終了するとすぐ結婚した。その後、形はさまざまに変化したものの、今もコンパニオンは人気の職業である。

次々と編集部にやってくるプレスの女性たちは、新しいタイプの女たちといってよかった。それ以前のスチュワーデス、コンパニオンたちの最終目標は、金・名誉・地位のある男性との結婚だった。だから、憧れの職も、一種の花嫁修行と思っているところがあった。しかし、プレスの女性たちは結婚をそれほど重要視せず、なによりも仕事を最優先にしていた。それでも、そうと見せない技術が備わっていたため、そこがミステリアスな魅力になっていた。そして、カネカネというそぶりを一切見せずに、高額の報酬を得、恋人がいたとしても、パートナーという感じで付き合っていた。

二〇一二年、フランスの新しい大統領になったフランソワ・オランドの女性関係を思い出してほしい。彼はかつて、同じ社会党の有能な女性と結婚という形態をとらず、パートナー関係という自分の自由を確保できるスタイルを選んだ。この時の相手は、大統領選に出たこともあるセゴレーヌ・ロワイヤルである。オランドの現在のパートナーは、ジャーナリスト出身のバレリー・トリュルバイレールだが（二〇一四年に関係解消）、ロワイヤル女史は、今でも社会党のなかで重要なポジションを占めている。

海外ブランド界はフランスが主流だから、そういう自由な愛のカタチを、プレスの女性たちも学んだのかもしれない。椎根が『Ｈａｎａｋｏ』にいるあいだに、有名なプレスが結婚したという話を聞いたことがない。たぶん今ごろは、優雅な「お一人様」の生活を満喫しているのだろうか。一人でも生きていける強い意志を、天性のものとして持っていたのかもしれない。有能なプレスの女性には、黄金色の雲にふちどられた自由なおおらかさが、後光のようにあった。本国の本社に対しても、卑屈になることなく、たんたんと魅力的に意見・方針を主張し、なんなく思いどおりの展開に持ちこんだ。

バブルが膨んでいくにつれ、椎根の机の上に置かれる郵便物も、日増しに増えていった。国内外のブランドに加え、服飾関係以外のさまざまな企業からも、新製品の発表、本社からの社長・デザイナーの来日、新しいプレス担当者のお披露目、それらに伴うパーティの知らせなどなど、毎日七〇通以上が、贅《ぜい》をこらしたデザインにくるまれて送られてきた。

柿内と手分けをして出席しても、これはカラダを壊すだけだ、と椎根は判断し、各社のプレスを担当するセクションを編集部につくった。その責任者には食器担当のライター、黒田美津子を指名した。黒田は、「食器担当の」と言うと、「すみませんが、カトラリー担当、と言っていただけませんか」と返すような女性だった。

黒田を呼んで、椎根はこう言い渡した。

「いつもこちらから取材をお願いしている相手を取材したら、面白くなるはずだ。それを記事にしてしまおう。彼女たちは広告も入れてくれるだろう」

そして、一九八九年三月九日号（第三九号）から「プレス・インフォメーション　粋な広報の女性たち」がスタートした。サブタイトルは「ステキな発表会、展示会、記者会見はメトロポリスの質の高いパーティだ」。つまり、各社のパーティの品定め、ランク付けのような記事だった。

レセプションやパーティの責任者は、プレスの女性たちである。彼女たちはあれこれ趣向をこらした。椎根が一番感動したのは、西武百貨店社長・堤清二邸で行われたシャネルのレセプションパーティ。そのアイデアを考えたのはもちろん大川で、南麻布の広大な敷地の、門に近いところにある迎賓館のような建物を会場として借りたものだった。

当日、椎根が無人の車寄せに近づくと、一匹の黒い中型犬がドアから飛びだし、尻尾を振りながら走り寄ってきた。パリのホテルリッツのポーターと同じ金色の円塔形の帽子をかぶった犬は、室内に入るようにいざなった。当時はほとんど見かけなかったフラットコーテッド・レトリーバーである。黒い犬はパーティのあいだ中、シャネルのＰＲのために、出席者に笑顔を振りまいた。その夜の主役は、大川ではなく、その犬だった。これは大川の粋な勝利だろう。

有能なプレスの女性たちを相手にするには、黒田のような「オマヌケ（自称）」キャラクターを持った編集者がベストだった。

妍《けん》を競わず、自然に一歩下がるような性格……黒田は編集者仲間と飲むと、いつも先頭をきって、にぎやかし役をつとめ、「わたしの家に伝わる日本お座敷芸の代表曲、『黒田節』をやらせていただきます」という前説のあと、「酒は呑め呑め、呑むならば」と歌い踊りはじめるのが常だった。当時、今のようなカラオケの場は都心にはなかった。

「黒田節」の踊りには槍《やり》がつきものだが、槍を持ち歩くわけにはいかない。黒田はいつも店のホウキを借りて舞っていた。ある店ではホウキがなく、モップではどうかと言われたが、黒田はモップでは踊れないと言って、「黒田節」をやらなかった。椎根は、「それでは『東京音頭』をやってくれ」と頼んだ。戦前の東京の街の繁栄を歌い上げた「東京音頭」（西条八十作詞、中山晋平作曲）は、『Ｈａｎａｋｏ』が目指すところと同じものだ、と考えていたのだ。特に、「東京繁昌の人の波」という歌詞が気持ちよかった。

黒田は手ぶりまで完璧にやってのけた。これ以降、黒田の「黒田節」と「東京音頭」は、飲み会の定番となった。黒田は、「黒田節」が生まれた九州・福岡藩の戦国時代きっての謀将といわれた藩祖、黒田官兵衛（如水）以来、分家一七代目当主の姉で、「黒田節」はお手のものだった。

黒田官兵衛は「利に聡《さと》い」と批判されていたが、四〇〇年近い歳月は、黒田の性格を、利から遠ざかる行為しかできない女性に変えていた。徹夜明けの朝方、よく女性トイレから、「ギャア」という悲鳴が聞こえたが、誰も気にもとめずに仕事を続けた。悲鳴の主は黒田に決まっていた。たとえば、化粧くずれを直そうと、モーローとしながらトイレに入り、今まで原稿を書いていたボールペンを眉ペンシルと思いこんで、力いっぱい眉の線をなぞってしまい、その痛さに悲鳴をあげるのだった。

黒田は、皇太子浩宮のお妃候補にも名前がのぼり、女性誌に写真まで掲載された。誰もその話を信じようとしないので、黒田は椎根を社内の資料室に連れていき、古い『週刊平凡』のグラビア頁を見せた。和服姿の黒田美津子の写真があった。

さて、「プレス・インフォメーション」の第一回目に登場したのは、「ヒロココシノ・ジュエリー・コレクション」の宇野三枝子だった。女優出身だが、イラストレーターの宇野亜喜良と結婚し、センスに磨きをかけた。彼女の企画したパーティでは、用意された料理が、カナッペやサーモンではなく、そば粉のクレープや、おから、菜の花を素材にした和風料理で、女性陣に大好評だったと書かれている。

もうひとつ紹介したパーティが、朝日工業の「〈私のとうふ〉'89アサヒコ発表会」。黒田は「なんで第一回から豆腐なんだ」と椎根に文句をつけたが、「広告導入のひとつの作戦だ」と押し切った。当時一丁二〇〇円の豆腐が売りだされるなど、豆腐業界は元気であった。

六回目は、「モナコ政府観光局ＴＯＫＹＯブランチ開設発表パーティ」（第四四号、四月一三日）。黒田の文章を少し引用する。

すっかり陽が暮れた窓越しの海、船の光が輝きだすころ、カクテルパーティは始まった。セミフォーマルの紳士淑女がグラスを片手にしなやかに会話を交わす。ハイソサエティな社交の国モナコのパーティ。男性5人が奏でるサロンミュージックで雰囲気が盛り上がるとついうっとり。

会場は日比谷にある「キュイジーヌ・シセイドー」、モナコスタイルを強調した粋な演出だった、と満点の評価である。

モナコ政府観光局のアタッシュ・ドゥ・プレス（フランス系の企業では広報をこう呼んだ）は、大沢弥生。彼女は化粧品の「クリニーク」から移ったばかり、クリニークが大ブレイクしたときの広報担当者でもあった。各企業は、メディアにお土産といって、新製品とかノベルティなどをプレゼントする習わしがあったが、大沢がいた当時のクリニークは、最高に評判をよんだお土産を配った。女性誌の編集長にだけ、「バカラ」のオールドファッション型のグラスを、底に贈られる人の名前まで刻んでプレゼントしたのだ。

この時、某有名女性誌の女編集長が、強欲にも、一人一個の決まりを無視して、「これ四個ほしいわ、なんとかならない」と圧力をかけた。大沢は、あらゆる観点からみて最良の返事で、彼女のわがままをはねかえした。

「あなたが来年の暮れも、編集長の席にお座りでしたら、四個は無理ですが一個だけなら差し上げましょう……」

大沢の話し方はなめらかでなかったが、独特の余韻を残した。彼女は神楽坂の素封家の娘で、ヨーロッパ風の洗練された人扱いに長じ、それを江戸娘の機転で包んでいた。いつも派手すぎる大型のアクセサリーを身につけ、自分の頭のよさをカモフラージュしているようにもみえた。派手な光彩を放っているのはすべて、カルティエなどの欧州の高級ブランド品ばかり。しかし、そう見せない人徳のようなものが彼女にはあった。

椎根は、彼女を下町の居酒屋に連れていったことがある。その派手な装飾品のせいで、場柄からして、フィリピンあたりからやってきた女性にも見えた。椎根がなじみの女将に、「彼女はフィリピンから来た女性だから、アクセサリーが派手でしょう」と紹介すると、大沢はすぐそのおふざけを理解して、カタコトの日本語を時々話すという演技を通し、女将は最後までフィリピン女性だと思いこんでいた。

仕事の場でも、そんな上等な当意即妙さが次々と繰りだされ、仕事の話も、ディズニーランドの愉しさとか愛について語っているようで、相手をいい気持ちにさせた。話が大詰めを迎え、結論を出さざるを得なくなると、大沢は急に声音を変えて、「それに決めちゃえ!」と言った。その、「決めちゃえ！」には、路地裏で縄飛びの順番を、最年長の少女が、年下の優柔不断な男の子に命令するような調子があった。ビジネスの場に、路地裏の子供の世界のしきり方を持ちこまれると、仕事の話が突然、遊びの次元の話のようになる。

そういう気風のよさで、大沢は『Ｈａｎａｋｏ』にモナコ政府観光局の広告をしばしば入れ、編集部がＦ１モナコグランプリ取材に出かけたときには、いたれりつくせりの手配をしてくれた。レース最大の見せ場、かの有名なヘアピンコーナーの真上の、レース中には全世界の男性誌のうち一社にしか使用を許されなかった、ホテル・ロウズ・モンテカルロの六〇〇一号の部屋を確保し、料金まで五〇％オフにしてくれたのだ。その部屋から写されたモナコ市街の眺望とレース中のヘアピンコーナーの一枚写真はすばらしい出来だった。巻頭二頁見開きとなった。撮影したのは坂本真理である。振袖姿の『Ｈａｎａｋｏ』専属の車ライター、岩貞るみこは、勝利した貴公子アイルトン・セナとのツーショット写真を誌上に掲載した（第二〇〇号、一九九二年六月一八日）。

一九九〇年八月に設立された「パルファン・クリスチャン・ラクロワ」の広報になったのは堀口恵理、系列会社のパルファン・クリスチャン・ディオールから異動してきた。その最初の新香水プレス発表会は、バブル時代でも最高にバブリーな祭典のようなものになった。

会場はホテル西洋銀座のメインホール「サロン・ラ・ロンド」とパックスシアター「サイカ」

の両方を使った。オープンして四年目、当時の東京のホテルのなかで、最高級の料理と、それに準じた価格で人気があった。なぜか高いほど喜ばれた時代だった。

新香水は「セ・ラ・ビー！」という名で、人間の心臓を模した瓶に、紅色のサンゴの蓋《ふた》がついていた。サンゴは心臓につながる動脈にも見えた。

数百名が招待され、椎根も黒田と行った。着席スタイルのランチのあと、祭典が始まった。黒田は今でもあのランチのすばらしさをぼんやり記憶している、と懐かしむ。メインテーブルには三〇センチほどの大きさの新香水と同じ型のケーキが、噴水のような飾り台の上にのっていた。もちろん七〇センチの飾り台それ自体が、すべてケーキでできていて、ラクロワの特徴のある書体のロゴがチョコレートで正確に描かれていた。

実は椎根は、新香水よりも料理よりも、その発表会でモーリス・ベジャール演出スタイルのバレエ「ボレロ」をやると聞いて出席したのである。ラクロワたっての希望で、香りを表現するために、わざわざロンドンからロイヤルバレエ団のプリマ、シルヴィー・ギエムを呼ぶという趣向だった。

世界でも数少なくなったオートクチュール・デザイナーのラクロワに同伴して来日したフランスの典雅な女性たちも、ひとつのスペクタクルのように見えた。イメージモデルのマリー・ゼズネックのたたずまいは、フランスの妖艶な歴史のなかの、悪名高いほうのマルゴ妃を思い起こさせた。

プレスの堀口は、その超弩級《ちょうどきゅう》の会を、客の応接、進行、開会の挨拶にいたるまで、気おされることなく、冷静にやりとげた。椎根には、そのランチの味も、ボレロを舞ったシルヴィーの姿も記憶に残っていない。それほど心臓をわしづかみにされた会だったのかもしれない（第一一六号）。

誇り高い化粧品会社「ゲラン」の宣伝広報責任者という重職にあった高桑さよ子は、創業一五〇年を超すフランスの老舗化粧品会社の、日本での顔だった。彼女は、ゲランのあまりにも有名な香水「ＭＩＴＳＯＵＫＯ」に続き、新たな香水「ＳＡＭＳＡＲＡ」を、三〇〇年はもつ、時代を超える名香水に育て上げると宣言した。さりげなく三〇〇年はもたせる、と言うところに椎根は感動した。

高桑にはなぜか、フランス女性の伝統的な魅力――そこはかとない典雅さ、蠱惑的《こわくてき》な閉鎖性、いつか表れる才気、臈《ろう》たけたエロティシズム、そのすべてが備わっていて、いつも彼女のまわりで、それらが四重奏を奏でていた（第一五六号、一九九一年七月二五日）。

転職の時代になっていた。「ディオール」を経て、ニナリッチに移ったのが、今井扶美子。彼女はまさに、「オートクチュールの女」であった。おしゃれなプレス陣にあっても、一頭地を抜いていたファッションセンス、元ミス・ユニバースといっても通用しそうな体型、どこの集まりに行っても、彼女の美貌は輝き、まわりを「オートクチュールの世界」に変えた。仕事では、その美貌のどこから出てくるのかと思わせる妥協のない姿勢で、ミニスカートの上にすっぽり被るように着るオーバースカート(一〇〇万円以上)を、見事に売りさばいた。彼女こそ、オートクチュールの最後の砦《とりで》を守りきった美しき戦士であった(第一一五号、一九九〇年九月二七日)。

一九九〇年一一月にオープンしたバーニーズNY新宿店のプレスは、高橋みどりである。彼女は大学を出るとテレビ朝日の契約社員となり、次にファッションへの興味がつのり、芦田淳の広報担当になった。一年半後には「メルローズ」に移り、バーニーズジャパンが設立されると同時にプレス職に就いた。「土曜日までメルローズの仕事をしていて、月曜日にはバーニーズに」という離れ業だった。

新宿店オープンの日には、NYからバーニーズのオーナーであるプレスマン・ファミリーも来日したので、彼らのスペシャリティストア——自分たちのテイストを大事にする——の哲学に沿うように、高橋は、レセプションに出すハンバーガーのサイズにまで気を配った。特別につくってもらった二インチのひと口バーガーは、オーナー一族に大好評だった(第一二四号、一二月二九日)。

資生堂「ザ・ギンザ」の広報を八年間つとめた竹内康代も、美しき放浪者の一人である。彼女がポロ・ラルフローレン ジャパンに転職したのは一九八八年、資生堂では、女性に理解のある社風のせいで、結婚まで同社にいるのが常識のように思われていた。しかし、竹内はザ・ギンザの広報をやめて、ポロ・ラルフローレンに移った。この移籍は、女性編集者たちに、エーッという嘆声を発せしめた。

ポロの「'91春夏コレクション プレスショー」について彼女は、

「一からの出発でした。ラルフ・ローレンというひとりの人間の、いろいろな才能を紹介していくおもしろさで楽しかった」

と発言している。それでも自分はラルフ・ローレン信者ではないと明言するあたり、クールビューティ型の代表的プレスだった(第一二二九号、一九九一年一月三・一〇日)。

「プレス・インフォメーション」の連載を始めてしばらく経ったころ、椎根は、友人のある女性誌の編集長に文句をつけられた。『Ｈａｎａｋｏ』が「プレスプレス」と書き立てるから、それまで、ぼくたちが貸し出し係のお姉さんと呼んでいた女性たちが、「今日からプレスと言ってください」と言いはじめた。それ以前は、借りる側の雑誌編集者が、威張った態度をとっていたが、プレスと言いだした途端、立場が逆転してしまった。仕事がとてもやりにくくなったということだった。椎根は、「まあ、いいじゃないですか。今まで散々、編集のほうがわがままを言ってきたんですから……」と、なぐさめるほかなかった。

最優秀プレスはエルメスの顔

九〇年代初頭、海外ブランドといっても、日本法人として営業していたのは、シャネル、エルメス、ルイ・ヴィトンの三社ぐらいしかなかった。イタリア系では、「ヴァレンティノブティック ジャパン」「ベネトン ジャパン」「ヴェルサーチ・ジャパン」などが、日本で法人会社を持っていた。しかし、売上高、格式からいって、シャネル、エルメス、ルイ・ヴィトンがインポートブランド御三家状態にあった。

矢野経済研究所が調査した数字(一九八八年度一二月決算時)では、ルイ・ヴィトン ジャパンの総売上高は一七五億円、前年比一四六%増、利益高五九億円。シャネルは総売上高一九〇億円、前年比一三五%増、利益高三八億円、エルメス ジャポンは総売上高三八億円、前年比一三二%増、利益高九億円である。

グローバル・ブランドとして生き残るために、ワールドワイドなマーケティング戦略を日本で展開していた三社のなかで、売上高からいうと、エルメスが立ち遅れていたが、銀座の一等地に一番早く自社ビル＝「銀座メゾン エルメス」を建てた。

エルメスのプレスとして、二〇〇一年の銀座メゾン エルメスが完成するまで、エルメス調のソフトな魅力を振りまきながら大活躍したのが、東野香代子である。彼女は、エルメスの顔として、莫大な富をエルメスにもたらした。

そのエルメスの東野は、シャネルの大川涼子を、戦友だったと言う。なんと美しい戦場の、なんと美しい戦士たちだったのだろう。二人は、その戦場跡＝銀座に、富の象徴を残して去っていった。

ナポレオンは、エジプトその他の占領地から世界遺産クラスの財宝をフランスに持ち帰り、パリのあちこちに、アクセサリーのようにモニュメントとして飾った。

現在、銀座に自社名のビルを持っている海外ブランド各社は、バブルが始まった一九八六年ごろから、十数年間で、日本女性をブランド信仰者にしてしまい、その利益で、銀座の景観を変えてしまうほどの数々の建物＝モニュメントを建てた。

その経済的ナポレオンの現地司令官（フランス人）の下で、実戦部隊長として苦労したプレスの日本女性たちの働きぶりは、勲一等に値する。彼女たちが互いを、「戦友」と言う気持ちが理解できる。きっと彼女たちは、ひとつのミスも許されなかったろう。グローバルビジネスのトップランナーであり、外資系企業、その上本国からのムチャな命令や、時には日本のマスメディアの攻撃の銃弾からも身を守らなければならなかった。

きっと海外ブランドのプレスの日本女性たちは、修道院の尼僧のように、無私の奉仕という精神を多量に持っていた。その姿は尼さんというより、あのバブルの時期だけ、天から派遣された美しい精霊たちのようにも見えた。彼女たちは、精霊が消えるように、消えた。

現地司令官にあたる社長=フランス人たちは、それぞれ莫大な報酬を得た。たとえばのちにシャネル社社長となったリシャール・コラスは、鎌倉の広大な敷地に建つ邸宅を買った。大正から昭和期に人気作家だった吉屋信子の旧宅である。コラスは現在、鎌倉市の国際親善観光大使をつとめている。

海外ブランド各社にとって幸運だったのは、綺羅星《きらぼし》のような女性たちが、たまたまそこに集合したことだ。MBA、MIAといった学位を、生まれつき束にして持っているような経営的才能にも恵まれていた彼女たちは、日本女性の購買心理の底まで見抜き、そこから十何年と通用するマーケティング戦略を練り上げていった。

黒田が見たエルメスの東野の仕事ぶり。タイトルは「『優秀なプレス』と評判の東野香代子さん」(第一一五号)

まず、対応が早い。ああだこうだと小理屈を並べないで、すぐ本国に連絡して回答する。雨あられとかかってくる数十の雑誌からの、こまごまとした注文も、決して忘れず、もらさず、流れるように、さばいていく。高価な商品の貸し出しを頼んでも、もったいぶらず、どうぞどうぞという姿勢で貸しだしてくれる。

それらの激務のうえに、年に数回あるコレクションのプロモーター（主催者）役がある。モデル、カメラマン、スタイリストの手配……その合い間には、コマーシャル用のビデオ撮影の指示。「電話の鬼」といわれるほどの電話の頻度、かかってくる回数の多さ……。当時は、今のように便利なケータイはなかった。「数多い新商品の説明、催事によってはプロモーターさながらの仕事も……」と、黒田の筆は、あきれている。

この時、東野はプレスの仕事の本質について、「外部のかたが何を知りたいのか、内部の者には意外と見えにくいもの。客観的な目を忘れないことも大切」、「常に会社と、ちょうどよい距離を保つことが、仕事のうえでも役立つ」とも語っている。

二〇一二年、椎根は東野に会い、いくつかの質問をした。東野は当時の自身のプレス哲学について、こう補足してくれた。

「手段、方法ではなく、最終目標が何かということ。つまりフランスから押しつけられたイメージ戦術を忠実に実行することではなく、日本人顧客（＝雑誌の読者）の心の琴線に触れるべく、ブランドとしてのメッセージを、どのように発信するか……」

エルメスをやめたあと、東野は、藤巻幸夫と「福助」という伝統がありすぎる会社の再生に関わり、『ハーパース・バザー』日本版の副編集長を経て、現在、パリのモダール・インターナショナル学院というファッションビジネス専門学校の日本代表をつとめている。

ブランド各社のビルが林立する今の銀座の状況について彼女は、「器をつくってしまうと、ブランドとしてやりたくないことでも、器を維持するためにやらなければいけなくなるので、あまりいいことではない」

と批判的で、昨今のブランドとメディアの面白味のない関係に嫌気がさして、プレス業務から完全に足を洗ったという。銀座メゾン エルメスの用地買収からオープニングまでの大事業、その中心にいた体験から得たものは、化粧を少しも落とさずに四二・一九五キロを走りきった女性マラソンランナーのような、「大変だった」というたったひと言の感想であった。

当然、元最優秀プレスの一人だから、結婚しているのですかとか、おいくつですかとかいった愚問を、椎根はしなかった。二〇年も前から、プレスの女性たちは若いといえば若く見えたし、年配だといえば年配に見えた。才能と仕事の実績を積み重ねた女性は、年齢などという枠組みから解放される。

プレスという業務は、失敗すればすぐやめさせられるし、成功しても、お前の力ではなく、うちの商品の力のせいだと言われて、報われることは少ない。それは、購買心理の底にまで、手を突っこんだ者への罰なのかもしれない。東野がプレス業の心がまえとして「日本人顧客の心の琴線に触れるべく」と語ったその目に見えない琴線こそ、エルメスの商品に心がざわめき買い求めたくなる顧客の、無意識の感情だ。あとは、どうして私がエルメスを買ってはいけないの、という発言にいたる。
銀座メゾン エルメスの完成によって椎根は二軒の愛する店を失った。

一軒は関東風おでんの「お多幸《たこう》」。銀座五丁目の裏路地にあったがエルメスに買収され、目印だった大きな赤提灯が姿を消した。店の客は、小津安二郎の映画に出てくるような品のいいサラリーマン父娘風が多かった。年が離れた不倫の関係にありそうなカップルも、お多幸では、まじめな本物の父娘に見えた。行列がくずれたおでん種をいつも長い菜箸で並べなおしていたのは、赤銅色《しゃくどういろ》四角形のおでん鍋におとらず、大きな四角顔の女将だった。

もう一軒は、どうしても銀座でバーを、という夢を持っていた三軒茶屋・幻の桜の井口晴貴が出した店である。椎根は、銀座進出はやめたほうがいいと懸命に止めた。しかし、彼は銀座五丁目のビル四階に店を移転させた。ところが開店数カ月後、そのビルはエルメスの第二期増床計画によって、立ち退かざるを得なくなった。幻の桜は八丁目に移って営業していたが、一年ほどで閉店となり、井口は銀座から姿を消した。

大きくなった銀座メゾン エルメスは、世界各地にあるエルメス店舗のなかで最大級の広さ、シームレス・ガラスブロックで覆われた外観はエルメス・オレンジと黄色の淡い光を放つ優雅な箱になった。上層階にはギャラリー（フォーラム）と小さな映画館（ル・ステュディオ）もつくられた。社長の椅子はアルネ・ヤコブセンの特注ものだという。

建築評論家は、関西国際空港の旅客ターミナルビルでも知られるイタリア人のレンゾ・ピアノ設計による銀座メゾン エルメスをヨイショして、「夢のような大事件です」と書き立てたが、椎根はその前を通るたびに、二軒の大好きな店を奪われたせいか、お盆によく飾られる岐阜提灯のようだと皮肉っぽく言うようになった。

最近、「ブランディング戦略」という言葉が流行しているが、そんな言葉ができる前から日本のプレスの女性たちは実行していた。二〇一三年にティファニーのCEOが、日本での売上高がティファニーの全売上高の二割近いと記者会見で明かしたのも、その成果だろう。

そうでなければ、銀座にあれほど華麗なブランドビルが、スイス・ジュネーブのレマン湖のほとりよりも林立するわけがない。ともあれ、プレスの女性たちのすがすがしい精神は、ブランドビルが発する淡い光線のどこかに宿っている。

ところで、ここまで「プラダ」の名があまり出てこないのは、八〇年代の終わりごろまでは、新宿伊勢丹だけでちんまりと革製のバッグを中心に売っていたからだ。やがて、伝統的なデザインを一新し、金具部分のゴージャス感とナイロン地部分のアンバランスなバッグが人気となって、プラダブームが起きた。そして、フランスの二大ブランド、シャネルとルイ・ヴィトンのあいだにイタリアンバッグの雄として割りこむことになる。

王族クラースを迎える聖なる広報

一九九〇年のクリスマスは、二カ月も前から盛り上がりはじめた。バブルのピークだった。普通の若い男女も、空前の金余り現象に、いやおうなく巻きこまれた。次々とオープンする高級レストランは予約で満席、ブランドショップは普段でも大混雑、それがプレゼント日のイヴを迎えたらどうなるのか、空恐ろしいほどだった。絶対的客室数不足の高級ホテルも超満室という事態が予想された。

『Ｈａｎａｋｏ』が考えだした企画のなかで、一番好評で売れ行きもよかったのが「銀座」特集号で、春と初秋の二回、特集を組むというのがパターン化した。年に二回特集しても、紹介しきれないニューオープンのレストランやショップが次々と登場していた。同年一〇月二五日(第一一九号)の銀座特集のタイトルは、「超Ａ級保存版　予約をしなければ、食事も買い物もできない街になった　リザーブ銀座２３６軒大情報」。「超Ａ級」というのは、最初、「永久保存版」にしようとしたが、「Ａ級」のほうが『Ｈａｎａｋｏ』らしいということになったのだ。

この年、恋人とクリスマスを過ごした若い男性にとっては、歴史上最高にお金がかかる聖夜となったにちがいない。ディナーは平均して一人二万円以上、「マキシム・ド・パリ」のクリスマス・ディナーは一人約三万円、男はタキシード着用を半ば義務づけられた。ホテルの宿泊もクリスマス料金でダブルの部屋が四万円ほどから。食事の前にブランド品をプレゼントするのがお約束となっていた。試算すると、男性は二〇万円ほどの出費を覚悟しないと、恋人と「フツー」のクリスマス・イヴを過ごせない計算になる。

恋人のいない男性は、アッシー君（車で送り迎えだけをする）、メッシー君（食事代だけ支払う。同席可）、ミツグ君（贈りものだけ）と、矮小化された役割に甘んじ、そこに格差が生じた。

プレゼント品にもステイタスを女性が求めはじめた。誌面では海外ブランドの一〇万円台のアクセサリーものせたが、「老舗の人気商品には、銀座を騒がせるだけの底力がある。」というタイトルで、「天賞堂」「日本堂時計店」、ミキモトなど、リーズナブルな値段の日本のブランドも一一店を取り上げた。真珠のミキモトはクリスマス限定のペンダントを四点掲載、もちろん二年前と同様に電話予約案内付きである。パール入り雪だるまモチーフ（三万三〇〇〇円）、ダイヤ入り香水瓶モチーフ（四万三〇〇〇円）のものなどを紹介したが、記事は、一一センチ×六センチと極小サイズだった。

日本を代表するブランド、真珠のミキモトの当時の広報は、利重由紀子。一二月二一日、来客のピークと思われたイヴの三日前に、その彼女が編集部に緊張の面持ちでやってきた。そして、自分の身の上話をする口調で、凄まじいことを語りはじめた。

「一週間前の日曜日（一二月一六日）が、ミキモト本店にとってクリスマス・イヴになりました。紹介してくださってすぐ、予約の電話が殺到し、引きとりのピークが、イヴの一週間前の一六日に集中したのです。イヴ当日では予約している商品も手にできないかもしれないという不安を感じて、一週間前倒しになったんでしょうね。一六日にミキモト本店に来店したお客さまは、一日で一万人を超えました。創業以来はじめてのことです。広いとはいえない本店ですが、それこそ立錐《りっすい》の余地もないほど、お客さまで全館埋めつくされました。イヴの日がそうなると予想していましたが、『Ｈａｎａｋｏ』のおかげでピークが分散したので、お礼にうかがいました」

一万人以上の若い男性が、あれっぽっちといいたいほどの記事でパール入りの雪だるまを買ったのだ。しかし椎根は、最愛の彼女のために、三万三〇〇〇円の雪だるまを贈った男たちに、よくがんばったね、と褒めてやりたいような気分にもなった。

利重は当然、優秀なプレスだったが、その上に特権的としかいいようのない才能ではなく雰囲気があった。皇籍を離脱した元皇女のように、らくらくと自意識をゼロにし、緊張感とか恐怖心を自由に調節することができたのである。たとえば社会的地位が高い客に接するときには、緊張感が波が引くように消え去り、一人で風呂に入っているようなリラックスしたおだやかな表情になった。それも銀座四丁目の本店で、高価なパールと宝石に囲まれた状況にあって、である。

社会的地位が高いといっても、利重が迎える客は、エリザベス女王とか、モナコのグレース王妃とか、ダイアナ妃その他のヨーロッパ王室の女性たちであった。そういうクラース(当時、流行した表現)の客の来店時には、いつもの売場の女性に代わって彼女が対応していた。残された記念写真を見ると、彼女だけがリラックスしていて、女王・王妃たちのほうが、高価な宝石を買うときに特有の、硬い表情をしている。

利重はむしろ、『Ｈａｎａｋｏ』の編集長などという、どうでもいいような人間に会うときのほうが、神経を全開にして緊張しているようにみえた。

王室の女性たちは、買うつもりでやってくるのだから、あとは応接する側のさりげないひと言や、適切な立ちふるまいで、最終的決断をするのだろう。椎根は利重と話をしていると、時に、俗っぽいもの、聖に近い俗なのだろうが、そういう種類のものを感じるときがあった。王族クラースの女性は、なめらかな俗なるものに、安心して心を開くのだろう。

二〇〇五年、ミキモトは銀座二丁目に「ミキモト Ｇｉｎｚａ２」をオープンした。パールホワイトの壁面にうがたれたいくつかの窓から、淡いピンク色の光がもれだす。その光は、かつて王妃のティアラにつけられたバロック真珠のように不定形に輝き、窓は美しい耳のように不規則につけられている。銀座の景観を変えたブランドビル群のなかで、一番まっとうなビルという印象を見る者に与える。設計は伊東豊雄である。

ちなみにこの時の銀座特集では、「甘党界ではもはや常識!? ギンザ・スイーツは予約してでも賞味する」というタイトルで、パーティシエ・カトリーヌの「ポンム・ダムール（五〇〇円）」、エルドールの「ビュッシュ・ド・マロン（七〇〇円）」、ルノートルの「ムース・イタリエンヌ（五〇〇円）」、ダロワイヨの「デリース・フレーズ（二五〇〇円）」と、いつも売り切れ状態のケーキをのせている。ここで突然、スイーツの話が登場したのは、近ごろ女性誌が「スイーツ」という言葉を使いはじめたのはいつごろか、と話題にしたからである。その論争では、二〇〇〇年ぐらいではないかと結論を出されそうになったので、『Ｈａｎａｋｏ』では一九九〇年から常に使っていたという証明のために紹介した。

日本を脱出する女たち——外国に住みたいあなたへ

『Ｈａｎａｋｏ』がはじめた「プレス・インフォメーション」は、広告業界にも大きな反響を巻き起こした。一九八九年の電通の社内向け年度統括本の巻頭文は、「広報の女性たちの躍進」というタイトルで、企業には宣伝・広報関係のさまざまなセクションがあるが、雑誌に宣伝広告を入れる際、広報の女性たちの感性が最大の決定要因になりはじめた、という趣旨だった。広報の女性たちの存在感が増すにつれ、時を同じくして「キャリアガール」という言葉も盛んに使われるようになった。

一九八六年の男女雇用機会均等法の施行により総合職として入社した女性たちも、総合職だけでは何か足りないと感じはじめ、MBAやMIAを目指す者も急増した。こうした状況をみて、『Hanako』では一九九〇年六月一四日号(第一〇一号)で「日本を脱出し外国でキャリアアップしてガイセン帰国する!」という特集を組み、一一月一日号(第一二〇号)からは、「実録NYキャリアシーンで働くということ　MIAを取って、NYで就職した。だから、どうしたというわけではないが……」というヤクザ映画のような長ったらしいタイトルの連載ものを始めた。

米国六大公認会計士事務所に就職したばかりの後藤佳世子——一九八八年に『Hanako』編集部に入ってきた女子編集者の大学時代の同期生——に、リアルでシビアな、NYのキャリアガールの夢と失望と現実の生活を、実況中継風に書いてほしい、と依頼したのだ。その第一回目で彼女は、MIAをとったのは、「〝ありったけのものを見て、経験してみたい〟という冒険心」だったと書いた。

彼女と同じ時期に海外留学を望んだといわれるのが、あの東電OL殺人事件の被害者のWである。彼女は一九八〇年、東京電力に女性として初期の総合職入社を果たしたエリート社員だった。東京電力には、毎年一、二名の社員を海外の大学に社費で留学させる制度があった。彼女がその選抜のための社内試験に挑戦したかははっきりしないようだが、同期の女性が八〇年代半ばに選抜試験に合格したことが事件のトリガーになったとみる向きもある。彼女はそれから一〇年ほどのちに悲劇への道を歩むことになる（『東電ＯＬ殺人事件』佐野眞一、新潮社、二〇〇〇年）。

キャリアガール志向の女性がＭＢＡやＭＩＡを目指しはじめたころ、その競争から自分の意志ではずれる女性も増えてきた。外国に好きな時に行きたいからという理由で、一流会社や公務員をやめる女性たちである。当時の日本の経済・雇用環境はすばらしい状態にあり、会社をやめて外国に長期滞在し、帰国してもすぐ就職でき、たとえアルバイトでも、報酬はよかった。ある程度まとまった金が貯まると、また外国へ行くというスタイルの生活をする彼女たちは、「フリーター」という名で呼ばれ、一九八九年に、その数を二〇万人ぐらいと椎根は推測した。フリーターは今のように定職のない、アルバイト職にしか就けない男女のことではなく、いつも外国に行っている裕福で知的な女性というイメージで、憧れの存在だった。

後藤はこの連載の数年後、最終目標の国連関係の仕事に就き、東欧に飛んだ。

数カ月間外国滞在型のフリーター志望の女性の急増とともに、年単位で外国に住みたいと考える女性も増えてきた。日本の浮ついたバブルという時代の熱気・狂気をきらい、もっと落ちついた歴史のある知的な外国に永住したい、と願う日本の新中産階級の娘たちの出現である。

そのなかに、実家のある鎌倉・七里ヶ浜から東京・西麻布のアパレル会社に、毎日往復一〇〇キロ以上も自転車通勤していた女性がいた。彼女は、バブルに沸く日本を、「おもしろくない」といつも言っていた。

『Ｈａｎａｋｏ』では、そういう女性たちのために「外国に住みたいあなたへ」という一頁の連載コラムをつくった（創刊号）。そして、すでに外国に住んでいる日本女性に、世界の有名都市での、なんでもない日常生活を書いてもらうことにした。ＮＹは田中弘子、パリは村上新子、ロンドンはトコ・ローレンス、ミラノは太田雅子である。太田こそ鎌倉から西麻布まで、二年間、ミラノ滞在費を貯めるために毎日自転車通勤した鉄の意志を持った女性だった。彼女は夢を叶え、ミラノに住みはじめていた。毎週一二〇〇字ほどのコラムだったが、これが予想以上の、把握不可能なほどの静かな反響をよんだ。

ある時、太田が日本に一時帰国して、またミラノに戻った。彼女はミラノに帰ると、いつもすぐに野菜市場に駆けつけ、サヤインゲンを買う習慣があった。ミラノのサヤインゲンには、この地で育まれた、弦楽器の音のようないい匂いがする、と太田は信じていた。それを食べないと、ミラノに戻った気がしない、とも言った。その時も、「ロンバルジアの土の匂い……」とつぶやきながら市場を歩いていると、小柄な見知らぬ日本女性がいきなり、「太田雅子さんでしょう、あなたのミラノ・リポートに憧れて、わたしもミラノ生活を始めました」と声をかけてきたという。

連載コラムには執筆者の名前だけを記してあって、一度も顔写真をのせたことがなかった。太田は、日本でもミラノでも一度も有名人だったことはない。いくらミラノが、NYや東京より小さな都市といっても、人口は一三〇万人以上。世界中から集まったルツボのなかで、顔も知らない人にピンポイントで、「あなた太田さんでしょう」と話しかけた日本女性の眼力に、鉄の意志の女も恐れをなした。

太田からその話を聞かされたとき、椎根は、非統計的に、『Ｈａｎａｋｏ』の連載コラムに刺激されてミラノに移り住んだ日本女性は、四〇人は下らないだろう、と計算した。この連載のイラストを描いてくれたメイコ・イワモトも画家の夫とともにフィレンツェに移り住み、そこでイタリア家庭料理を研究し、数冊の料理本を出版している。

移り住むまでの勇気はなくとも、女たちの海外旅行熱はバブルの熱気とともにさらに上昇していった。政府が発表した数字によれば、一九九〇年度の海外旅行者（ビジネスも含む）が、はじめて一〇〇〇万人を突破した。特に二〇代の女性が約一七〇万人と、世代別男女別では出張の多い四〇代男性とほぼ同数で圧倒していて、リピーターが増加したことも、数字を押し上げた（「年齢別・男女別出国日本人」法務省）。米国商務省は、この日本の若い女性たちに敬意を表して正式にこう発表した。

「今、米国を訪れる世界各国の人々のなかで、一番お金を使うのは、日本の二〇代女性だ。その金額はほかの国の女性の五倍以上となる」

『Hanako』ではやがて、定番の旅行先だけでなく、「究極のリゾート　ヘイマンを私たちは見落としていた！」（第一三四号、一九九一年二月一四日）、「究極のリゾートはSafari。だからケニアのネイチャーハンティング大情報」（第一三八号、三月一四日）、「紀元前6世紀に世界最大の都だった……チュニジアの質の高い遺跡を愉しむ」（第一七九号、一九九二年一月一六日）など、意表をついたデスティネーションも提案していく。

ほかの女性誌——男性誌も含めてだが——が絶対やりそうもない企画を、思いつきだけで無理やりやるのが、『Hanako』の流儀で、それは編集者にとってひそかな勲章のようなものだった。

それは一九九〇年四月のある日のこと、NY行き以降めきめき実力をつけてきた吉家千絵子が、こう言った。

「ダイアナとチャールズの、マスコミには教えない秘密のバカンス先は、ユーゴスラビアのリゾート地、ドブロブニクらしいです。知ってましたか？」

彼女のひと言が決定打となった。動乱の東ベルリンをスタートしてチェコのプラハ、ハンガリーのブダペストからドブロブニクへ南下する線上には、栄華の歴史を誇る東欧諸国の優雅なホテルがまだ残っていた。ベルリンの壁崩壊が、それらの地をどのように変化させたのか予測がつかなかったが、椎根は嵐がくる前に、ぜひ取材しておきたいと考えた。

誰もやらない企画というのは、実現すれば、売れても売れなくても編集部に勇気と活力を与える。一〇年ほど経てば、あの特集は凄かったと言ってくれる読者が必ず現れる。紛争が一応落ちついた現在、現クロアチアのドブロブニクは「アドリア海の至宝」とうたわれ、日本人観光客の人気デスティネーションになっている。

混乱の予兆が表れた東欧四カ国に、椎根は、吉家と戦場カメラマンの押原譲《ゆずる》を送りだした。四カ国の政府観光局は正常に機能していなかったので、取材費用は全額編集部負担となったが、社会主義国ということで、それほど高額なものにはならなかった。

第一一二号（一九九〇年九月六日）の特集は、「お取込み中、失礼かと思いますがゴルビー以後の東欧大情報」。政治的混乱を家庭問題に転換して表現するという遊びのタイトルのつけ方である。ゴルバチョフは、政治話の嫌いな編集部でもスター並みの人気があった。その彼がソ連の最初で最後の大統領になった半年後だった。しかし、この特集から二年と経たずにゴルビーは辞任、ソ連は崩壊し、東欧の情勢は混迷していくことになる。

もちろん吉家は、『Ｈａｎａｋｏ』流の切り口で記事を書いた。

酔いしれるような建築の美学が、プラハのホテル時間を濃密にしていく。
貴族たちの隠れ家的リゾート地、アドリア海の最高級ホテルでユーゴの休日。
東欧のイメージを一挙に変える、豪華レストランが次々出現。最強のイート・パラダイスでポンポコリンになる。

彼女は一九九〇年のヒット曲の歌詞を使って、「ポンポコリン」とふざけながらも透徹した観察者だった。本文中の次のような文章。

とどのつまり、腐ってもヨーロッパなのだ。そのうち、〝東欧〟や〝西欧〟という言葉は死語になって〝大欧〟なんて呼び方がはびこるようになるだろう。なんか、偉そうで怖いやぁ。でも、ただの一観光客でも、経済学者や評論家と同じように「大ヨーロッパの誕生」という結論にたどりつくのは、なんとなくいい気分だ。

吉家は、東欧取材のお土産として、ベルリンの壁のひとかけらを買ってきてくれた。有刺鉄線で囲われた木の台座にのった、三センチ×五センチの壁のかけらは、椎根が『Hanako』に在籍したあいだ机の右端に飾られていたが、訪問客が手でなでまわすとボロボロとこぼれ落ちた。その粉状になった壁を見た吉家は、「壁ならもっとかたくつくってくれよ。こんなものどうせ壊れる運命にあったんだ」と、ソ連主導の東欧の実態を喝破した。

相手以外は現地調達！　憧れの海外ウェディング

都市ホテルでの挙式・披露宴を希望するカップルが増えてきていた。都内のホテルも、従来は神道式の挙式が主流だったが、あわててロマンティックなチャペルを増設した。それは「チャペル・ウォーズ」と呼ばれ、それにつれて挙式費用も莫大な額になった。そして、もちろんここでも海外で結婚式を挙げたいという気運が高まっていた。

挙式と披露宴会場にポイントをしぼれば、フレッシュな企画になるような気が椎根にはした。なによりも広告を出してくれる新クライアントを開拓できる。それも広告が少ない二月と八月に「結婚」特集をやれば一石二鳥だった。

第一五九号（一九九一年八月一五・二二日）で、「ハワイアン・ウェディングがありがたい大情報」をのせた。カウアイ、ハワイ、マウイ、オアフの四島のホテルと四〇の教会を現地で徹底取材、「楽だ！　メンドウクサクない！　安い！」がコンセプトだった。リード文も踊っている。「式場もドレスもリングも、相手以外は現地調達。安く、美しく、お気楽に、憧れのハワイアン・ウェディング……」

ちなみに当時の費用を紹介すると、カウアイ島の、かの有名な「ココ・パームスリゾート」のヤシの葉屋根の教会で、挙式料、牧師代、写真代、レイ、シャンパンにディナー（二人分）がついて、一〇六五ドル、一ドルは一三八円だった。ディナーに出席する招待客は別途計算となる。

取材した時点で、ハワイで挙式する日本人カップルは年一万二〇〇〇組、とハワイ州観光局が教えてくれたが、『Ｈａｎａｋｏ』が発売されて、どのくらい増えたのだろう。この号には、椎根の目論見どおり、「池之端文化センター」や「目黒雅叙園」「明治記念館」の広告がはじめて入った。

第一八七号（一九九二年三月一二日）では、「お気楽のオージー・ウェディングとこんなに大変化！　東京式ウェディング大情報」を特集。売りは「究極のオキラク結婚式スタイル」というものだった。この号には結婚業関連の広告がタイアップ記事を含め七〇頁以上入り、『Ｈａｎａｋｏ』は総二三四頁という厚く重い雑誌になった。「ハワイアン・ウェディング」号が読者にもクライアントにも好評だったので、こういう結果になったのだろう。この結婚業関連の広告の多さに目をつけたのが、リクルートの『ＸＹ《ゼクシィ》』で、一九九三年に創刊された。『ＸＹ』は『ゼクシィ』と誌名を変え、現在も刊行されている。

九〇年代の中ごろには、「成田離婚」という新語も生まれている。外国旅行経験の多い花嫁に比べ、海外のマナーを知らない新郎とのアンバランスな関係により、帰国するや、「食事もオーダーできないような男だった」とあきれはてた花嫁が、成田空港で、別れましょうと宣告する、というものだ。

一方で、結婚をあまり急がない女性は、新しいお楽しみ、ビデオ鑑賞に熱中した。ますます多忙になってきた生活のなか、自分の部屋で時間を気にせず、ゆっくり好みの映画を観ることでリラックスした贅沢な気分を味わう。自分だけのソファで、ポテトチップスをつまみながらビデオを楽しむ人々は、「カウチポテト族」と呼ばれた。ハードの面でも規格が統一され、ビデオ再生機の値段も下がり、街にはレンタルビデオ店が乱立した。

『Ｈａｎａｋｏ』では、創刊号から「今週の１泊２日のお相手」というタイトルで新作ビデオ紹介頁をスタートさせている。ライターは金子裕子、杉谷伸子、笠原久子の三人で、それぞれ毎週五本以上観て、ビデオ評を書いた。

彼女たちは、日本ではそれほど知られていなかった侯孝賢《ほうしゃおしぇん》監督や、『狼／男たちの挽歌《ばんか》』（一九八九年）のチョウ・ユンファ、トニー・レオンなどの香港・台湾映画の俊英たちをいち早く紹介するなど、自分たちが面白いと思ったものだけを取り上げ、配給会社への義理立てをやめようね、と約束し合った。そんな姿勢でセレクションをしたので、たちまち読者の信用を得、それに気づいた配給会社が、ますます新作を編集部に送ってくるようになった。PRのために来日するスターのインタビューも、『Ｈａｎａｋｏ』の影響力を考えて、優先的にセッティングしてくれた。

金子は今でもリチャード・ギアをインタビューしたときの彼の表情を覚えている（第一二四号、一九九〇年一一月二九日）。彼女は映画についてだけ質問したのだが、「こんな質問を受けたのははじめてだ」と感激した彼は、生まれてはじめてやさしい言葉をかけられた不良少年のような無垢な表情をしたという。彼が頑固に持ち続けている少年の純粋さが、黒澤明、ダライ・ラマ、フランスの画家バルテュスのご寵愛を受けた理由だろう。現に一介の映画ジャーナリスト、金子裕子はＮＹの郊外にある彼の自宅でのティータイムに招待され、ギア夫妻の歓待を受けた。

貯蓄はゲーム、自分の力でお金持ちになる時代です。

キャリアに邁進するにしろ、結婚をするにしろ、しないにしろ、当然自分の一生を通じての経済プランを考える必要性が高まってくると予測され、『Ｈａｎａｋｏ』では創刊号から、女性向けに財テクのノウハウを提供する頁も設けていた。

「マネーゲーム」のタイトルのもとに、「荻原博子のマネー・プランニング」「雨宮栄子の財テク・ケーススタディ」「木村佳子の株テク・シュミレーション」を連載したのだ。雨宮も木村もすでにその方面では有名人だったが、荻原は、普通の若い主婦だった。経済事務所に勤務経験ありということだけを聞いていた。

創刊号の「マネーゲーム」の総合タイトルは、「貯蓄はゲーム、自分の力でお金持ちになる時代です。」　荻原の第一回目の原稿が面白かった。彼女はアンケート・データをうまく原稿に生かした。一九八七年に明治生命が都内に勤務するOL七〇〇人に「あなたは、何のために働いていますか?」というアンケートをとったところ、四三%が、「レジャー資金や洋服代に充てるお金が欲しいから」と答えたという。二位は「生計を立てるため」で二一%。外国旅行とブランドブームがすぐそこまできていることを裏づける数字といえる。

同じ年に住友銀行が、独身OL三〇〇人に「結婚相手の条件は?」という質問をしている。OLたちの希望は具体的で、若い男性にとっては恐怖の回答だった。「身長一七四・四センチ」「年齢は二八・八歳」「年収四二二万八〇〇〇円」が彼女たちの条件で、荻原も、こんな好条件の男性はめったに存在しないから、男の経済力をあてにするという考え方は「早々に捨て去るべきでしょう」と引導を渡している。続けて、「ある日突然のシンデレラを狙うよりも、自分のお金をいかに殖やしていくか」が、賢いOLのベストチョイスだとも書いた。

潤沢なOLの懐を狙って、銀行、生命保険、証券各社は新しい金融商品を発売しはじめた。

その商品のなかで、一番OL向きなのは「一時払い養老保険」であり、これが手持ちのお金を殖やす「大本命」と、荻原は二号にわたって強調した。椎根は「養老」という二文字に墓場の入口を連想し、手を出さなかったが、二〇一四年現在、この一時払い養老保険に入っていたことでいい思いをしている主婦(元OL)が大勢いるはずだ。

この保険は、現在の超低金利時代からみると、自分が高利貸しにでもなったかのような金持ち気分にさせるもので、三〇歳以下の女性が一〇〇万円を一括払いすると、一〇年経てば、満期保険金として一七〇万円が返ってくる。それプラス二四万円ほどの積立配当金もついてくる、と荻原は記している。

不思議なことに、セールス・レディたちは麻薬を売りつけるように、それを声をひそめて売っていた。買うほうのOLも、信じられないという感じでこわごわ買っていた。しかし、養老保険はその後、破綻なく返済されている。

創刊前に荻原博子を紹介してくれたのは、『日刊ゲンダイ』で、椎根の班で働いていた元部下の生方幸夫《うぶかたゆきお》だった。大地震についての予測記事取材の時に、「気象庁よりもナマズ研究家のほうが信頼できる、その話を中心にして書いてくれ」と言う椎根にあきれかえり、こんな上役のところで働いていられないと思ったのか、すぐ退職届を出してきた。

一九七五年ごろ、大地震が明日にも日本で起きるとマスコミが騒いでいたときのことだった。しばらくして生方は、経済もののライターになり、「銀行は潰れる」と主張する本を数冊出版した。バブルの直前だったから同意する者はなく、銀行が潰れるなんてバカなことを言っているバカな奴、と世間から相手にされなかったが、椎根は、あの正直者が言うのだから、本当だろうと考え、それからも経済原稿を書いてもらったりしていた。バブル期の銀座中央通りは大手銀行の支店が軒を並べ、そこのところだけが華やかな銀座大通りにそぐわない、いまわしい呪われた館のようだった。椎根は支店群がなくならないかぎり、銀座の繁栄はないと考えていたから、景観を変えるためには、銀行が消えるのは大歓迎であった。数年後、生方の予言どおり、バブルが崩壊し、銀行の統廃合が進んだ。

生方はその後、民主党から衆議院議員になった。数年前にはボス小沢一郎の党運営の方針に頑として反対、口ばかりでなく行動で反旗をひるがえしたのは、副幹事長の彼ひとり。副幹事長といっても一〇人以上いた時代だった。頑固で正直なところは少しも変わっていなかった。

その生方に、経済を書ける女性ライターを一人紹介してほしいと頼んだのだ。

そして、荻原がやってきた。原稿を依頼するにあたり、椎根は次のような注文をつけた。

ほかの経済誌を見て書くようなことは、やめてほしい。自分の足を使って、官公庁や企業が持っているデータを調べ上げ、その上で読者が得をするような情報を毎週提供してくれ。経済評論家というのは、少し有名になると、大マスコミでの総理大臣や大蔵大臣などとの対談の場で、常日頃の勇ましい論を引っこめ、ゴマスリ発言だけをして簡単に迎合してしまう、そういうさもしいことも絶対にしないでほしい……。

後年、荻原は人気経済評論家になり、ある日NHKのゴールデンタイムの特番で、時の総理大臣と対談した。荻原は具体的数字をズケズケと遠慮せずに言い、総理は答えに窮していた。椎根は、荻原のそういう態度が経済ジャーナリストのあるべき姿だ、と喝采を送りながら観ていたが、NHKの望む、あたりさわりのないことだけをお聞きするという態度ではなかったせいか、それからしばらく荻原にはNHKの番組からお呼びがかからなかったようだ。

彼女は、柿内がマガジンハウスを定年退職したときにつくられた記念文集『IN KAKIUCHI』（吉永小百合から江口寿史まで二三五名の祝賀文）に、こういう一文を寄せている。

お柿さんを見ていると、とても楽しい人生を送っているように見えます。きっと、拠りどころがなくて、不安で、絶望的な気持ちを、うまく飼いならしているからでしょう。私には、それができませんでした。チャレンジしたこともあったのですが、結局は、そういう根性は私にはないということがわかり、自分で自分の枠をつくって、その中で、毎日あくせくと生きています。

けれど、Hanako創刊当時のこと、椎根さんがいてお柿さんがいた編集部の事は、死ぬまで忘れません。なぜなら、そこには、自由な魂があったからです。椎根さんもお柿さんも、それまで私が出会った誰よりも、変な人でした。そして、人間らしい人間でした。きっと、死ぬまで自由に生きていく人たちなのだろうと思います（「誰よりも、変な人」）。

荻原は、柿内のめりはりのきいた生き方に、秘跡を受けた信者のような喜びを見出し、会社をやめるだけなのに、まだまだ早い死という言葉を自然に使い、柿内の退社を祝った。

4 Hanako現象の表と裏

世の中は、『Ｈａｎａｋｏ』のリードする方向に流れていた。創刊一年後には早くも、目ざといテレビ界で、『Ｈａｎａｋｏ』編集部が舞台のトレンディドラマ『オイシーのが好き！』が放映されている（ＴＢＳ系列、一九八九年五～七月）。主役の編集者役を、藤井郁弥（藤井フミヤ）、松下由樹が演じ、ほかに石田純一、杉本彩、松本伊代、岡部まりらが出演していた。さすがに、柿内のような独得なキャラクターを探しだせなかったのか、つくりだせなかったのか、柿内をイメージさせる役はなかった。

この年にはまた、『Ｈａｎａｋｏ』の誌名そのものが、新語・流行語大賞の新語部門銀賞を受賞している。選考理由は、「ハナコ族」なる経済力を持ち、「結婚にも、仕事にも、もちろんレジャーにも徹底して〝楽しむ〟新しい女性群」を創出し、いわゆるＨａｎａｋｏ現象を生みだした、というものであった。この時代から、流行語大賞がテレビの夕方のニュースでも報じられるようになった。この時の新語部門金賞は「セクシャル・ハラスメント」、いわゆる「セクハラ」という言葉が新聞の見出しに頻繁に登場するようになっていた。

会社組織のなかで、従来は大目にみられていた男性側からのヒワいな言葉やいやがらせが、犯罪になった。それでも最初は、セクハラセクハラと、新しい祭の出現のような感覚ではしゃいでいた中年男は、ある時突然、犯罪者の烙印《らくいん》を押されたのだった。

『Ｈａｎａｋｏ』がはっきり発言する女性たちの増加に寄与したとも考えられるので、金賞のセクハラもＨａｎａｋｏ現象のひとつかな、と椎根はトロフィーを胸に抱きながら考えた。

一九九〇年には月刊『Ｈａｎａｋｏ ＷＥＳＴ』を刊行、『Ｈａｎａｋｏ』は関西にも進出し、加速度的に編集部の忙しさは増していった。椎根のこのころの手帳を見ると、連日、「吐き気」「寝不足」「飲酒過多」という反省の文字が書き連ねてある。本来の業務に加えて、講演の依頼やテレビ・新聞からの取材も急増した。仕事の量に比例して飲酒量も増え、睡眠時間は二、三時間しかなかった。そのなかで、愛犬の散歩――五キロほどのランニング――が義務づけられていた。

柿内は日が暮れると自席でビールを飲みはじめ、そのまま一時間ほど椅子の上で熟睡した。そのうたた寝の六〇分が、彼女を死から遠ざけた、と椎根は信じていた。

ある新聞が「激務の週刊誌編集長の健康法」とのテーマでインタビューにきたことがある。椎根は、一日一〇〇本以上のタバコを吸うこと、毎朝五キロのランニング、それもできるだけ排気ガスの多いところでやらないと効果がない、というひねくれた答えをしたが、そのまま紙面にのった。

そういう何がなんだかわからない極限状態のなか、柿内と一日平均一五～六時間以上も一緒に過ごしていた。妻とは目が覚めている状態では一時間も一緒にいなかったにもかかわらず、バイセクシュアルの柿内と、ヘテロセクシュアル（異性好き）の椎根が、毎日二度の食事をともにし、三、四軒の店で飲酒するという生活を送っていると、客観的にみれば、ひょんなことから愛の関係に入っても、おかしくはない。しかし、不思議にもそういう関係にはならず、むしろ初期の認知症の老夫婦のような関係になり、相手に対するいたわりの言葉も、疲れと、誠意がこもっていないため上すべりした。「ダイジョーブ？」「倒れない？」との言葉も、相手に言っているのか自分に言っているのか、わからない有様だったのだ。

部下の若い女子編集者たちも、椎根と柿内の焦点の合わない会話を察知して、自分の認知症の両親にかけるような発言が増えてきた。特に町田あゆみと、大手広告代理店から途中入社してきた柴雅子は、夜になると急に実の娘のように、「食べものをノドにつまらせないで」とか、「階段に気をつけて、転んだら命とりになるから」とか、いたわっているのか、いたぶっているのかわからない調子で、二人をからかった。柴も、以前の会社にはなかったオールフリーな職場にすぐさまなじみ、椎根が仕事上で注意をすると、「プータンヌルイコトしゃがって……」と、とうてい理解できない反論をしてきた。

ところで編集部は本社近くのビルのワンフロアを借りていたが、新雑誌が利益を出しはじめると、銀座三丁目の本社ビルに戻るという決まりがあった。『Ｈａｎａｋｏ』編集部は創刊して一年一カ月で、本社に戻っている。目標額を達成できない編集部は永久に、近所のビルを転々とした。

一九八九年の七月二日、各自の名前が貼られた机とダンボール箱、ロッカーが本社四階の新編集部に運びこまれた。ほこりが静まるころを見計らって、椎根は夕方に新編集部に入っていった。編集部付きアルバイトの男子学生たちが妙に興奮している。わけを尋ねると、さっき宜《ぎ》保《ぼ》愛子が来て、編集部のロッカーを指差して、「ここが呪われている、早く除霊しないと、『Ｈａｎａｋｏ』に未来はない！」と悪鬼のような顔つきでのたまって帰っていったという。

そのころテレビ界は霊視ブームで、宜保愛子はいくつもの特番に出演し、人気者になっていた。彼女は特に地縛霊を見抜き、災いから救いだす達人だといわれていた。女子アルバイトは、「何それ」とケロッとしていたのに、男子アルバイトの高ぶりは治まりそうにない。宜保は隣りの『ポパイ』編集部に用事でやってきて、なにげなく『Ｈａｎａｋｏ』編集部の二段重ねのロッカーの悪霊に導かれたのだという。宜保の指摘したロッカーは、少しヘコんでいるように見えるだけだった。

柿内も戻ってきたので、椎根は宜保の一件を説明し、「うちは西洋占星術の大家、エル・アストラダムスの連載をやっているから、大丈夫だと思う。でも占星術には厄払いの術ってないからね」と続けた。柿内はしばらく、逆に呪いをかけるような顔になり、「やっぱりいちおう厄払いはやっておいたほうがいい」とつぶやいた。

ここで椎根は、新人の柴雅子が鹿児島県屋久島大社の娘であることを思い出した。入社後の最初の雑談の時に柴は、「東京あたりから大勢の元テレビ局関係者、詩人たちが屋久島に移り住んできて、少しウザッたい」と話し、彼女の実家が屋久島大社であることをポロリと言っていた。「庭には本格的な土俵まであるの」と、すまなそうな顔をして……。

「柴に厄払いをやらせよう。巫女の資格を持っていそうだし、持っていなくても、正統派ではない宜保の呪縛なんか、樹齢六〇〇〇年といわれる縄文杉がつくりだす空気を吸ってきた柴の除霊力のほうが強いはずだ」

そして椎根は、「自分が直接頼むと、変に逆上して、絶対にやらないと言いそうだから、柿内さんからやんわり説得してくれ」と頼んだ。

二人は廊下で二、三分話をしていたが、柿内は晴々とした顔ですぐ戻ってきた。「柴は巫女の資格を持っていて、厄払いの作法も知っている。ただ巫女の衣裳は東京に持ってきていないそうだ」とだけ言って、柿内は、「衣裳を松竹衣裳で借りてくる」と飛びだしていった。松竹衣裳は芸能関係の貸衣裳屋で、どんなへんなものでも、たいてい取り揃えてあった。柿内はしばらくして、胸のところに風呂敷包みをかかえて帰ってきた。

厄払いは、なるべくひと気のないときがいい、もうひとつは清浄な空気でないと効力が弱まるというのが柴の注文だった。編集長にはその直前にタバコを吸わないでほしいし、柿内さんも終わるまでタバコを我慢してほしいとのことだった。

翌朝午前一〇時、無人の編集部に、柴、柿内、椎根が集まった。柴は、素早く緋色《ひいろ》のハカマと白い上着に着替え、手には、ひらひらした白く細い紙のついた御幣《ごへい》を持った。

まず編集部の中央に、先頭、柴、柿内、椎根の順に並び、東のほうへ三拝した。次に柴だけが部屋の東の隅へ歩いていって、なにやらぶつぶつ唱え、御幣を神主のように振った。それからくるりと身をひるがえして部屋の西の隅でも同じ所作をした。次に南へ行き、北へ行き、厄払いの儀式は終わった。

椎根が蜘蛛の巣が顔にかかったような顔をして、「お賽銭《さいせん》のようなものを、ぼくが払ってもいいけど」と言うと、柴は、「椎根さんが持っている汚れた不浄なお金を受けとったら、わたしまで汚れてしまいます」と、急に広告代理店娘の顔になって、言い返してきた。

雑誌が隆盛に向かうときには、こんな椿事《ちんじ》がよく起こる。『平凡パンチ』の時は、きわめつけのマゾヒスト作家、沼正三が闖入《ちんにゅう》してきた。『ポパイ』の時は、現役のアメリカ空軍高級パイロットというふれこみの、のちに、結婚サギ事件で有名になった中年男も売りこみにきた。両誌とも、へんな来訪者の出現から、大躍進したことを椎根は思い出した。

柴の厄払いが、宜保愛子の地縛霊に打ち勝ち、『Ｈａｎａｋｏ』の好調はその後も続いた。

柿内は相変わらず、美食霊に憑かれたように、一流レストラン通いに熱中していた。

一九八九年の夏休みには、飽食生活から逃れるように、中国料理研究家の大里成子に率いられ、香港へ行っている。しかし、そこでも美食地獄が待っていた。

日本を代表する食い道楽熟女八名での四泊五日の小旅行の最初の夜は、当時、香港一といわれた広東料理の「福臨門」。メニューももらって帰ってきたが、難しい漢字ばかりで、わけがわからない。柿内は別紙に、自分の口に入ったものだけを正確にメモしていた。


エビをさっと蒸したもの、フカヒレのコンソメ仕立て、アワビの薄切りと野菜、ツバメの巣詰め、カニを揚げてネギと生姜で炒めたもの、揚州炒飯、ニラとマッシュルーム入り焼そば、蓮の実入りお汁粉、美点双輝（パイ）、ビールと老酒（5杯）

翌朝は、ザ・ペニンシュラでパパイアジュースだけ。昼は「叙香園」の飲茶、夜は広東料理の「嘉麟楼」で、「北京ダック、冬瓜スープ、あぶら菜いため、鴨ひき肉・ネギのレタス包み、エビ入り炒飯」。さすがに三日目の朝は、朝食抜き。昼は「陸羽茶室」で飲茶。日記には「各種しゅうまいとカエルの唐揚げ」と記してある。この日の夜は四川料理の「錦江春」。メニューは省略。最後の日には、飛行機に乗る前に、ふたたび嘉麟楼で飲茶を食べている。ほとんど自殺行為と思われても仕方がない行状である。

一九九〇年の八月には、業界でのちのちまで語りつがれたほどの、贅沢な招待旅行があった。シャネル社が有力女性誌の編集長十数名を、当時の食通たちに一番人気が高かった三重県の「志摩観光ホテル」の一泊旅行に招いたのだ。垂涎もののディナーばかりでなく、わざわざパリから呼んだモデルが出演するニューコレクション発表会もついていた。いつも、忙しい忙しいと言い訳をして、こういう地方の行事には参加したがらない女性編集長たちも、志摩観光ホテルのディナーに期待して、全員が参加した。一社一名という人数制限があったが、マガジンハウスからは、椎根と柿内が招待された。シャネル社は、柿内を編集長以上の存在として厚遇していた。

ホスト役はシャネル社社長のロルフ・フォーゲル、プレスというより副社長格という威厳を漂わせはじめた大川涼子、それにブティック部門の若い社員たち。ショーのモデルやスタッフは、前日からホテルで準備をしていた。

当日、招待者全員が揃って新幹線で名古屋に着き、近鉄の特急に乗りかえようとしたとき、特急列車に故障が発生し、普通列車でホテルの最寄り駅である終点の賢島《かしこじま》駅まで行くことになった。華美な服装の中年男女はホームを走り、冷房が効いていない満員電車でモミクチャにされ、汗びっしょり。ようやくホテルに着くと、全員あわてて、ショーとディナーのために着替えた。

短縮されたショーのあと、その日の真のメインイベントであるディナーに席を移した。当時、日本最高のシェフといわれた高橋忠之が、シャネルの社長と女性誌編集長たちが来るというので、腕によりをかけて入念に準備をしていた。たぶん、上限額を決めないで注文したと思われる構成で、メニュー表紙に「神々の饗《うたげ》」と記したところをみても、シェフの意気ごみが感じられた。

高橋シェフの一番の自慢料理は鮑《あわび》のステーキだった。ふつう、貝類は火で焼くと固くなってしまうのだが、高橋シェフは独自の焼き方で、鮑をマドレーヌのような柔らかさに調理した。フランスにまで、そのおいしさが鳴り響いていたために、シャネルの社長もこの旅行に参加したのだろう。

ディナーが始まった。シャンパンは「ローラン・ペリエ ブリュット・ビンテージ」八二年もの、海の幸のオードブルに続いて、鮑のステーキ、車海老、「天に鳴響む・伊勢海老」、伊勢海老クリームスープ、「天地の神・松阪肉」……と続く。すべての料理に「天」か「海」か「神」という言葉がつけられていた。

オードブルがすむと、高橋シェフが出てきて、

「本日は、シャネル社が日本を代表する女性誌編集長をお招きし、そのディナーという重責を、当ホテルの私たちにまかせてくださり、感謝しております。世界一の鮑と、世界最高の松阪肉を、ぜひご堪能ください」

と挨拶して話を続けた。

「本日は、柿内扶仁子さんもいらしていますが、この前いらしたときには、アペリティフ（食前酒）とオードブルを召し上がった途端にお眠りになってしまい、私の料理はほとんど召し上がらずにお帰りになりました。今日はお休みにならないで、最後までお楽しみください」

日本一のシェフから名指しで、「うたた寝をしないで」と言われるとは……。「神々の饗」に出席する資格があるのは、柿内のような女性だけだ、とシェフが言っているようにも聞こえた。

椎根は、こんな席で突然、柿内の名が出てきたことにびっくりした。びっくりするのは早かった。その夜も柿内は、鮑ステーキを食べ終わったらすぐ、編集部の自席にいるような感じで、定例のうたた寝態勢に入ってしまったのだ。

次の朝、柿内が語ったところによれば、

「あれは数カ月前に、ずっと昔からやっている、女ばかりの〝ぐいぐい会〟で、やってきたときのことなんだ。あの日は朝から飲んでいたので、高橋シェフの料理は、ひとつも食べられなかった。昨夜は鮑ステーキだけは食べたけど……」

くいくい会というのは料理研究家の岸朝子を長とする女性ばかりのグルメの会で、全国のうまいと評判の店を自費で食べ歩いていた。柿内は岸を、「オカアサン」と呼んで慕っていた。数年後、岸朝子は『料理の鉄人』というバラエティ番組（フジテレビ、一九九三年）の実質的なアドバイザーとなり、番組が人気を得るとともに、岸の決めゼリフ「おいしゅうございました」が流行語となった。

普通の人ならば、柿内のような食生活を続けていれば、宜保愛子の言う、たたりのようなものが体内に蓄積し、重い病気にとり憑かれるだろう。くいくい会での全国美食旅行や香港での満漢全席的な旅行、志摩観光ホテルでの、饗宴《バッカス》の神様のための ような海の幸山の幸……。しかし椎根は、「そんな食事ばかりしているとカラダを壊しますよ」とは一度も忠告しなかった。そういうことを言うのは柿内ほどの人には失礼にあたるという気持ちで接していた。

柿内は食事という生の大前提の行為をしながらも、死のすぐ隣りにいるという自覚を、生まれながらに持って生きていた。生にも死にも誠意と手順を大事にする姿勢をくずさなかった。

そんな柿内も宜保騒動の時には、柴に頼んで厄除けのお札《ふだ》を屋久島大社から送ってもらい、それを自分の机のそばにあるビール専用冷蔵庫の上に立てかけた。もちろん、榊《さかき》や御酒も神棚専用の容器を買いそろえて丁重に祀《まつ》っていた。その後、自分と編集部に凶事が起こらなかったので、柿内は後日、単身でこっそりと屋久島大社にお礼参りに行った。それも自費で……。

屋久島大社は柴の実家敷地内にあり、その広大さは東京ドームの三〜四個分以上もあった。柿内によれば、柴の実家も石造りで、美術館とまちがえて入ってくる観光客が大数いるそうだ。そんなとんぼ返りのような短時間の旅行でも、彼女は屋久島名物の鹿の刺身とトビウオを食べて、食の神様への敬意を表するのを忘れなかった。

椎根はその話を聞いて、すぐ柴に言った。「自分が失業するか、定年になったら、その庭の管理人にしてくれ」。返ってきた答えは、「もう少し行状をよくしたら考えないでもない」というものだった。

柿内はこのころから時々、チャップリン風の付け髭《ひげ》をしてゲラの校正をしていた。誰もその姿を奇異なものと思わなかった。ある時、ＴＢＳのニュース番組に、柿内はそのチャップリン髭をつけたまま出演した。その番組の視聴率がよかったのか、編集部に来る客全員が、隣りの席の柿内にちらちら視線をやりながら、「今日はチョビ髭を剃ったんですか」、あるいは、「いつもチョビ髭をしてるんですか」と、国家機密を尋ねるようなひそひそ声で椎根に聞いてきた。

椎根も、柿内の美食地獄の足元にもおよばなかったが、そのまねごとみたいなものに招待されたことがあった。中華料理店「聘珍樓《へいちんろう》」の総料理長が、香港から来た謝華顕《しゃかけん》に替わった。その就任の挨拶がわりに、本格的な満漢全席を設け、一〇名ほどの男性編集長が招待された。『Ｈａｎａｋｏ』は女性誌だから、若い女子編集者を連れていきたいと交渉すると、すぐ二名O

Kという返事があった。椎根は編集部で一番の大食いの若い女子を連れていった。

まず総料理長からは、

「本当なら、満漢全席というのは数日間にわたって行われるものだが、多忙な日本の編集長の皆さんなので、五時間コースに短縮し、一人分の量も、小さな日本人の胃に合わせて、少なめにしました」

との挨拶があった。それでもメニューは全一五品目である。

二品目ぐらいに、二本のハサミがついたままの、真っ黒なサソリの唐揚げが出てきた。椎根は、まさか毒はとってあるだろう、とガラスを食べる芸人のような口つきで食べた。カリカリとして、イナゴをもっと乾燥させたような味がした。

虎鮫《とらざめ》のヒレスープ、五種類の蛇が入ったもの……五〜六品目ごろになると、出席者に紙製の大きな箱＝ドギーバッグが配られた。もう食べられない、これ以上は勘弁してくれ、という人のためのものだった。椎根は連れの女子と、『Ｈａｎａｋｏ』の名誉のためにも、一切残さず、一五品目まで完食しようと誓い合った。

そこへ、すでに満腹になった客の目を覚ますように熊の掌《たなごころ》が出てきた。熊の手の形そのままではなく、豚の角煮のようなスタイルではあったが、これは少しほろにがい味がした。その後も、あらゆる地上の生物と、海の生物が百科事典のように供された。

『Hanako』代表、椎根と若い女子編集者は最後まで完食した。ドギーバッグを利用しなかったのは、二人だけだった。

『Hanako』の食情報の人気ぶりを見て、ウチのテレビ局の看板番組にしたい、とテレビ東京の専務が訪ねてきたこともあった。「ついてはウチの料理番組にレギュラー出演してくれないか」との提案に、椎根は、他人の要望に沿って食べて病気になってしまった過去の経験から、申し入れを即座に断った。

椎根が三〇歳を過ぎたころのこと、講談社の訪問販売専用の、『日本の料理』全七巻の郷土料理の取材だけを担当したことがあった。編集長は岸朝子で、大分県日出町の城下かれいや、山口県下関のフグ料理、青森県八戸のいかソーメン、南部のいちご煮、鹿児島の豚肉料理などを現地取材し、次は富山の熊鍋を撮影に行こうとしたら、下血し、消化器系の病気と診断され、すぐ胃の半分を切りとられたのだった。その後、二年ほど経過してから暴飲暴食短眠の生活が始まったが、自分の意志と金で食べるぶんには、残った半分の胃は一度も悲鳴をあげなかった。

テレビ東京はしばらくすると、カルト的な『全国大食い選手権』(一九八九年)を不定期にオンエアしはじめ、これは大ヒット番組となった。料理番組をバラエティ調に仕立てあげたのは、この『全国大食い選手権』が最初だった。第一回チャンピオン大会の優勝者は、小柄でやせた三〇代の女性だったように椎根は記憶している。

第二回おぞま式大宴会と花魁ショー

柿内の美食地獄といえばもうひとつ、彼女が一〇年に一度、プライベートで開く盛大・常識はずれのバースデーパーティを忘れるわけにはいかない。そのパーティは「おぞま式」というおどろおどろしい名前で知られ、第一回(一九八〇年)は六本木の大きなクラブを貸り切って行われた。開会の口上は、本書の冒頭で紹介した、当時人気絶頂の作家・向田邦子による、柿内を讃えるもので、紙のカミシモ姿で向田自身が読み上げた。柿内は「フジコの七変化」といって、バカ殿、あんみつ姫、宝塚の男役スターなどに紛した。

第二回(一九九〇年、五〇歳)のおぞま式は五月の最終日曜日と決まった。幹事を命じられた椎根は、会場選定に頭をしぼった。どうせやるなら柿内には男性天国の新吉原(遊郭)がふさわしい、と同幹事の鶴谷千衣と、まだ残っていた元引手茶屋(遊郭に入る前に待機する)の料亭・松葉屋に交渉に出かけた。松葉屋ははとバス観光用の花魁《おいらん》ショーを売りにしていて、舞台があり、それに桝《ます》席付きの会場だった。

松葉屋の福田利子女将に、「誕生日パーティをやりたいから、一日貸し切りにしてくれ、花魁ショーと料理をつけて六〇〇万円でどうでしょう」と、椎根が勢いこんでソープランドの値段交渉のように聞くと、世の中の男はすべて自分の息子と思える経験と年齢を重ねた女将は、「そんなかたいことをおっしゃらないで……」と、笑って承知してくれた。

続けて、「誕生日パーティをやるのは女性なんですが……」と椎根がおそるおそる言うと、女将はしばらくのあいだ、桃太郎は女の子だったんですよと言われたような、驚いた顔をしていたが、婉然《えんぜん》とこう答えた。

「よろしいですよ、最近の女の人は、頼もしくなりましたから……。新吉原は江戸の明暦時代からおよそ三三〇年間、数々の大大名や名だたる豪商をお迎えしてきましたし、松葉屋も二百数十年間、殿方の聖域といわれてきましたが、一人で貸し切りにしたという話は聞いたことがありません。それを女性が自分のお誕生日パーティのために貸し切るというのは、柿内さんが最初で最後でしょう」

その日、会費一人二万円、約三〇〇人の柿内の友人がやってきた。八割を占めた着物姿の女性たちの脂粉と、江戸の芝居小屋風の薄暗い猥雑《わいざつ》な照明が化学反応を起こし、彼女たちの羞恥心を失わせ、開会前から熱気、妖気、狂気、嬌声が充満した。たちまち吉原・松葉屋は妖しげな「女の都」と化した。

桝席へのサービスは柿内の親衛隊、編集部の若手、町田あゆみ、柴雅子、吉家千絵子がつとめた。椎根は、柿内もバカ殿に扮するし、客もヴェニスのカーニバルのように仮装してくるから、キミたちも芸のある衣裳にしなさいと言い渡していた。当日、町田は可憐な町娘、柴はなぜかインディアンの娘のファッションで、額に羽根飾りをつけてきた。いつもメリハリのきいた吉家は胸に聴診器をさげ、白衣の看護婦の格好。客が、「オーイ、酒」と言うと、シズシズと桝席へ近づき、まず客の脈をとり、「大丈夫ですよ」と安心させて、溲瓶《しびん》に入れておいた、「〆《しめ》張鶴《はりつる》」の樽酒《たるざけ》を盃《さかずき》にそそぐのであった。客からは、あの愛想のない態度から、本物の看護婦だと思った、と言われた。客の中には循環器科の名医、村崎芙蓉子も混じっていたが、あられもないほど酔っていたので、適切な処置は難しそうだった。

花魁ショーというのは、主役の花魁に禿《かむろ》（一〇歳ぐらいの童女）がはべり、さらに新造（将来の花魁候補）が二、三人付きしたがって、客にサービスするさまを見せるもので、舞台にはバカ殿に扮した柿内と花魁が相対して座り、花魁が三〇センチほどの銀煙管《ぎんきせる》の刻みタバコに火をつけ一服し、それを柿内に渡した。江戸時代、花魁が客に惚れていると思わせる愛の技巧のひとつだった。黄金色のかんざしを二〇本もつけた花魁の頭部は独善的な雄ライオンのたてがみのように見えた。

会場が柿内の迷演に喝采を送っていると、客として来ていた田中康夫が椎根のところに来て、「ボクも花魁の格好をしたい」と言いだした。彼は連載エッセイ「ＴＨＩＲＳＴＹ」の最終回分をようやく入稿したばかりの、疲労の名残りを顔にとどめていた。椎根は、どうしても殺伐としがちな『Ｈａｎａｋｏ』に、田中の都会的で、切ないエロティシズムを、隠し味のようにしのばせたいと考えて原稿を依頼した。しかし目の前の田中は頬《ほほ》を紅潮させて、花魁になりたいと言う。舞台上の花魁だって、そのものものしい衣裳と化粧に数時間かかったはずだ。椎根は、「無理でしょう」と聞こえないようにつぶやいたが、田中はあきらめない。「なんとかしてよ」と泣きつかれてしまった。

覚悟を決めた椎根は女将のところへ行き、「作家の田中康夫がどうしても花魁の格好をしたいと言って引き下がらないのですが、もう一着ありますか」と尋ねた。

「それは、ありますが……それより田中さんの大きな頭に合うカツラがあるかしら、化粧も自分でやるものですから……」

「それはなんとかしますから、とにかく田中さんに着つけてください」と答えながら、化粧はどうしようと思っている椎根に、遠い席にいた資生堂の津田素子の視線が届いた。彼女には常日頃から、助けを必要としている人を察知し、何かできることはありますか、という視線を送ってくる女神のような聡明さがあった。椎根はあわてて津田のもとに駆け寄り、頼みこんだ。

こうして三〇分間という突貫工事で田中康夫扮する花魁ができあがった。彼はすぐ舞台にでて、柿内と司会の露木茂アナウンサーとともに、踊りのような漫才のようなことを始めた。舞台の田中花魁は、正視できないぶんだけ蜃気楼のようなもの、あるいは壮大なムダの集積物を無理に見せられた気分にさせた。

松葉屋の明るい狂気に満ちたパーティが終わって、一年ほど経ったころ、柿内は一週間に何度も、「銀行に行ってくる」と言って、一〇万、二〇万円と金をおろし続けた。見かねた椎根が、「そんなに金をおろして、何に使っているの」と聞くと、柿内は、「熊ちゃんが癌になっちゃって、あいつ一銭も持ってないから、入院費用を出してあげているんだ」と言う。「いくら結婚披露宴をあげたからって、今は元パートナーの一人じゃない。お金を持ってなくて癌になったらどうなるか、それぐらいの覚悟はしているでしょう」との椎根の言葉に、柿内は即座に、「いや、死ぬまで面倒をみる」と、離婚を決意した瞬間のような顔で言った。

熊ちゃんは入院後一〇カ月足らずで死んでいった。入院・手術・葬式とすべての費用を柿内は出した。一五〇〇万円を超えていた、と椎根は記憶している。柿内は金がかかったなどとひと言もこぼさず、ラーメン代を払ったあとのような顔をしていた。

柿内の人生は、最初に普通の男と結婚し、次にゲイの熊ちゃんとの異種格闘技のような結婚、いつのころに始まったのかはっきりしないが、レズビアンとしての孤独で騒々しい生活と続いた。

女の人生は、男もそうだが、一〇〇％パーセント偶発的な出来事に左右される。それを避けて通る味気ない生き方もあるが、柿内は、自分にふりかかるすべての出来事にまじめにぶつかり、自分自身はまったくそれに傷つかないという稀有な才能に恵まれていた。それは、人生のどんな場面でも、性の領域においてさえ、道徳的な真摯さを失わなかった、ということだろう。地球に重力が必要なように、『Ｈａｎａｋｏ』にも柿内のめちゃくちゃな生き方から生ずる重さ、先見性が必要だった。

イタリアン・デザートの新女王、ティラミスの緊急大情報

美食霊にとり憑かれた『Ｈａｎａｋｏ』だから、食べもの情報では他誌の追随を許さなかった。食べものも、ブランドと同じ目線で取材し、ブランドの新商品と同じように、新しい味を発見してくることが至上命令だった。その食情報の中心的担当者に、椎根は、Ｂ１の女・佐藤今日子を指名した。彼女は過去のどの編集部でも、いつも居心地が悪そうな雰囲気を漂わせていて、編集部のほかの女子がブランドもののバッグやアクセサリーを手にしていても、彼女だけはいつもどこのものとも知れぬものを身につけていた。そして、はっきりと、「ブランドものは嫌いですから……」と言っていた。

今日子は、何かを命じられると、言っている意味がわかりませんという顔をしてコミュニケーション断絶という状況をつくったが、食の話になると、人格が変わったように、自分で張りめぐらした防御線の外に出てきて、食についての情報を次々と教えてくれた。

椎根は、彼女のいるところでは今日子を「B1の女」、いないときには「チャグチャグ馬コ」と呼んでいた。チャグチャグ馬コというのは岩手の農耕祭事のひとつで、いつも農作業に使っている馬を、年に一回だけ満艦飾《まんかんしょく》の飾りのついた晴れ着（馬具）で盛装させ、そこにカスリを着て赤い紐《ひも》を身につけ、花籠《はなかご》のような編み笠をかぶった村娘か、半纏《はんてん》を着た男衆が乗って、畔道《あぜみち》を練り歩き、無病息災を祈願するというものだ。岩手育ちの今日子には、頑として言うことを聞かない、馬のような強情さがあった。

その彼女が一九九〇年の三月のある日、一〇〇ワットの電球が急に灯ったような顔をして、「シイネサアン、ティラミスをやりましょう、知っているでしょう」と声をかけてきた。そのひと言が空前のティラミス・ブームの発端となった。

椎根が、「ああ、知っているよ」と、ミラノへ行ったとき、どこの菓子店のショーウインドーにも高く積みあげられていたものをあいまいに思い出しながら答えると、

「NYから帰ってきたスチュワーデスの友達が、今あちらではティラミスが大流行していると教えてくれました」

と、今日子は話の最後に、彼女が口にしたことがないだろうことを言った。

「ティラミスには『私を天国に連れていって』という意味があるのを知ってました？」

彼女に似つかわしくないその言葉は、椎根に決定的に作用し、反射的に、

「すぐ東京中のイタリアン・レストランに電話をして、ティラミスがある店を全部調べ上げなさい、ティラミス特集をやろう」

と叫んでいた。

「イタリアン・デザートの新しい女王、ティラミスの緊急大情報——いま、都会的な女性は、おいしいティラミスを食べさせる店すべてを知らなければならない」という脅迫的なタイトルの特集は、第九三号（四月一二日）にのった。タイトルでもわかるように、当時ティラミスはレストランだけで食べられるもので、ケーキ屋の店頭には並んでいなかった。ティラミスはマスカルポーネ入りのムースと、リキュールにひたしたスポンジが層になっている北イタリアの郷土デザートだったから、つくるシェフによって形と味が微妙に違った。

今日子は、都内の全イタリアン・レストランに電話をし、四一軒の店を紹介した。四一軒のティラミスは連日売り切れ、味を決定づけるマスカルポーネも、ほとんどイタリアから輸入されていたために、すぐに品切れ状態。人気に便乗して一般のケーキ屋でもつくりはじめたもの

だから、マスカルポーネはさらに超品薄、奪い合いになり、社会問題に発展しそうな雰囲気となった。

若い女性の舌をとりこにしたティラミス・ブームは三カ月ほどで関西まで広がり、六カ月後には、北海道の原野のただ一軒の喫茶店にも、「ティラミスあります」という貼り紙が出ていた、との報告を受けた。

ティラミス・ブームの前にケーキの女王の座を占めていたのはチーズケーキだった。チーズケーキを片隅に追いやって、瞬時にティラミスがデザート界の新しい女王になった背後には、何があったのだろう。

チーズケーキにはどこか良妻賢母型というイメージがあったが、ティラミスには、何か危うい放埓《ほうらつ》なものがあり、それは味覚の変化といったものでなく、日本女性の肉体の変化のようなものまで感じさせた。意識が変わったのでなく、肉体が命ずるままに、快楽の量がより多いほうが生きやすい、と女性たちが気づいたのだ。

上野千鶴子が、日本女性の、性の領域における多様性の拡大など、女性側からのジェンダーという問題を取り上げたのは八〇年代のことだった。ティラミス・ブームはそのシンボルだったのかもしれない。

その後も今日子は、『Ｈａｎａｋｏ』誌上で次々と新しい味を発掘し続けた。ティラミスの次には、キャッサバイモが原材料の「タピオカ」を「中華デザートの〝楊貴妃〟」と持ち上げ、人気食品に仕立てあげた（第一一四号、一九九〇年九月二〇日）。その二カ月後には、「'91年のデザートの女王」として、フランス菓子の「クレーム・ブリュレ」を流行させ（第一二四号、一一月二九日）、九二年には、「チェリーパイのおいしい店38軒　『ツイン・ピークス』マニアなら、チェリーパイを食べる義務があります！」（第一九六号、五月二一日）、九三年には、ココヤシの搾り汁が原料の「ナタ・デ・ココ」にクローズアップした。今日子は、彼女の純朴な性格そのままに、ナタ・デ・ココを「デザート界のオテンバ娘」と表現し、椎根は少し恥ずかしい気分になったが、彼女のつくったキャッチフレーズをそのまま表紙にのせた（第二五三号、七月一五日）。

一九九一年のゴールデンウィークに発売した第一四五号（五月二・九日）の「A級保存版　正しい横浜124軒大情報」の反響もすごかった。中華街を中心に紹介し、今日子と、フリーライターの辻倫子が大奮闘してできたものである。二人が取材先から戻ってくると、編集部に油の臭いがたちこめた。厨房に長時間居座り取材した倫子はすぐ、「油まみれの倫子」と呼ばれるようになった。

中華街では飲茶スタイルが人気を得はじめていた。中華デザートも「タピオカだんご」「仙草ゼリー」「ココナッツミルク入り中国ムース」「ツバメの巣入りアイスクリーム」と百花繚乱《ひゃっかりょうらん》、それらを満載した特集号が発売されると、入り組んだ中華街の数ある小路・通りは人で埋めつくされた。人気店の前は、行列しているのか歩行中なのか区別ができないほどの大混雑。横浜中華街発展会共同組合は、GW後、過去最高の人出と売上だったと発表した。たぶん今でも、この年の記録はやぶられていないはずだ。

ところで椎根は、二〇一二年の一二月初旬に、ある用向きで今日子に電話をかけた。電話に出た今日子は昔どおりの元気な声で、「シイネサアン、いまワタシどこにいると思いますか、築地の癌センターにいるんです」と言う。椎根が、どこの癌とも聞かずに、「お見舞いにいくよ」と返すと、少し間があって、「見舞いには絶対来ないでください、ワタシ、今年いっぱいの命なんです」と返ってきた。椎根はオタオタとした。やっとの思いで、「一カ月の余命といわれて、二、三年生きている人もいる」と言うと、今日子は、「そういうなぐさめは言わなくていいんです」ときっぱり答えた。二人のあいだの電波に、また無言の時が流れた。

今日子はしばらくしてまた話しはじめた。

「ワタシはいろんな編集部に行きましたが、『Ｈａｎａｋｏ』が一番充実して仕事ができました。ワタシにとっては天国のようなところでした」

「そんなハナシはよしてよ。まだまだ大丈夫、じゃあ、今日はこれくらいで。二、三日後にまた電話するよ」

「なるべく早く、本当に死ぬんですから……電話は夕食後の七時から八時のあいだならゆっくり話せます」

その二日後も三日後も椎根は電話をできなかった。そして一〇日後に、佐藤今日子が死んだという知らせが、友人のフェイスブックにのった。

一度も結婚せず、噂になるような愛の関係もなく、食という神様から派遣された修道女、佐藤今日子は、ただ生涯で二度、自分の故郷の名を言うように、「天国」と言って死んだ。

シャネルからの卒業免状

一九九〇年夏のある日の午後のこと、椎根がボールペンで書かれた原稿にアカ（直し）を入れていると、編集アルバイトの男の子が「シイネさん、電話です」と、妙に明るい声で呼んだ。最近の雑誌の編集長は、なかなか電話口に出てこないが、当時の椎根と柿内は、どんなに忙しくても居留守を使うことはなかった。外からかかってくる電話は、すべて福の神がやってきたと思い、新人写真家であろうが、ライター志望者であろうがすべて応対し、五分でよければと言って、会った。

また新人写真家かと思って出ると、「イラク大使館の者です」と流暢な日本語が聞こえ、DとNが強く巻いているような発音で、イラク人とわかった。

湾岸戦争の半年ほど前だったが、そのころにはイラクのフセイン大統領の残虐非道ぶりは世界中に知れ渡っていて、自国民を制圧するために、毒ガスまで使ったともいわれ、特に大統領直轄の秘密警察の冷酷無比な尋問は、ハリウッド映画の拷問シーンのお手本になるほど悪名高かった。

大使館員は、「わたしはイラク大使館情報部のものですが」と自分の肩書をあらためて名乗った。生涯で受けた電話のなかで最高度の緊張感が湧いてくるのを感じながら、椎根は、何かフセインを怒らせることを書いただろうか、と記憶をたぐりながら、後頭部を指で揉んだ。

文句をつけられるとすれば、檜山源太郎の連載エッセイ「新聞を読まなくても政治・経済の話ができるページ」しかなかった。

そういえば檜山が「男友達だってきちんと説明できそうにない『イラン・イラク戦争』の構図を把握する」（第六号）というタイトルで、イラン・イラク戦争を論評した記事があったことを椎根は思い出した。イラクは、アメリカに攻撃される以前、英仏などの軍事支援のもと、イランと戦争をしていた。

イラク大使館情報部と名乗ったイラク人は、重い口調で話しはじめた。

「『Ｈａｎａｋｏ』の記事には敬意と感謝の気持ちを捧げたい」

椎根が思わず、「どうして？」と聞き返すと、男は、我々はフセイン大統領の命令により、世界中のテレビ・新聞・雑誌をチェックしているが、『Hanako』の解説記事は、わが国と大統領を、まことに公平に書いてくれている。そんなメディアは世界中に一誌もないから、という。フセインが世界のマスコミの論調を気にするところは、家庭で日常的にDV（ドメスティック・バイオレンス）をしている亭主が、一歩外に出ると、ことさらフェミニズム礼讃の発言をし、世間の評判を気にするのとどこか似ていた。

感謝の言葉をもらってもそう嬉しくもなかったが、イラクにとって風雲急を告げるときに、『Hanako』の二頁を真剣に分析してくれていたんだ、と椎根は感心した。この話をすぐ檜山に伝えると、フン、当然だろうという顔をしてソッポを向いた。

シャネルの快進撃は続いていた。創業者のココ・シャネルが、次々と商品がヒットする日本のこの有様をみたら、日本人の恋人も一人くらい持つべきだったかしら、などと反省したかもしれない。化粧品やバッグ類の驚異的な売上増に加えて、「プルミエール」という名の、黒革と金色のチェーンのベルトがついた女性用時計の売れ行きも常識はずれだった。編集部にやってくる他ブランドのプレスも、表面が正確にいえば八角形の形をしている、黒くて小さな宝石箱のようなこの時計を、うしろめたそうな、自慢したそうな顔で身につけていた。これを腕にするだけで大人の女になったと錯覚させてくれるフランス的なきわどさが魅力だった。

この時計を、シャネルは一九八七年から売りだした。最初は「ダイヤモンドウォッチ」という、ダイヤモンドが六〇個埋めこんであるもので、定価九五万円で日本でも売られた。同じデザインで、ダイヤのついていない廉価版がプルミエールで、九五万円の時計にはただあきらめの視線でながめるだけだった若い女性たちも、競って約三〇万円の時計を買い求め、熟年女性たちをも巻きこんで大ブームとなった。

二〇一四年のいま、ヤフーオークションのサイトを見ると、おびただしい数のプルミエールが売りにだされている。三〇万円という値段の時計が、どれほど売れたのか、想像を絶するものがある。

プルミエールのブームに続いて、シャネルの男性用香水「エゴイスト」が、一九九〇年の一〇月に大々的に発売された。日本橋髙島屋正面玄関の八面すべてのショーウインドーが、エゴイストのキャンペーンのために使われた。日本を代表する老舗デパートが、ひとつの商品に全店をあげて協力したのは、エゴイストがはじめてのはずである。その大キャンペーンの一カ月前には、松屋銀座の名で、『朝日新聞』にミステリアスな全面広告が掲載されていた。紙面には、「日本のエゴイストたちを、松屋は全面的に応援します」というコピーと、やや縦長の香水瓶のシルエットだけがあった。

エゴイストの発売では、本国が綿密に練り上げた世界規模のマーケティング戦略と、日本側の香水・化粧品本部長リシャール・コラスの日本人の特性を考えぬいた現地戦略とが、うまくかみ合った。発売から四カ月後には、男性誌をも巻きこんだ大キャンペーンの結果、想定以上を売り上げた。椎根はその鮮やかなマーケティング戦略を記事にしよう、と取材・原稿を荻原博子に頼んだ。タイトルは「香水〈エゴイスト〉の奇跡のマーケティング戦略」

四〇〇字詰めの原稿用紙で五〇枚という経済誌顔負けの大論文だったので、一九九一年の一三一号（二月二四日）と翌号（三月三一日）の二回にわけて掲載した。写真中心主義の『Hanako』流ではなく、文字主体の記事である。

荻原は緻密な取材を重ね、シャネルがなぜ売れるのかという秘密に肉迫した。男性用香水のこれまでの人気の流れをみると、六〇年代はディオールの「オーソバージュ」のさわやかさ、七〇年代はパコラバンヌ「プール・オム」の冷ややかさ——椎根もその冷ややかさに惹かれ、いつからか常用していた——、そして八〇年代は「アラミス」、ラルフローレンの「ポロ」などの男性的な強さ、九〇年代は、白檀《びゃくだん》の香りのエゴイストを主役にするというリシャール・コラスの強い意志が突出していた。

記事の中で、ブティック本部PR広告マネジャーの大川涼子は荻原に、

売れるということは結果で、一番大切なのは、トータルでの売り方と売れるバランス。だから、マーケティング計画を立てるときも、いまではなく、何年後にこういうバランス

で商品が売れているようにしたいという目標があって、その目標に向かってトータルに計画を進めていくというのが、シャネル流。

と、シャネルの方針を表現した。

荻原は、一九九一年まで三年連続で対前年比一五〇％以上の売上増を記録した同社の実態をリアルな数字でリポートしたが、ここまでシャネル社の内幕を分析したのは、荻原だけであろう。その後は秘密主義のヴェールに隠され、現在は、日本を含む全世界の売上高が約二五〇〇億円（二〇一〇年）とそっけなく発表されるだけだ。これでは最も知りたい、日本での売上高はわからない。

そして、この荻原博子によるシャネル・リポートは、二週間後に、ものすごい状況をつくることになる。

一九九一年の一月一七日に、父ブッシュ大統領がイラク攻撃をはじめた。若い女性たちの欧州旅行熱はこれで一気にしぼんだ。首都バグダッドを攻撃した巡航ミサイル・トマホークなどのハイテク兵器の閃光《せんこう》こそ、日本のバブル崩壊の最初のシグナルだったのかもしれない。

アメリカ軍の一方的な攻撃はまるでテレビゲームのようだといわれ、ライブ中継された戦闘風景は、人が死んだり、血を流したりする実感が伴わないものだった。この攻撃をマスコミは湾岸戦争と呼んだ。

行き場のなくなった日本の女性たちのお金は、日本で「安全」に買えるブランド品に向かった。その後のブランド各社の隆盛ぶりをみると、そう判断せざるを得ない。

イラク攻撃から二〇日後に、シャネル社は何ごともなかったかのように、帝国ホテルで、春夏コレクションの発表会を開いた。椎根も何食わぬ顔をして出かけたが、春コレクションのショーが終わり、次の夏コレクションまでのあいだに、少し時間のアキができた。会場の熱気を避けて廊下に出ると、通訳を連れたシャネル社社長のロルフ・フォーゲルがそこにいた。彼はすぐこちらへ寄ってきて、早口のフランス語で何か言った。

かたわらの通訳が一歩進みでて言うところには、二週間前に発売された『Ｈａｎａｋｏ』のシャネル・リポートを、フォーゲル社長はことのほかお喜びになって、お礼がしたいという。

「荻原が全力投球して書いたリポートですから……」とひとまず答えながら、椎根は、お礼がしたいというのは、どういうことなんだろう、と一瞬考えてしまった。物欲の強い椎根は、

「いいえ、いいえ」とわけのわからない否定語を発しながら、まだ続いている賞讃の言葉を聞き流した。他人から褒められると、一時的に意識がなくなってしまうのだった。そして、ぼんやりと、香水エゴイストはもう三瓶ももらってしまったし……などと思っていた。

次の瞬間、社長は、バッタの立ちふるまいのようなぎこちない動きで長い脚を折り曲げ、厚

い絨毯の上に正座し、おおげさに両手をつき、土下座を始めた。フランス映画によく出てくる、額と眉のあいだに力が入りすぎている有名な脇役俳優に似た彼が、スーツ姿で土下座をすると、まわり全体が凍りついたような雰囲気になった。通訳の日本女性は横に立ったまま、「カンシャの気持ちです、カンシャの……」と、二度繰り返した。椎根は、その「カンシャ」という言葉の意味を、すぐには理解できなかったが、切腹するといってゆずらない殿様を、やむを得ず偶然止めに入った町人のような気持ちで、おそるおそるフォーゲルの腕をとり、なぜか「おやめください、ここは日本ですよ」と口走った。

椎根の発言も脈絡のないものだったし、彼の動作も同様だった。社長は、感謝の気持ちを最大限に表する場合、日本人は土下座をする、と日本文化を誤って理解していたのだろう。

立ち上がった彼はもっと何か言いたそうな顔をしていたものの、椎根のほうは大失態をしでかしたような気分になり、一刻も早く、その場を去りたかった。それでも夏コレクションを見ずにホテルを出た帰り道には、シャネルから卒業免状を与えられ、副賞までもらったような気分になっていた。

シャネル社はその後、二〇〇四年秋に、銀座三丁目にシャネル銀座店をオープンした。七〇万個以上の白色ＬＥＤライトが三層のガラスで覆われた高さ五六メートルの超ゴージャスな建物である。建築家は、米国人のピーター・マリノ。黒を基調としたファサードは、日本人の目には秘密の高級クラブか、世界最高級の喪の場所にも見える。この銀座二丁目の四つ角は、シャネルの反対側にはここ二年以内にリニューアルしたルイ・ヴィトン、シャネルの並びにはカルティエ、カルティエの前にはブルガリと、地上で最も豪奢な一角となっている。LEDアートを映しだすシャネルビルの壁面には、見る角度によって、ブルガリとカルティエの逆さになったロゴが映しだされ、四人の大横綱がガップリ四つに組み合っているような緊迫感を銀座にもたらしている。

ブランドとスイーツだけじゃない！『Hanako』発のブーム

『Hanako』が生んだブームはブランドものとスイーツだけにとどまらなかった。

二〇一四年現在、大商社が首都圏だけでも十数カ所の大規模アウトレットモールを展開しているが、この「アウトレット」を最初に紹介したのも、『Hanako』だった。第一六八号（一九九一年一〇月二四日）の「これからは高級ブランド品は半値で買う、という革命　総97軒大情報」がそれだ。このころはまだ日本にアウトレットショップはなかったから、パリ、ミラノ、フィレンツェ、NY&東海岸、香港で現地取材した。パリではフランス語でアウトレットを意味するデグリッフェを二五軒、イタリアではブロッキスタといい、ミラノの一一軒とフィレンツェの五軒、ＮＹではファクトリー・アウトレットを二八軒。一週分の特集のために、世界の五つの都市にチームを派遣するという大盤ぶるまいをしても、経理から何も言われなかった。

パリが一番の難題だった。パリに本店のある超有名ブランドの日本支社と椎根は激しくやり合い、最終的に、日本で同じ商品を売っている場合には、パリでの値段を入れない、ということで折り合いがついた。この号を刊行してすぐ、『Ｈａｎａｋｏ』を手にした日本のバイヤーたちが現地のアウトレットショップに殺到し、一カ月後には六本木に、「アウトレットショップ」という看板をつけた店が数軒できた。

「韓流」ブームも『Ｈａｎａｋｏ』が先駆けだったといえるかもしれない。一九八八年の第二九号（一二月二二日）の「毛皮、超格安！　海外一流ブランド在庫豊富！　ニセ物なし」のソウル企画（「いい買い物は最高の贅沢体験　ソウル・台北・グアム　海外一流ブランド・ショッピング」特集内）は、ほかの女性誌の編集者から、なぜソウルなんだといぶかしがられたが、当時、韓国の化粧品の品揃えは日本よりも多く、韓国古来の高麗人参パックも人気をよんだ。一九九〇年の第八五号（二月一五日）では、「自分のカラダが勝手に気持ちいい！と絶叫する場所大情報」を特集、銀座の「東京クーア（元東京温泉）」のアカスリを掲載したところ、女性に大反響、アカスリなら韓国が本場だとばかり、すぐ高田馬場に韓国式アカスリ専門店が出現した。

ところで、マガジンハウスの女性誌は、不思議なことだが、伝統的に「化粧品」特集をやらなかった。『オリーブ』の時に椎根が化粧品特集をやったときには、『アンアン』や『クロワッサン』の女性編集長から嫌味を言われたほどだ。彼女たちは、コムデギャルソンに似合う地味な化粧を絶対視していて、部下の編集者が少し派手な化粧をしてくると、「キモチワルイから、やめて……」と叱っていた。バブルも終わりかけのころ、資生堂が「化粧品に特化した女性誌を創刊してほしい、もちろんそれなりの広告を出すから」と正式に申し入れてきたのに、当時の取締役の吉森規子が即座に断ったという、もったいない話も残っている。

そんな事情で、『Ｈａｎａｋｏ』でもなかなか大々的な化粧品特集には踏みきれずにいた。

創刊して一年経ったころ、他社の女性誌の美容担当だった渡辺佳子が『Ｈａｎａｋｏ』のエネルギーに憧れて、編集メンバーの一人となった。英語、フランス語、イタリア語に堪能のうえ、大学ではロシア語を専攻していた彼女には、最初はハイソな「ハイライフ ｉｎ パリ、ミラノ、ローマ買い物ガイド大情報」(第一三〇号、一九九一年一月一七日)で、ローマのブルガリ本店などを取材してもらっていたが、同年の第一三九号(三月二一日)で、満を持した感じで、「知りたいことほど教えてくれなかった！ だから64メーカー化粧品ディクショナリー大情報」を特集、これを本当に彼女ひとりで悲鳴もあげずに、つくってくれた。

完売だった。この時期、金持ちになった日本女性をターゲットに、外資系化粧品各社――「エスティローダー」「ランコム」「クリスチャン・ディオール」「イヴ・サンローラン」、クラランス、シャネル――が大攻勢に転じて、どこのデパートのどこに何があるのか、まったくわからない迷路状態になっていた。お目当ての化粧品を買いにいく女性たちに、売場を見事に交通整理した、この「化粧品ディクショナリー」は、大いに役に立った。この時、渡辺が考えだした特集の目玉が、「丸の内口紅グランプリ」である。この企画によって、「丸の内カラー」という特定の青ピンクの口紅の色味が、業界や一般OLにも認知された。

渡辺はまた、「平成化粧品委員会」を企画し、「クチコミ化粧品」というジャンルを確立させ、「クチコミ」も流行語になった。さらに、まだヨチヨチ歩きだったパソコン時代に、彼女は自分の理想とするバーチャル版「コスメ・セレクトショップ」をつくり、遊んでいた。彼女の発想は、今でいう「@コスメ」などのSNS(ソーシャル・ネットワーキング・サービス)と同じもので画期的だったし、時代を先取りしていたともいえる。

渡辺が『Hanako』に参入してくれたおかげで、化粧品の広告も、うなりをあげて入ってきた。

月島もんじゃ焼きブームは、一九九一年の第一三五号(二月二一日)から始まった。もんじゃは、今、全国的に流行している「B級グルメ」の元祖だが、当時、「B級」という言葉はグルメではなく、おもに「B級映画」という言い方に使われていた。ただ一九八六年に『スーパーガイド東京B級グルメ』(文藝春秋)という本が出版された、と椎根は記憶している。『Hanako』

では第三八号（一九八九年三月二日）の「自分の住んでいる街を愛してんだ。」で、「今年のB級フード大賞は〈焼きそばコロッケ〉にさしあげたい」と新宿区馬場下町の「ミートショップ・タナカ」のコロッケを大絶賛し、はじめてB級の食べものに「大賞」という言葉を添えた。

椎根はレトロな長屋が残っている月島の風情が好きで、よく一人で行っていて、ある日編集部の着飾った女子三人を困らせてやろうともんじゃ屋に誘った。柿内にも声をかけたが、美食派の彼女は、あれは嫌いだと言う。女子たちに、「もんじゃ焼きは、服に臭いが移るのがネ……」と言いながら、「バンビ」という名の店に入ると、オヤジが出てきて、「コート、バッグをここに入れてください」と、ひとりひとりに黒いゴミ袋を渡した。

椎根はその機転に感動して、即座にもんじゃ企画を決めた（「都内行列度Ｎｏ１の月島もんじゃストリートと、元祖佃煮《つくだに》の佃島を散策」「東京ベイエリアが熱くなってきた　湾岸１３４軒大情報」特集内）。「街おこし」と「元祖B級グルメ」の相乗効果により、当時三十数軒だった月島もんじゃ焼き屋は、現在一五〇軒近くに増えた。しばらくしてバンビのオヤジ（彼は月島もんじゃ振興会の広報だと名乗った）が笑いながら、「もんじゃ中興の祖ということで、『Ｈａｎａｋｏ』の銅像を月島に立てましょうか」と冗談を言った。

九〇年代に入ったころ、欧米ブランドバッグが日本を席巻するなか、横浜元町の「キタムラ」だけが孤軍奮闘していた。「K」というローマ字のついたバッグが、オーバーではなく飛ぶように売れた。そのブームのきっかけにも『Ｈａｎａｋｏ』がからんでいた。

一九九〇年、秋篠宮と婚約中の川嶋紀子が買い物をしていたという噂を聞き、誌面で「キタムラＫ２」のバッグを紹介した。しかしその文中では「キタムラ」と書いた（「いままで横浜の人が教えてくれなかった横浜大情報１３９軒！」第一一四号）。キタムラとキタムラＫ２がまったくの別会社ということを知らずに、そう記してしまったのだ。その上、ヤヤっこしいことに両社の社長は実の兄弟で仲が悪いということだった。その文章がキタムラの社長の怒りを買い、抗議の電話がかかってきた。

椎根はいつもと同じように、イヤな仕事は柿内にまかせるという、ずるい態度をとった。すぐキタムラに謝りにいった柿内はニコニコしながら帰ってくると、「ついでに次の横浜特集号のタイアップ広告をとってきたよ」と言う。謝りにいって、大金（の約束）をもらって帰ってくるとは……どんな魔術を使ったのだろうか。

約束のタイアップ記事四頁が掲載されると、キタムラの快進撃が始まった（「ハマル横浜１１３軒大情報」第二二八号、一九九二年一〇月二九日）。取材に行くたびに店の売場面積は拡大し、店舗数まで増えていった。店の内も外もキタムラのバッグを買いにきた人であふれかえる様子は元町の名物となり、キタムラは元町のブランドから、すぐ首都圏、日本を代表するブランドになった。柿内にはマイナス状況を、言葉ひとつでプラスに変える独得の才能があった。

未発掘の凄いダイヤモンド

連載からも特大ヒットが生まれた。

椎根にいつのまにか染みついた雑誌づくりのテクニックのようなもののなかに、新しい雑誌には、編集長の嫌いなもの、苦手なものをひとつは入れたほうがいい、という考えがあり、『Ｈａｎａｋｏ』のときは演劇、演劇人がそれだった。

昔、寺山修司をたびたび取材していたころ、ほかの取材ではまったくもめごとが起きなかったが、寺山の場合は、必ずもめた。それは寺山個人がいじわるだったわけではなく、何ごともドラマティックにしたいという演劇人の本能の発露のようなものだったのだろう。しかしそれ以来、椎根は演劇人との付き合いを避けていた。

そういう考え方で、創刊号から、劇団「青い鳥」にエッセイ「ＴＯＫＹＯテンテン」の連載を依頼した。当時は女性ばかり五人の劇団だったので、マンガと同じように、一人週一回、五週に一度エッセイを書いてもらうことになった。

第一回は芹川藍、いきなり椎根の好みの、品の悪さをかましてくれた。芹川が乗った満員電車が落雷でストップした。そういう時にかぎって尿意が激しく襲ってくる。芹川は意を決して、車輛と車輛のあいだのジャバラのところで用をたすという大決心をする。必死に人をかきわけその解放区のようなところにたどりついたが、そこには先客の女性がしゃがみ、すでにうんこも鎮座していた。その先客の情けない姿に戦友愛のようなものを感じて、わかる、わかる、わかった、と絶対的許しの境地になったときに、電車が動きだした……。創刊号から「うんこ」（芹川はぼかさずはっきりと記した）が、ドカーンと出てくるエッセイに、椎根は嬉しくなった。この話が芹川の実体験でなく完全な創作だったら、芹川は劇団をやめて独立し作家になったことだろう。

青い鳥の芹川、葛西佐紀、上村柚梨子、伊澤磨紀、天衣織女《あまぎおりめ》の五人の回転式エッセイは、二年間快調に続いた。最終回に、市堂令（五人の総意で書くときのペンネーム）の名で、彼女たちはこう記した。

「こんな私達に書かせてみたら、とけしかけてくださった方々、それを真に受けて書かせてみたＨａｎａｋｏの皆様の無謀な勇気と大胆さへの脱帽と感謝です」（第九九号、一九九〇年五月三一日）

その無謀さこそが、雑誌づくりの悦楽であり、絶対に必要なものだった。評価の定まった人に原稿を頼んでも、なんの面白みもない。青い鳥の担当者は、船山直子。

青い鳥のあと、椎根はいろいろなこと、たとえば社員編集者の荒井三恵子に連載エッセイを書いてもらったりしたが、どうもしっくりこなかった。そこで、また演劇人のエッセイをやろうと、創刊一年後に編集部に配属された黒瀬朋子を呼んだ。

「あなたの仕事ぶりを見ていると何か不完全燃焼という感じがする。編集者になった以上、わたしはこういう仕事をした、こういう新人を発掘した、といえるような体験をしないと、あとで後悔するよ」

編集業というのは、埋もれている新しい才能を持った人を見つけだし、その才能を雑誌に反映させて誌面に活気を与える、というのが大きな仕事なんだ。その新人が大きく育つのを見るのが、編集者としての老後の楽しみとなる、とも椎根は続けた。

黒瀬と、同僚の中田由佳里は学生時代、際立った秀才だった（後年、評論家の福田和也は「『Ｈａｎａｋｏ』に中田由佳里という女性がいたでしょう。ぼくと慶應大学で同級生で、あんな秀才はいなかった」と、中田を評した）。学業成績がよかった人は、編集という業に入ると、まず、何か壁のようなものをまわりに張りめぐらして、自己を防衛する。それに加えて二人は真面目いっぽうの性格だった。自分を興奮状態に追いこんで仕事をしないと、取材先も原稿執筆者も醒めてしまい、なかなかいい誌面は生まれない。興奮状態が続けば、編集部が自分の部屋のように感じられる。黒瀬と中田はなかなかそういう境地になれなかったので、仕事が終わると、さっさとどこかへ消えるのが常だった。

椎根は黒瀬に、最後にこう告げた。

「演劇界のなかから、誰でもいいから、できるならまったく無名の、あなたがこれはいいと選んできた人に連載エッセイをまかせるから、すぐ探してきなさい」

しばらくして黒瀬は、未発掘の凄いダイヤモンドを見つけてきた。劇団「大人計画」主宰者の松尾スズキである。一九九三年の九月九日（第二六〇号）から、「大人失格」という名の連載エッセイが始まった。

黒瀬は、『Ｈａｎａｋｏ』専属のようだったフリー写真家の六波羅《ろくはら》正博の強いススメによって、下北沢の小さな劇場で公演していた大人計画の芝居を観にいった。六波羅はいつも新しいアイドル発掘に暗い情念を燃やしていたが、『Ｈａｎａｋｏ』にはアイドルの登場する頁がなかった。彼はやり場のないエネルギーを、新しい演劇人発掘にそそいでいた。

そうして宮藤官九郎初の作・演出の舞台『殴られても好き』（一九九二年）を観た黒瀬は、宮藤のわけのわからない魅力に圧倒された。宮藤とともに阿部サダヲが、怪しい演技をみせていた。それからしばらく経って、黒瀬は松尾スズキにエッセイを依頼した。

第一回目の原稿は、巻き物みたいに長いものだった。当時は今のように一枚ずつのＦＡＸではなく、原稿は用紙があるかぎり長い一枚の紙にプリントされて届くというもので、松尾はどうまとめていいか判断できなくなり、四〇〇字詰めの原稿用紙五枚弱という指定の数倍の分量をすべて送ってきたために、数メートルの巻き物になったのだ。

翌日、黒瀬から短く五枚弱にまとめた原稿を見せられた椎根は、文中に「うんち」という文字を発見し、直感的に、このエッセイはうまくいくと感じた。青い鳥の第一回にも、うんこが出てきた。そういう偶然の一致を、椎根は吉兆のしるしとみた。青い鳥の芹川は女性的な蛮勇さで「うんこ」と書いたが、松尾は男らしいデリカシーで、抑制的に「うんち」と記した。『大人失格』が文庫化されたとき（光文社知恵の森文庫、一九九九年）、松尾は、椎根が最も気に入っていた叙情的な「大人」の定義、「自分の家以外のトイレで、うんちができる人」という一節をカットした。

連載開始当時の松尾は演劇活動を維持するためにアルバイトとして、ある特殊な労働をしていた。第一回目に松尾が記した近況報告には、「月平均10日の労働体制がこの連載のスタートによって音を立ててくずれる」とある。松尾は、執筆のために週三、四日の時間をあてた。彼のエッセイ「大人失格」は回を重ねるごとに面白くなっていった。

なんでもない日常生活の出来事から始まり、ふざけ→怒り→不条理な世界が出現する。松尾は、この不条理な世界をパンクと理解し、追求していた。七カ月ほどの連載ののち、「大人失格」はすぐに単行本にまとめられた（マガジンハウス、一九九五年）。松尾が目指すパンク精神にあふれた『大人失格』は、新しい「古典」の出現のように、今も売れ続けている。

黒瀬は松尾スズキの作家的才能を発掘し、成長を見守り、自分自身も編集という仕事の魅力にのめりこんでいった。

二〇〇四年、大人計画の社長、長坂まき子は『大人計画社長日記』(太田出版)を出版し、そのなかで、黒瀬をこう記している。


松尾さんは、今いくつかエッセイの連載を抱えていますが、もともと文筆業をすることになったのは『Ｈａｎａｋｏ』の連載が始まりだと思います。

きっかけになった担当編集者の黒瀬朋子さんとの出会いというのが……(中略)。

そのエッセイは、本当に黒瀬さんにマンツーマンで作り上げていただいたと思っています。(中略)まったく初めての人と週刊の連載を成立させるって、すごいパワーだと思うんですよね。やっぱり黒瀬さんはすごいと思います。


しかし椎根は、長坂の「……(中略)」の部分に興味をそそられた。そこには次のようなエピソードが書かれていた。

黒瀬は連載を依頼する半年ほど前に、『Ｈａｎａｋｏ』の演劇・展覧会ガイド頁「ＨＥＲＥ＆ＮＯＷ 観て、聴いて、感じて」のために、はじめて松尾にインタビューをしていたという。松尾は一生懸命に自分の演劇観を、四〇分間にわたって、語り続けた。質問もしないで聞き入っていた黒瀬に、同席していた長坂が、「面白いでしょ」と最後に尋ねると、黒瀬は最後に、「……うーん、ちょっとよくわかりません」と返したそうだ。松尾は、自分が常日頃探しまくっていた不条理な世界の、突然の出現に、びっくりしたことだろう。

黒瀬はまじめな秀才少女らしく、無意識に罪つくりな発言をし、松尾と長坂の頭の中を一瞬のうちに、真っ白にしてしまった。正直といえば正直だが、黒瀬の、ロシア女帝の怖い気まぐれのような発言は、二人を凍りつかせたろう。

ともあれ黒瀬は、編集の醍醐味を知りはじめた。

もう一人の秀才少女、中田由佳里は、そつなく無難に仕事をこなしていたが、編集部で一番最初に結婚した。その後四年間、誰も中田のあとを追う者はいなかった。雑誌に対する愛に目覚め、編集の悦楽を知ってしまった黒瀬は今も独身で、編集業をしている。

Ｈａｎａｋｏの店――銀座特集号を三万部以上売ったある書店

ここまでの『Ｈａｎａｋｏ』の快進撃は雑誌の力だけによるものではない。

銀座四丁目には今も昔も、日本を代表するショップが並んでいる。まず角の和光、木村屋、山野楽器、ミキモト本店、ヨシノヤ(靴店)、そして入口の狭い教文館である。この書店を椎根たちは「バイブルハウス」と呼んでいた。現在、一、二階は一般の雑誌・単行本の売場、三階にはキリスト教関係の本、四階にはイエスの聖画やロザリオなどが並ぶエインカレム、六階は、ナルニア国といって絵本が置いてある。

椎根と柿内は同じ銀座にあるというよしみで、創刊前に、「『Ｈａｎａｋｏ』をよろしく」と、教文館社長の中村義治に挨拶していた。中村は背が高く、厳格そのもののの怖いキリスト教徒に見えた。

第八号の「シャネルを賢く買う大情報」が発売された一九八八年七月一四日、教文館が一日中大混乱に落ちいったのは先述のとおり。来るお客来るお客が全員、ハナコハナコと言って午前中で売り切れてしまった。

この小事件をきっかけに中村は奇想天外な行動に出た。店の前の舗道に平台（屋台）を持ちだして、その上に『Ｈａｎａｋｏ』の最新号とバックナンバーを山積みにし、自ら声をからして売りはじめたのだ。

社員が帰ったあとも、中村は夜の一一時近くまで、たった一人で店頭販売をしてくれた。そのうしろに貼ってある大ポスターには「Ｈａｎａｋｏの店」と、教文館の看板文字よりも大きく書かれていた。

結果、いつも若い女性がその屋台にむらがっている様子は、それまでの銀座に見られなかった光景となった。銀座の主役は、中年の金持ち女性や酔客のおじさんから、ブランド品を買いにくる若い女性たちに替わった。

銀座のほかの大店のオヤジたちは、あのキリスト教徒の社長がへんなことを始めた、と見ていたことだろう。教文館の社員たちも、はじめはそう感じていたにちがいない。中村の『Ｈａｎａｋｏ』屋台売りは、酷暑の夏も酷寒の冬も続いた。教文館には休みがなかったから、週末も同じ光景が見られた。

性格の悪い椎根はその姿を見ると自責の念にかられるので、銀座七丁目の行きつけのバーへ行くときには、大通りを避けて迂回した。正直者の柿内は教文館の前を通ると、「いつもありがとうございます、ボクも手伝います」と声をかけた。後年、中村はこう記している。

「きっとふたりのことだから新鮮、清潔、品位を大切にするだろう、まあ決してＳＥＸ仕立てはやらんと思ったのだ」(「Ｈａｎａｋｏとお柿さんとわたし」『IN KAKIUCHI』)

毎晩、バブルに沸き立つ銀座四丁目の雑踏で、屋台の前に立つ中村の姿に、社長は雑誌を販売しているのではない、何かもっと大事なことを布教しているのだ、というおののきのようなものすら椎根は感じた。

椎根・柿内にも雑誌というメディアを愛する気持ちはあったが、中村にはそれ以上の、雑誌に対してのあふれる愛があった。「新鮮、清潔、品位」のある新雑誌には、おしみなく、その雑誌がうまくいくようにと取りはからった。『Ｈａｎａｋｏ』の場合、ケン・ドーンの表紙にその三つのものを感じたそうだ。『Ｈａｎａｋｏ』の一六年前に、中村のこうした直感により、大成功した雑誌があった。情報誌『ぴあ』である。

一九七二年に『ぴあ』をつくったのはまだ学生だった矢内廣《ひろし》で、彼はこの手づくりの雑誌を手に中村を訪問した。雑誌は取次という卸しを通さないと販売が難しかったが、雑誌はできたものの、取次を通していないために置いてくれる本屋も売場もなく、困りはて、一縷《いちる》の望みを持って会いにいったのだ。中村はその雑誌を、これは自分の店に置いても恥ずかしいものではないと判断し、業界の流通経路を無視して販売した。そこから、『ぴあ』の大成功物語が始まった。

二〇〇四年、中村義治は病死した。銀座教会で行われた社葬で弔辞を読んだなかには、大会社社長になった矢内廣もいた。

椎根は寒風吹きすさぶ商業主義の中心地、銀座四丁目で『Ｈａｎａｋｏ』だけを狂ったように売ってくれる中村の姿を、拝むように盗み見するだけだった。中村は、花の銀座の路上を、イエスが自分の教義を確立した酷暑の「ユダヤの荒野」と思いこんでいたのかもしれない。イエスはそこで四〇日間の断食をしたが、中村は、数千日の昼と夜を、そこに立ち続けた。中村の用意した屋台は六メートルほどのものだった。ダ・ヴィンチの「最後の晩餐」のテーブルと同じ長さに見えた。

最後の晩餐のとき、イエスはパンを割き、それに感謝の祈りをこめて、一二使徒にわけ与え、こう言った。

「われは汝《なんじ》らの食物《たべもの》なり」（『イエス伝』ルナン、津田穣訳、岩波文庫）

中村は、椎根と柿内のために、パンのかわりに『Ｈａｎａｋｏ』を売ってくれた。彼はイスカリオテのユダのような椎根とマグダラのマリアのような柿内をなんとか教導しようとの宗教的熱情で、商業主義の荒野に立ち続けたのだ。

後年、屋台の長さが制限されたとき、中村は、最後の晩餐のテーブルの長さにできなくなったことに憤っていた。

中村の屋台作戦は、ものすごい販売数字を残した。第五五号（一九八九年七月六日）の「どうする⁉　銀座大情報」特集号は、銀座の屋台一カ所だけで、三万部以上を売り上げた。一店舗で三万冊の週刊誌が売れたというのはギネスブックに記されるべき数字だろう。創刊号から一五〇号まで——つまり三年間——の『Ｈａｎａｋｏ』の一号あたりの平均売上部数は、教文館だけで二四五一冊だった。

椎根と柿内は、銀座に立つ中村の姿に、銀座にイエスが降臨したようだと言い、数千種もある雑誌のなかから『Ｈａｎａｋｏ』だけになぜそこまでやってくれるのか、永遠に解けない謎だねと話し合い、毎年一二月末に『Ｈａｎａｋｏ』の仕事がすべて終わると、二人揃ってクリスマスプレゼントを手に、社長室をこっそり訪れた。プレゼントはいつも、キリスト教徒にはあまりそぐわない、ケルト人なら大喜びしたであろう、「ラガブーリン（スコッチウイスキー）」。社長はいつも、困ったような嬉しそうな顔をして、素早く机の一番下の引き出しに入れるのだった。『Ｈａｎａｋｏ』大量販売作戦のあいだも、中村は、敬虔なキリスト教徒らしく、年一回、十数名の信者を連れて、イスラエルへ「聖書の旅」に出かけていた。ある時、椎根が「ぼくも聖書の旅に連れていってください」と頼むと、言下に、「キミはダメだ」と断られた。

椎根はその激しい調子に、理由を尋ねることも忘れた。きっと、もし一度でも連れていって、椎根が麗しいティベリア湖畔を気に入ってしまうと、次は読者を連れて、「イエスが最も愛した土地・ティベリア湖ツアー」などとやりかねないと恐れたためかもしれない。

ハナコ族に世界も注目

ある時、広告部員に伴われて、ひとりの恰幅《かっぷく》のいい紳士がやってきた。そのころは香水のかわりにバブリーな匂いをまきちらす社長や経営者が多かったが、その紳士には憲法学者のような威厳があった。広告部員は、「クロネコヤマトの小倉昌男会長です」と椎根に紹介した。

宅急便という新しい業態を立ち上げた優れた経営者ということは知れ渡っていた。彼は郵便物事業の規制緩和をめぐって、最後の戦いを運輸省・郵政省連合軍を相手に挑んでおり、国会で官僚相手に論争する姿はしばしばニュースで流れていた。

おだやかな口調の小倉の話は意外なものだった。まず、「わたしの妻・玲子は『Ｈａｎａｋｏ』の熱心な愛読者です」と言い、

「わたしはまったく家庭をかえりみないで仕事仕事の人生を送ってきました。妻のしたいことは何ひとつ叶えてあげることができませんでした。妻は、わたしが言うのもなんですが、敬虔なカトリック信者で、何ひとつ文句を言わずに、尽くしてくれています。その妻が最近、ひとつだけ自分のやりたいことをやらせて、と言いだしたのです。広尾に女性が好きなものだけを集めたお店を開きたい、と……」

と続けた。これに椎根が、「ああ、最近はやりのファンシーグッズショップですね」と返すと、小倉は、無罪と言われた被告のような表情になった。

「実は来月オープンなのですが、妻が言うには、あなたがクロネコヤマトの会長として『Ｈａｎａｋｏ』編集部へ行って、オープン日に編集部名入りの花輪を出すという約束をもらってきてください。その上でできれば店を誌面で紹介してほしいというのです。わがままを言ったことのない妻がはじめてそう言ったので、なんとか叶えてあげたいと思い、やってきました」

広告をどんどん入れてくれるかな、と椎根は計算し、「お安い御用です、取材させてもらいます、花輪も必ず出します」と答えた。

開店の前日、椎根は地下鉄広尾駅から聖心女子大の正門に向かう商店街の中ほどにある新ビルの一階、ワンフロア全部を使ったファンシーショップを見にいった。その種の店としては、もったいないほど売場面積が広かった。約束どおり、開店の日に花輪を贈り、目次頁の「Hi TNEWS」の担当者に取材するように指示した。小倉からは感謝の電話がかかってきた。

オープンして二～三カ月目のこと、椎根がその店の前を通ると、「閉店」という紙が貼りだされていた。資金は潤沢にあるはずなのに、おかしいなあ、と思っていると、玲子夫人が突然病死したというニュースが入ってきた。小倉は、愛妻の病気の進行を知っていて、それを妻に知らせず、最初で最後のわがままを全部叶えてあげたのだ。椎根はのちに、店を取材した記事が何号に掲載されたのか何度も調べたが見つけることができなかった。そのコラムの担当者が、取り上げるほど面白い店ではないと判断し、どうせ多忙な椎根のことだから忘れているだろうと、記事にしなかった可能性が高い。しかし、椎根の記憶にないものを『Hanako』に発見した。第二一六号（一九九二年一〇月一五日）に、クロネコヤマトの一頁広告があった。メインコピーは「ぼくの引越！　1BOX一二〇〇〇円」。まるで玲子夫人の死に対してのお返しのように……。

今、日本人の生活になくてはならない宅急便というシステムを一代で完成させた小倉は、二〇〇五年、ロサンゼルスの娘宅で亡くなった。死する直前に、天国でも妻と一緒に過ごせるようにと彼女が所属するカトリック教会に移籍したと聞く。

小倉が戦った、というより退治した、運輸省・郵政省という巨大怪獣の名前は、もう残っていない。会長は名経営者といわれるより、愛の聖人といわれるほうが幸せだろう。そういう人柄だった。

クロネコヤマトは愛の広告を入れてくれたが、椎根が期待していなかった、鉄鋼などおよそ女性誌向けではなさそうな企業が不思議と『Hanako』に広告を出してくるようになった。「川鉄商事」「日新製鋼」「日商岩井」「出光ガソリン（出光興産）」……調べてみると川鉄と日新はテーマパーク用の建築資材をつくる会社だった。テーマパークのプランナーたちも『Hanako』の動向を研究していると予想して、広告を出したと思われる。日商岩井は工場のような巨大ディスコ経営を考えていて、一九九一年、JR田町駅の海岸側に「ジュリアナ東京」をオープンさせている。『Hanako』編集部も初日に招待された。通称お立ち台なるものの上に上がって踊れるのが人気をよび、最初から大当たりとなった。二〇〇〇人は収容できる大きさで、日商岩井はハナコ族をターゲットにしていた。

創刊からの五年間、『Hanako』には広告が洪水のように流れこんだ。一九九二年度の

『Ｈａｎａｋｏ』の広告売上高は、日本の全雑誌中第二位の座を得、一年間で五〇億円を超えた。一位は、同じマガジンハウスの『アンアン』で、六五億円超。週に一四〇本の広告が入りだすと、柿内は広告部員の瀬戸口修を呼びつけ、「もう広告を取ってくるな、入れるスペースがない」と、贅沢な悲鳴をあげていた。三カ月先まで満広（物理的に一号あたり一四〇本以上は入らない）の状態が続いた時期もあった。一頁広告の価格が一〇〇万円だったから、椎根は毎週、偽一〇〇万円札を一四〇枚印刷しているような気分になり、心落ちつかない日々を過ごした。

大企業の経営陣にまで『Ｈａｎａｋｏ』ブームはおよび、ブームの噂は韓国まで伝わった。韓国のヘテ（ＨＡＩＴＡＩ）財閥の副社長が、椎根のデスクにやってきて、これからジョイント事業をやらないか、という申し入れがあったのだ。空恐しくなった椎根は丁重にお断りした。

外国メディアからの取材も急増した。それも世界の一流紙誌ばかり。米国の『ウォール・ストリート・ジャーナル』『フォーブス』『ニューヨーク・タイムズ』、テレビでは、人気急上昇中だったニュース専門のＣＮＮ、英国からは『フィナンシャル・タイムズ』からお声がかかった。こんなに世界の経済誌から注目された日本の雑誌はなかったろう。

日本のメディアからは、なぜティラミスが流行したのか、といった表層的な質問が多かったが、外国の経済誌のほうは、注目すべき経済力を持ったハナコ族は、あとどのぐらい持続すると考えているのか、という将来に向けての専門的な質問ばかりだった。

椎根はあいまいに、「当分続くでしょう」と答えていたが、結果的には二十数年以上もハナコ族の購買力は衰えをみせなかった。今でこそH&Mやユニクロなど廉価な服屋も幅をきかせているが、そうでなければ、銀座が欧米ブランド店に占領され、劇的に変わった景観が出現することはなかったはずだ。欧米ブランド各社は、経済誌のハナコ族の経済力の分析や見通しを参考にして投資を増やしていった。

メディアばかりでなく、アメリカのビジネススクールも『Ｈａｎａｋｏ』に強い関心を示した。ハーバードビジネススクールの次に人気が高い「ウォートン・スクール」から、椎根に、「臨時講師になってほしい」との申し入れがあったのだ。テーマは「なぜスウォッチ（時計ブランド）は、日本のマーケットで苦戦しているのか」で、米国からビジネスエリートの男女一六名が来日した。椎根には全員が三〇代に見えた。マガジンハウスの会議室で、約二時間ほど質疑応答の時間を持ったが、ビジネススクールというのは当該企業に経費を出させて学生たちを現地に送りこみ、そこでディスカッションをもとにした経営戦略を練ることもある、ということがわかった。

いつも世界の少数民族を取り上げている『ナショナルジオグラフィック』からもハナコ族取材の要請があり、椎根は二日間ばかり付き合った。取材には、おとなしい女性カメラマンが一人で来日した。編集者はおらずカメラマンだけを長期間派遣するのが、『ナショナルジオグラフィック』の取材慣習のようだった。

数カ月後、「円」が世界を覆った結果、極東アジアに突如出現した「新人類」の生活と意見といった特集のなかで、特にハナコ世代に触れた号が送られてきた（一九九一年一一月号）。それはまるで、極東ではじめて発見されたもののめずらしく、美しい動物を紹介する手法と同じであった。欧米の経済誌、あるいは文化人類学という窓からは、ハナコ族が死ぬまでブランドものを買い続けるミュータント＝突然変異体に見えたのだろう。正解だったかもしれない。

エピローグ

椎根は『Ｈａｎａｋｏ』編集長を五年六カ月つとめた。この間、バブルが膨らみ終わっていった。一般にバブルが下降に転じたといわれる一九九一年二月を過ぎてもしばらくはその余韻が残っていた。『Ｈａｎａｋｏ』にとってバブルの余熱は——おこぼれといってもいいが——一九九二年いっぱい続いた。販売部数は減少しつつあったが、広告は堅調に入り続けた。一九九二年九月の予算確認会議で、『Ｈａｎａｋｏ』は三九期（九一年度）一六億円の黒字だと報告された。四〇期（九二年度）の経常利益は一二億円。

しかし冷えこむ日本経済を反映して特集内容は変化せざるを得なかった。バブルの次は「ココロ」の問題がクローズアップされるだろうとの予測で、「B級保存版　ドロドロの恋愛に疲れたら　あげた愛情だけ返してくれる生物・コモノがいい。だから恋愛地獄より純愛生物！」（第一七〇号、一九九一年一一月七日）との、書いた編集長も何をいいたいのかよく整理できていない、読者にも簡単には理解してもらえない内容の特集をつくった。それでもまだ特集タイトルに凝る余裕も感じられ、第二二二号は名づけて、「リーズナブルな価格が今年の統一原理！　コレデスマス・プレゼント４３６点大情報」（一九九二年一一月二六日）

三〇〇近くの特集を組んだが、そのうちで――取材対象をコンビニまで広げていいものかと――椎根が最もドキドキしながら決めた「コンビニエンスストアはここまでうまく利用できる。自分の部屋でできる上等な生活テク大情報」（第二二四号、一九九二年一二月一〇日）は、やはり販売成績が悪かった。

「銀座２０００円で夕食　１０００円でランチ」（第二三七号、一九九三年三月一八日）は、現在でも通用するタイトルになった。のちに「失われた二〇年」と経済界でいわれた状況をよく表現した特集かもしれない。

このほかにも「努力もののチェーン店系　オープンエア屋台系　名居酒屋１０５軒大情報」（第二五一号、一九九三年七月一日）など時代を映したものが多くなる一方で、退潮する経済のただなかにいても、バブル時代の年代記＝クロニクルともいうべき特集もつくられた。

これはバブルのさなかだが、一九八九年一〇月一九日の特大号（第六九号）「A級保存版　'80年代《けっこう、ヨカッタ》大情報　'80～'89年の10年間は、この一冊に情報パッキング！」がそれで、誌面では「幸せな気分にしてくれた'80年代のヒットもの」「並ぶほど欲しかった、というより、並んだから価値があった、行列」「カード使いまくって手に入れた。熱病のように、デザイナーものが大好きだった」「1年たったら恥ずかしい。それが、一番着たい服だった」「おじさんの世界をかじりすぎたかな、この10年」「１９８X年外国へ行った！　買った!!　喜ばれた!!」「この10年間、食のバラエティの豊富さには、胃も舌もビックリしたはず」「涙ちょちょぎれる'80年代青春のBGM。サザン、ユーミン、オフコース、YMO」などと多方面から、まだ終わってもいない八〇年代を一二二頁にわたって懐かしんでいる。この特集の数多くの小見出しのなかに、椎根が『Hanako』史上、最高のコピーと感激したものがある。草レースにも出場していたクルマ好きの町田あゆみが八〇年代の人気車とボーイフレンドについて書いた記事の小見出し、「ファミリアのヒロキくん、シティのマサヤくん、今頃元気でいるかなあ」。普遍性と固有性、過去と現在の対比が見事に集約された傑作コピーである。

バブル崩壊後の一九九二年末には「1988〜1992 よかった よかった! ニッポン最強時代大情報」という特集を組み、この間の社会現象(「バブル時代の基礎知識」)、ファッション(「『他人と同じはイヤ』なはずの私たちが、熱病にかかったみたいに買い急いだ定番モノ」)、建築(「見慣れた風景が、ある日突然外国になるほど、この5年間の東京は、新陳代謝が盛んだった」)、レストラン(「セツナ的だったからこそ美しい。一世風靡のあと消えた、あの店この店」)、テレビ(「海外取材、24時間化、タブーに挑戦……。やれることはすべてやった、テレビ大転換期」)などなどを総括してもいる(第二二七号、一九九二年一二月三一日&九三年一月七日)。

編集長異動の発令が、そろそろ出されるかな、という予感もその年代記風の『Hanako』をつくらせた理由かもしれない。

不況風がだんだん深刻になっていった一九九三年五月に「Jリーグ」がスタートした。まだそれだけで特集企画になるほどの人気はなかったが、椎根はコラム的な記事ならいいだろうと、「スポーツを見るために　スポーツTVを見るときに」というタイトルをつけ、「スポーツを知らないと恥ずかしい大情報――6大スポーツ観戦術」の特集と合わせ、開幕四カ月前の第二二八号（一九九三年一月一四日）からスタートさせた。

担当は、編集部ではめずらしくスポーツ大好きと公言していた能勢邦子。彼女は一九九一年に編集部に加わっていた。まず一回目ということで、彼女は、人気ナンバーワンだったヴェルディ川崎の三浦和良に電話で取材を申しこんだ。ところが、椎根がふと気がつくと、能勢はそれから三〇分以上も話しこんでいて、棒を飲んだような表情をしている。見かねて無言のまま能勢に近づいた椎根が電話を代わり、手で受話器にフタをして、「マネージャー？」と小声で聞くと、「カズのお父さん」だという。

編集長が直接出てきたとわかると、父親は一段と語気を強め、こういうことを話した。

「カズは、『Hanako』のようなミーハーな女性誌には絶対出さない方針なんだ」

「Jリーグには、女性ファンも必要なんじゃないですか」と椎根が静かに言っても、頑なに拒否するばかり。椎根は少しあきれて電話を切り、カズ取材をあきらめた。そのやりとりのあと、椎根には、カズのサッカー人生に、何か不運というか、不幸のようなものがつきまとうのではないだろうかという予感めいたものがかすめた。

一九九三年、選手として全盛期を迎えていたカズがW杯アメリカ大会行きの夢を断たれた「ドーハの悲劇」に続き、九八年のフランス大会の時も、ヨーロッパでの最終合宿まで代表選手に選ばれながら、開幕直前にカズと北澤豪と市川大祐の三人だけが、最終メンバーからはずされた。そのニュースを聞き、取材依頼時のやりとりに感じたものを、椎根は思い出した。

しかし、そうした不運が、ブラジルへ武者修行に旅立ったときのカズの輝きを永遠のものとし、どれほどの敗戦が続こうともサッカーという祖国を見捨てない真の王様《キング》にさせた。

能勢邦子は二〇一三年現在、『アンアン』編集長。椎根がいた当時の『Hanako』の女子編集者のなかからのちの編集長が次々出た。『Ku:nel』(二〇〇二年)の創刊編集長、岡戸絹枝。岡戸は『オリーブ』の編集長もつとめた。『クロワッサン Premium』(二〇〇七年創刊)の編集長だった太田亜矢子もそのひとり。

ところで、一九九二年一二月一四日のこと、社長の木滑が、取締役の吉森規子と椎根を呼び、書籍担当を吉森、『Hanako』、コミック研究班、新雑誌準備室を椎根担当と言い渡していた。

編集長の業務をこなしながら新雑誌創刊の準備をするのは、『ポパイ』から『オリーブ』へ異動する際にも椎根は経験していて、五カ月間も両誌の編集作業をしなければならなかった。二誌の編集長を同時に引き受けると、なぜか両方の編集者たちから疎まれ、孤立感が深まったことを椎根は思い返した。

そのころ、会長の清水達夫は、糖尿病と足にできた腫瘍の治療のため、目黒の東邦大学大橋病院に入院していた。会長に面会する前には総務部の許可を得てからという通達が出ていたが、椎根と柿内はそれを無視してお見舞いに行った。

会長は思いのほか元気な様子で、正月が明けたら出社すると言い、病気が快癒したという自信からか、社ではなんの権限も持たない二人を相手に、これからの社のあり方について熱っぽく語った。

椎根と柿内は、あそこまで気力が回復したからもう大丈夫と話しながら病院を出た。ところがお見舞いの一二日後、一二月二八日、木滑から、会長が急死した、とすでに冬休みに入っていた椎根に電話があった。

病院に駆けつけた椎根は、清水多喜夫人から、持病が原因ではなく、朝食に出されたトーストを喉《のど》につまらせてしまった、と教えられた。

「偲《しの》ぶ会」は年が明けた二月一〇日に帝国ホテル・富士の間と決まった。堀内誠一の葬儀後の清水の「ぼくの時も……」という発言を覚えていた木滑の提案で、椎根と柿内が祭壇設営担当となった。

祭壇の花は、椎根が独断的にコデマリとユーカリ、アイビーの三種類だけで飾ると決め、生けこみはデザイナーの西村よし子に、祭壇から参列者のほうへ大量の花が、滝のように流れでるイメージで……と依頼した。

清水の死後、社は木滑、副社長の甘糟章、吉森の三人の話し合いで運営されることになったが、吉森の発言力が急に増したように椎根には感じられた。

一九九三年一月中旬に、木滑、甘糟、吉森、椎根の会議で正式に、本年中に椎根がコミック誌を創刊し、九四年に吉森担当の新雑誌創刊と決定。この四者会議の数週間後、吉森と椎根は『Ｈａｎａｋｏ』の次期編集長を誰にするかについて話し合ったが、吉森は一方的に次の編集長案を押しつけてきた。椎根が、私の考えでは……と言いかけたが、軽く一蹴された。次期編集長については八月まで次の話し合いの場は持たれなかった。

このころ、連日の会議、コミック誌の創刊に向けた準備、そして『Ｈａｎａｋｏ』の業務と過度の飲酒が重なり、椎根の右目に「ものもらい」のようなものができた。左目の視力は〇・〇一だったので、右目が使えなくなると新聞も読めない。椎根はあわてて社の近所のサクマ眼科クリニックに飛びこんだ。診察を終え、診断を待っていた椎根に、医師は何ごともなかったような顔をして、

「サンリュウシだね」

とボロリと言った。たしかに受付票には、マガジンハウス勤務と書いたが……と椎根は一瞬、狼狽《うろた》えた。『Ｈａｎａｋｏ』が「三流誌」と診断されたのかと思ったのだ。

混乱する気持ちをようやくおさえて、椎根は聞いた。

「どんな字を書くのですか」

「アラレという字に、ツブ、むずかしいアブラのシの三文字だ。霰粒脂（正式には霰粒腫）……」

椎根は笑いだしそうになった。身のまわりのすべてのことが雑誌に関連してくるようだった……。偶然の一致といってしまえばそれまでだが、心理学的にシンクロニシティとは、こんな状況をいうのかとも思った。

コミック誌創刊の件は、告示されるまで伏せておこうと椎根は思っていたが、編集部員は、すでに知っている様子だった。一方で、椎根は成功した雑誌編集部に漂う、アルコールで薄められた愛のようなものにひたっていたせいで、いつのまにかできあがったファミリーツリーが自然崩壊していくさまをぼんやり見物している気持ちでいた。

『Ｈａｎａｋｏ』の女子編集者たちは——男子たちはまた別の感情を持っていたようだが——死期の近づいた父親を見守るような心配りをみせてくれた。

人間はどういう種類の死であれ、その時がくると感情というものを徐々に喪失していく。感情が消えていくにつれ、楽しい思い出だけがよみがえる。銀座特集が完売したこと、ティラミスやアウトレットが大流行したこと、広告が断るほど入ってきたこと、メディアからちやほやされたこと……などよりも、純粋に心の底から笑えた「事件」の記憶が椎根の頭に浮かんだ。

その事件は一九八九年夏のロサンゼルス、ロデオドライブの路上で起こった。NYの五番街よりもブランド密集地帯になったロデオドライブは全米で一番派手でリッチな人々が集うストリートだといわれはじめていた。「もうTシャツなんかじゃいけない世界！　ニュー西海岸大情報」（第五九号、八月三日）の時のことである。力ずくの取材で有名だった豪腕女性編集者C、ライターの黒田美津子、カメラマンの吉野健二、土井武という布陣で、彼らはガイド兼コーディネーターとして、当時ロスで一番ブランド品を買いまくっているといわれていた一人の女性を、現地で雇い入れた。

彼女は見るからに金持ちそうではあったが、まわりの者にその金の出どころを詮索させる雰囲気があった。上から下まで、たぶん下着もブランドものでかためていたのだろう。誰の目をも引いたのは、彼女が手首にしていたブルガリの一八金のスネーク型腕時計だった。日本の赤坂店で一九〇万円で売られていたもので、その当時まだロデオドライブにブルガリはなかった。そのことを充分承知して、そのブルガリをいつも身につけていたのだ。ちなみに、雅子妃は二〇〇五年に、ブルガリの二〇〇万円のネックレスを買ったといわれる。皇太子は結婚前、ブランド好きの女性はちょっとねという意味の発言をしていた。彼が愛した女性はブランド好きだった。

ガイド役の女性がシャネルやエルメスに入っていくと、すべての店員が、上得意がやってきたという反応を示した。ところが撮影交渉となると、まったく役に立たないコーディネーターになった。シャネルで豪腕C女史が交渉をしていると、そばにいたそのガイド役が、「そんなタダで撮影させてもらおうと、ちんたらしたことをやってないで、全部買っちゃって、ホテルで撮影すればいいじゃない」と言い放ったのだ。我慢に我慢を重ねていたC女史は三日目の昼、とうとう決断し、グッチを出たところで、「これ以上取材を邪魔しないで、もう来なくていいわ」と、クビを宣告した。

これに、ガイド役の女性は意味不明なことを口走った。次の瞬間、C女史は、腰を大きくひねって、素早くスナップスローの要領で、往復ビンタをガイド役にくれた。C女史は高校時代、ソフトボールの名三塁手だった。ガイド役は、排気ガスとハウスクリーニングの洗剤の臭い、そしてカネの匂いまでするロデオドライブの白い舗道にひっくり返った……。

帰国後、その顛末《てんまつ》を黒田から聞かされた椎根は、「そのガイドは安田といううんじゃないの?」と尋ねた。「エッ！　どうして知っているの、姓はたしかに安田といったが、下は覚えていない」と驚く黒田に、椎根はその理由を説明した。

日本のバブル経済は東京の地上げブームから始まった。その安田という女の父親は、地上げ屋の代表的紳士として有名だった。原宿のセントラルアパート（現東急プラザ表参道原宿）――六〇年代から写真家、イラストレーター、クリエーターたちの根城であり、宇野亜喜良のアトリエや、スタイリスト高橋靖子が当時働いていたデザイン事務所、コムデギャルソンの川久保玲の店などがあった――をある大手会社に二百数十億円で売りつけ、税金を一銭も払わないで娘と二人でラスベガスに逃亡したという話は、新聞で大きく報道されていた。国税局が脱税だと怒ったがあとの祭り。ロスでそんなに金の匂いをぷんぷんさせている日本人は安田父娘しかいないはずだ。

そのガイド役の女性が、法の裁きではなく、『Ｈａｎａｋｏ』の豪腕C女史の怒りのビンタの罰を受けたことに椎根は大満足し、喝采を送り、大笑いした。バブル時代の主役同士の一瞬のもめごとは、金を使わず、素手を使った、少し乱暴な解決策で決着した。この上もなく愉快な事件だった。

ロデオドライブ事件を笑いとばした椎根だったが、自身が引き起こした事件は笑えない結末となった。

八月一八日、吉森から正式に編集長交代を告げられた。椎根の手帳に「吉森常務」という表記が出はじめたのが、七月初旬ごろ。彼女は八カ月前に決められた組織決定をどんどん変更していた。椎根担当だった新雑誌準備室の五人の部員も、全員ほかの部署へ異動となり、自然消滅した。

新常務はこう切りだした。

「次期『Ｈａｎａｋｏ』編集長として考えていた人が、どうしても引き受けられないと言うのよ。ついては大至急、新編集長を探すから、一二月いっぱいは『Ｈａｎａｋｏ』をやってよ」

交代は想定内のことだったのでなんの問題もなかったが、柿内を次期編集長に押す絶好の機会と考えた椎根の次の発言が、英国怪奇ミステリードラマ風の惨劇を椎根が引き起こすことになる導火線となった。

「次の編集長は柿内扶仁子にしてください。編集部の社員やライターたちの心と信頼をしっかり掌握していますから……」

と椎根が口にすると、「それは絶対にダメ」「それでは、ほかに適任者はいますか？」という会話のあとに、「それは今、ここでは答えられませんが、いい人がいます」と吉森は続けた。

業務的会話にそぐわない「ダメ」という言葉に、脅威に近い怒りにかられた椎根はそのまま銀座に飲みに出かけた。そして七〜八時間痛飲して午前二時ごろに編集部に戻った。

その時間帯でも編集部では大勢の人が仕事をしているはずなのに、その夜は船山直子と中田由佳里と小沢和之の三人の姿しかなかった。

完全な泥酔状態だった椎根には船山が残っていたという記憶もない。それからしでかしたことも、まったく記憶にない。

船山によれば椎根は一人でフラッと姿を現し、編集部の机をひとつひとつ確認するかのように見て歩いたそうだ。そして、能勢のデスクのところで足を止めると本立てにぶらさげてあった巨人軍三代目マスコット「ジャビット君」を、手でひきちぎろうとしはじめたという。「ゆるキャラ」のはしりともいうべきジャビット君は、本当に頑丈につくられていて、酔った椎根の腕力ではどうにもならず、とうとうかたわらにあったカッターナイフで切り刻みはじめた。その作業が終わると、椎根は我にかえったのか急に電話をとった。電話の先は、ジャビット君の所有者、能勢だったが、彼女はまだ帰宅していなかった。午前三時ごろ、戻った能勢を待っていたのは、椎根からの一〇回ほどの留守番電話で、話の内容も、

「能勢さん、僕は『Ｈａｎａｋｏ』をやめますから、能勢さんもやめなさい」

と同じセリフを繰り返すだけだった。

その危険な状況を見るともなく見ていた船山と中田は、椎根が姿を消したあとで、その行為が社内に知られると大変なことになると思い、解体されたジャビット君を片づけたという。

能勢のほうは、椎根が一〇回も「やめなさい」コールをかけてきたのは、自分が何か編集上

の大ミスをしでかしたためと思いこみ、恐怖心まで感じはじめていた。何が問題になっているのか、どうしても思い出せないまま編集部に電話をしたが、誰も出なかった。眠れぬまま数時間を過ごし、午前六時三〇分になり、椎根の自宅に電話をした。

ジャビット君を切り刻んだのは、椎根のアルコール漬けになったような脳裏に一瞬だけ、あることがよみがえったからかもしれない。

創刊当時、椎根は、週刊誌を成功させるということは、巨人軍をもう一個つくるほどの大事業だと言っていた。社会的影響力も経済的成果もあの巨人軍と同じ規模になるんだ——巨人軍は年間一〇〇億円ほどの総収入だった——と編集者やライターに得意げに……。

何も知らずに椎根の自宅に電話を入れた能勢が聞いた家人の言葉は、「もう犬を連れて朝のジョギングに出かけました」というものだった。椎根は午前二時過ぎまで狂ったように能勢に電話をし、ジャビット君解体を謝罪しようとしたが留守なので、「ぼくも社をやめますから、能勢さんもやめなさい」という発言に至ったのだろう。

記憶が一切ないほど泥酔しながら帰宅して、二時間ほど睡眠をとったあと、いつものように愛犬とのジョギングに出かけられる体力が残っていた。五年間継続した朝のつとめである。

午後、出社した能勢は、船山から切り刻まれたジャビット君を誰にもわからないように始末したことを教えられた。椎根がこの醜態の顛末の一部始終を能勢から聞かされたのは、その二〇年後だった。

船山と能勢には、その見苦しい行状を誰にも言わず、かくも長いあいだ秘密にしておく、強いやさしさがあった。教えられたその醜態をすぐに記憶から消し去ろうと椎根は努力したが、逆に自分の内部にひそむ暴力的な性向があからさまに自覚されるにつれ、泥酔しながらも愛犬とのジョギングに出かけることができた体力を誇りたい、というまやかしの自己満足にひたるしかなかった。

あとがき

マガジンハウスの清水達夫会長は常々、色紙などに「生涯一編集者」と書いていた。その編集者観に影響された私はいつしか「生涯一〇雑誌の編集者」になることを目標とした。『Ｈａｎａｋｏ』は八冊目の雑誌だった。

週刊誌の創刊というのは、社運を賭けるという表現が、大げさではないほどの大博打で、失敗すれば年数十億という赤字を出して、社が傾きかねない。清水社長、木滑良久副社長が、社内一のひねくれ者の私に、命運を賭した心境はどんなものだったのだろう。その上、驚くべきことに、二人とも編集内容には一切口をはさまなかった。

編集の仕事とは、なんであろうか。私はアートディレクター（ＡＤ）と編集長は、同じことをするものだと考えてきた。日本の雑誌界唯一無二のＡＤ堀内誠一は、こんな言葉を残している。「ＡＤの仕事の大半は新しい才能の発見にあります。多くの才能を自分の感覚に接ぎ木することで（雑誌を）豊かなものにしようというわけです」（「ホーキ星通信」『エディター』日本エディタースクール、一九七六年）

堀内さんと数々の仕事（取材旅行など）をさせてもらっているあいだに、ではどうしたら「新しい才能」に出会えるかという願望のような、疑問のようなものが湧きでてきて、酒の席の雑談で、それとなく聞いてみた。堀内さんは論理的な話し方をなさらないで、感覚的に、「才能がない人、というのは欲が深いね」と言った。そういう反語的な感想から、私が推測したのは、才能ある新人を発見するためには、編集者やADが「ソフィスティケートされた善意」を持ってないと無理だ、というものだった。「ソフィスティケート」というのは、雑誌の三要素――文章、写真、絵（画）――に対する深い知識と洞察力を持ったうえで……ということになる。

日本のマンガが世界中の若者に影響を与えているのは、各編集部が一貫して「才能ある新人の発掘と育成」という方針と善意あふるる情熱を継続してきたためである。各誌で「大家」といわれるマンガ家をキャッチボールしてきたからではない。

『Ｈａｎａｋｏ』には、幸運にも、多数の「才能ある新人」と「善意の編集者」が集結、そうして編集部は滑らかに回転しはじめ、そこに「素晴らしいサーカス団」が誕生した。

唐突にサーカス団が出てきたが、私の体験では「成功した雑誌」の編集部に身を置くと、このメンバー（編集者、ライター、カメラマン）で永久に編集という旅を続けたいと思ったものだった。サーカス団を連想するのは、人類が持った最初の文化的なもの、雑誌的なものといえるのは、笑いをとる滑稽な人であり、超人的行為を見せる人であったことは世界中の歴史が証明しているからだ。文化のようなものは、見物する大衆を喜ばせようとする意志から始まっている。そこのところが、うまくいった雑誌のなかにいると、サーカス団員になったような甘美な気分にさせるのかもしれない。ともあれ私は浮かれ団長になった。

数年前に『週刊読書人』の宮野正浩氏が、「『Ｈａｎａｋｏ』編集部物語みたいなものを連載しませんか」と言った。二〇〇〇年ごろから銀座の景観が著しく変わったことに興味を持っていた私は、その変化に大きく寄与した欧米ブランドの広報の日本女性たちの話を含めてなら書けるかもしれない、と答えた。彼女たちは突如現れ、静かに消えていったが、広報の仕事は、若い女性の憧れの職業になった。

連載の前に『週刊読書人』の植田康夫編集長に会い、「今度は、ひとつの出来事を椎根と柿内のふたつの視点から書いてみたい。つまり共同執筆で……」と言ったところ、「それはダメです」とはっきり断られた。「それでは、椎根が椎根を三人称で書くというのはどうでしょう」と返した。植田氏は積極的な賛意を示さなかったが、まあ、やってみなさい、というスタンスだった。椎根が椎根を書くというスタイルがうまくいったかどうかは、わからない。

本書に登場する人物・出来事は、すべて実名で実際に起こったことだけを記したが、当時の発言も、私の記憶と手帳に残っていたものだけで書いた。二十数年前のことで、私の記憶にまちがいがあれば、ご容赦願いたい。枚数に限りある連載だったので、『Ｈａｎａｋｏ』のために汗を流してくださった数多くの社員編集者、ライター、広告代理店、書店、マガジンハウス営業部の方々の名を記すことができなかったことをお詫びし、あらためて感謝したい。

特に誌面の半分以上を飾ってくれたカメラマン諸氏に深く感謝する。身を粉にしながら大量の写真を撮ってくれた奈良岡忠、平野茂、六波羅正博、相澤裕明、二井田雄太、吉川卓伸、有光浩治、菅沢健治、新井谷武廣、佐々木身佳、小林恵介……。料理屋ばかり撮影していて食堂のオヤジみたいになった大久保正彦、大人の風格の土井武、吉野健二、ギャラントな（華麗な）写真を撮りたいのに物撮りばかりやってもらった武井哲史、セシル・ビートンのような物腰で女子たちを癒してくれた岩本慶三、いまや人気料理カメラマンになった今清水隆宏、編集部に売りこみにきて、自室に帰りつく前に、タイ取材を命じられたラテンな四宮孝仁。女性写真家では、現在、NYで活躍している坂本真理、木村伊兵衛賞を受賞した今道子。そしてすべての女性を愛し、男性カメラマンのストレスを解消するために、たびたび自室でパーティを開いてくれたチーフ・カメラマンのいまは亡き和泉繁に。またスタイリストの渡辺美穂、田巻里佳、故とやまそのこ、凄い文章も書いてくれた寺田和代の諸嬢にも感謝したい。深夜の花畑のようだったレイアウト・チームの中尾和歌子、北住未奈、中野由美子、佐藤菜穂子、柳場美知子、原田夏おる、ヤセ男三人組、黒田勉、丸山栄作、永塚友樹にも。

写真も文もつめこめるだけつめこむ主義のレイアウトだったため、品が消えてしまう誌面に都会的なセンスの各種ロゴとイラストを描いてくれたNYのイラストレーター、ローリー・ローゼンウォルド、フランスのエマニュエル・カーン、英国のクリス・ロングにも謝意を表したい。外国の一流アーティストに仕事を頼めたのも、日本の経済力が上昇し、日本の原稿料と欧米での原稿料がほぼ同額になったことによる。

さて、さまざまな制約をものともせず、見事な装丁をしてくださった小西啓介氏に特に厚くお礼を申し上げたい。四七年前、『平凡パンチ』の表紙のADをお願いして以来、自分の雑誌の表紙は小西と決めていた。最初の仕事依頼の二一年後に、『Ｈａｎａｋｏ』の表紙をやってくださった。それから二六年後、本書の装丁をお願いした。

なによりも小西氏がすばらしいのは、仕事が終了したあとの長い歳月のあいだ、一度も、私と私的な交際・付き合いをしなかったことである。友情というつまらないものが入りこむ余地がない間柄……二十数年という空白の時間があっても、近況報告・言い訳なしに、すぐに仕事に取りかかれるという関係は、そうはない。それも二度も。

『週刊読書人』の担当、角南《すなみ》範子氏には、一回ごとに、やさしさにあふれた感想文をいただき、そのたびに元気を取り戻した。

最後に、「八〇年代の文化史としても面白いです」という殺し文句で、刊行を決意させてくれた紀伊國屋書店出版部・大井由紀子さんの「銀色の情熱」がこもった指導にも。

二〇一四年一月　椎根　和

本書は、「週刊読書人」の二〇一一年五月二〇日号から二〇一三年三月二二日号までの連載「銀座を変えた雑誌Ｈａｎａｋｏ！」に加筆修正したものです。

椎根 和
Yamato Shiine

1942年福島県生まれ。
早稲田大学第2商学部卒業後、『婦人生活』編集者に。
その後、平凡出版（現マガジンハウス）で、
『平凡パンチ』『アンアン』の編集に携わり、
講談社開発室、『日刊ゲンダイ』を経て、
以後、『POPEYE』チーフディレクター、
『週刊平凡』編集長、『Olive』『Hanako』『Comic アレ！』
『relax』『LIKE A POOL』などの創刊編集長を歴任。
これまで関わった雑誌は11誌に及ぶ。
著書に、『平凡パンチの三島由紀夫』『POPEYE物語』
『オーラな人々』『フクシマの王子さま』、
荒井良二との共作絵本に『ウリンボー』がある。

『Hanako』時代の椎根 和 © 奈良岡 忠

銀座Hanako物語
――バブルを駆けた雑誌の2000日
2014年3月22日　第1刷発行

発行所
株式会社　紀伊國屋書店
東京都新宿区新宿3-17-7
出版部（編集）電話03（6910）0508
ホールセール部（営業）電話03（6910）0519
東京都目黒区下目黒3-7-10
郵便番号　153-8504

装丁　小西啓介　福永都加佐
印刷・製本　図書印刷

978-4-314-01114-3　C0095
Printed in Japan
定価は外装に表示してあります

『Hanako』主要目次（No.1〜276）

太字＝特集　細字＝連載ほか

1号（88・6・2）

「ROOM FOR RENT　〝陽当たり良好・徒歩5分〟だけじゃいや。すぐ借りれます。厳選27物件。」

「松村黎のジョイフル・クッキング　大発見！どんな料理でもたちまちおいしくなる魔法の香辛料『かんずり』。」

「女は仕事場でも女である。」（原由美子）

「遊びに行きたい新しいTOKYO！　ディズニーランドのそば、マイハマ・リゾートに、豪華ホテルが続々オープン。」

連載「マネーゲーム　貯蓄はゲーム、自分の力でお金持ちになる時代です。」

連載「今週の1泊2日のお相手　新作ビデオのHanako流セレクション。」

連載「紫門ふみの〝ワケなし〟人生相談」

連載「週末は東京磁場に目がいく」（こばやしユカ）

連載「劇団青い鳥のTOKYOテンテン」

短期集中連載「高倉健の『食と愛と旅』」

連載「外国に住みたいあなたへ」

連載「THIRSTY」（田中康夫）

連載「東京最新パン情報」

連載「自分の住んでいる街を愛してんだ。」

連載「は・な・こ・さ・んの日曜日のブランチ」（堀井和子）

連載「Miss RUKI」（高野文子）

連載「メトロポリスの12星座」（エル・アストラダムス）

連載「週間ぶつぶつ発言」（中野翠）

2号（88・6・9）

「女性ニュースキャスターのプレッシャーは『時間の使い方』を教えてくれる」

「デパートの巨大食料品売場を徹底的に情報化！」

新連載「新聞を読まなくても政治・経済の話ができるページ」

新連載「ハナコ月記」（スージー吉田）

3号（88・6・16）

「結婚する人にも、しない人にも費用データ集　いちおう結婚も考えて東京式結婚」

「新快楽拡大シリーズ　競馬は、東京女性の新しい楽しみ。やってみると、初めてでもけっこう大丈夫！」

「お気に入りのクリーニング屋さんを持っているのがホントのおしゃれ」

新連載「O・SHI・GO・TO」（しりあがり寿）

4号（88・6・23）

「彼に手伝わせる料理術　男をアゴで使ってふたりで食べる」（植松黎）

「東京には東南アジアがいっぱい　ニョクマム、ナムプラが、しょうゆワールドをやっつけた」

「アメリカの感性を生み出すサンタフェ・スタイル」

新連載「ご近所探検隊」（寿五郎こと江口寿史）

新連載「競馬を、たしなむ」（豊﨑由美）

5号（88・6・30）

「テニスとプールだけじゃ、いや特集――夏の予約はもうすんだ？　首都圏リゾートホテルは『プラスアルファ指数』をチェックしてから……」

「映画館マップ――ロードショーの場所・時間・タイトル・近所のファストフード・前売券発売所がひと目でわかる便利地図！」

6号（88・7・7）

「究極の街・銀座特集――7月7日はLove Stars' Day　仕事ができる女性は、銀座に一流の根城を持つ」

「新快楽シリーズ②　本誌記者のシリアス体験報告　できるなら楽してキレイになりたい。エステの3万円コースを試してみる」

「夏の夜、ドレスアップしてドラマチックに遊ぶ」（原由美子）

「近所のパン屋さんは、うまい！　オールマップ付き沿線別パン情報」

7号（88・7・14）

「東京人度チェック25　これだけ知っていれば、東京女性の資格あり　1988年版」

「体がトクするメディカル・ニュース　イライラ・冷え性・生理不順……を治す漢方のチカラ」
「この夏1回でも球場へ行く野球ファンのみなさんへ　神宮球場で楽しく賢く過ごすガイド」

8号（88・7・21）
「いまシャネルブティックから商品がすぐ消えている〈ホノルル・香港・シンガポール〉都市別賢くシャネルを買う方法」
「靴のお手入れはお肌の手入れに通ず。素地にたっぷり、手間ひまかけて」
「外国旅行を計画中の女性にピッタリ　旅行しながら稼げる15の財テク」

9号（88・7・28）
「性格別インテリア特集——インテリアのプロね、といわれる部屋」
「オリジナルYOKOHAMAが素敵　横浜のいいお店50店！」

10号（88・8・4）
「女にとっての…金・ゴルフ・薬」（「これだけは知ってて選びたい　25歳を過ぎたらもう親元にはいられない！　借りて住む？　ローンで購入!?」「Hanakoリポート　疲れたらこの一本、私のドリンク剤テク講座」ほか）
「砂浜で寝ているだけじゃ、いや　湘南の、意外でトクする今年の遊び方⑲」

11号（88・8・11&18）
「六本木はお金がかからない　5000円でシッカリ遊ぶ六本木特集」
「原由美子の秋冬ファッション　すばやく自分のものに……押さえておきたい5つのポイント」
「ルーム情報——2LDKで8万円の部屋を6つ、Hanakoがキープしました！」

12号（88・8・25）
「世界一のダウンタウン『新宿』大特集」（「ニューヨークはビッグアップル。新宿新都心はリトルアップルかな」「新宿のエスニック・レストランで世界地図ができる」ほか）

13号（88・9・1）
「海外旅行したら肌がアレる。じゃ、どうすればよいか…」
「シーズンオフだからこそ発見できた、いい部屋14物件！」
「いま、目が離せない、だからニューウェイブ香港映画キーワード辞典・初級編」

14号（88・9・8）
「'88～'89秋冬物をどこよりも早く誌上公開　いま、東京で買えるエルメスのすべて」
「そろそろ女のものにしたい街　グランド・セントラル・エリア　大手町・丸の内・有楽町・日比谷・内幸町特集！」
「女ひとり理想的な生活をするために……13人に実例インタビュー　いま、どの会社のどのポジションについたら50万円サラリーになるか。年収600万円生活実現のためにいまやっておかなければならないこと」

15号（88・9・15）
「オープンハートから……自分の成長とともに、ティファニーのすべて」
「横浜　ターミナルタウンは東京をしのぐショッピングモール」
「横浜中華街からおいしい中国をテイクアウト」

16号（88・9・22）
「渋谷は知ってる！と思ってる人のための渋谷大特集」（「渋谷センター街24時間物語」「パルコができる前のなつかしの渋谷が見える店」ほか）
「シャネル'88～'89秋冬コレクションEXPRESS」

17号（88・9・29）
「テーブルウェアが女のステイタス。だから、ヨーロッパ陶磁器の基礎知識　ウェッジウッド、ジノリ、コペンハーゲン…の刺激！」
「タウン・チェックが必要になってきた街　アップタウン・吉祥寺念入りガイド」

18号（88・10・6）
「ベーシックの美しさを教えてくれる　ラルフローレン・スタイル」

「赤坂　女が行ける店」
「ゴージャスな美しさは、クラシックな世界にしかない　もっと古典を知りたい気持ち」

19号（88・10・13）
「TOKYOウォーターフロント大全集」
「パリ的生活に親しむ　アニエスb.の服」
「あなたは保険についてどれだけ知っていますか？　新型保険がどんどん出現するので、保険を交通整理しないと一生損をする」

20号（88・10・20）
「ソニア・リキエルの秘密神話」
「新感覚ダイニング・エリア　四谷三丁目特集」
「大宮・浦和のおいしい店　ソニックシティ・エリアの食べ頃な70店ガイド」

21号（88・10・27）
「気楽で、知りたくなる街だから……池袋大特集」
「黒っぽい服とパール」
「東北の温泉地へ行ってキノコを、たっぷり食べる」（植松黎）

22号（88・11・3）
「ちょっと行かない間に変わる街　代官山・恵比寿　値段と道順を徹底ガイド」（「アップ・トゥ・デイトなバーで、最新のトレンドをキャッチ」ほか）
「シティホテルの聖夜ディナー・お正月プラン」（「今年こそ早めに予約して特別な夜を過ごそう。」ほか）

23号（88・11・10）
「自由が丘で遊ぶ！歩く！買い物！特集」
「下北沢は十字路のひとつの涙」（「シロウトにはちょっとわかりにくいタウン徹底ガイド」ほか）
「高級靴の保存版情報――タニノ・クリスチー、シャルルジョルダン、レネ・カオヴィラ、フェラガモ、モード・フリゾン。この5大輸入ブランドの靴を着る」
新連載「いまどきの若者」（泉昌之）

24号（88・11・17）
「シルクとカシミアの魅力」（ドナ・カラン、エンポリオアルマーニ、ロメオ・ジリ、エルメス……）
「目白　おいしいものが隠れてる街」

25号（88・11・24）
「時代を超えるイタリアの感性　憧憬のアルマーニ」
「来年はどんな手帳を使うんですか？　使い勝手のいい手帳」
「食べ物の話をするとき困らない　ひとケタ上の最新食料品情報」
「お母さんたちは、おいしいランチを食べているマダム・デジュネが殺到している高級フランス料理店14軒！」

26号（88・12・1）
「この季節、同じドレスは2度着られない。だから、買うよりレンタルが知の女　レンタルドレス大辞典　36店330着完全紹介」
「坂東玉三郎のミラクル・ワールド」

27号（88・12・8）
「もう一度、クリスマスだから　渋谷大情報」

28号（88・12・15）
「保存版・首都圏ご近所特集――ココロをゆさぶる沿線情報スペシャル　自分の住んでいる街を愛してんだ」（「産地直結レストランガイド」「高額商品にはユーモアがあります」ほか）
「二次会必須メモリー　銀座のディスコ」
「お母さんたちは、おいしいものを食べている第2弾　格式のある割烹のお昼ごはん」

29号（88・12・22）
「いい買い物は最高の贅沢体験　ソウル・台北・グアム　海外一流ブランド・ショッピング」（「毛皮はすべて免税扱い。シャネル、エルメス、ヴィトンも在庫豊富」ほか）

30号（88・12・29&89・1・5）
「新製品も登場！　もう一度、気になるルイ・ヴィトンの新しい顔たち」
「年末・年始のお店情報　原宿・青山特集」（「大

みそかはディスコで」ほか）
「築地場外市場買い物カタログ　年末年始の営業スケジュールと完全マップつき」
「乾物から輸入品までいい店いっぱい！　アメ横買いこなし歩きこなし情報」

31号（89・1・12）
「1989 PARIS　革命200年を迎えたパリは、こんなに新しくなった。言葉が話せなくても、行きたい所に行ける完全マップつき　永久保存版　要領よくパリを自分の街にする」
「1989年の12星座　甘さやさしさを排除した辛口版　今年の運勢」
「ROOM FOR RENT　賃貸マンションもブランド志向　6人の建築デザイナーが作った部屋」

32号（89・1・19）
「行きにくい所なんだから……全交通アクセス・マップつき　麻布十番」
「1989 PARIS　特別取材パート2　本当のブランド物は、美術館の売店に売っているパリのミュゼ特集」
「アービング・ペンからデビット・ホックニー、シャネルまで　洋書は学校のテキストより効き目がある」
「お金を軸に生活変更を今年こそやる　300人のワーキングウーマンから徹底取材した独立、留学、転職」

33号（89・1・26）
「若い女性が憧れる秘密はコレ！　田園調布・二子玉川・青葉台特集」
「6大ターミナルベスト待ち合わせ場所徹底ガイド　必ず役に立つ電話番号つき」

34号（89・2・2）
「ラスト・ダウンタウン特集――浅草・人形町・神田・上野・谷中・千駄木・根津　食のすごさガイド」
「コミック　頭の冬休み特集」

35号（89・2・9）
「仕事帰りに行けるGINZA徹底ガイド　そうか、本物は銀座だ大情報」
「ピートの薫香（アロマ）に誘われて　スコットランドへ、そして島へ」（茅野裕城子）

36号（89・2・16）
「すべての角度から、始まって以来図鑑　カルティエが女王をつくる」
「99点　総額1億5000万円　どうしても欲しくなる世界中のいい時計を一冊にした」
「自分に合った椅子がひとつ欲しい」（カッシーナ、アルフレックス、B&B……）

37号（89・2・23）
「いつも大変だ！　第2次新宿大情報」（「新宿のデパートはリフレッシュしてイキイキ。プレステージの高い海外ブランドが、いま新宿に集結した」ほか）
「留学情報徹底ガイド　働いている女性が留学しやすいシステム急増」

38号（89・3・2）
「新しいアート・スペース大情報」
「日本の入場料が高すぎるから、本場でオペラとコンサートを十分堪能する」
「ゴチャゴチャやるよりプールで泳ぐ、が簡単スッキリ！　早朝&深夜までやってるプール情報」

39号（89・3・9）
「これから買う人も、たくさん持っている人も、いまチェックしておきたい　ジュエリー・アクセサリーのすべて」
「いつの間にか外国みたいになった　東京ベイ・イースト大情報」（「夜の湾岸ドライブに欠かせない浮遊スペース」ほか）
「沿線別ルーム&タウンガイド　大手町まで30分でこの広さ、この家賃！」
新連載「PRESS INFORMATION　ステキな発表会、展示会、記者会見はメトロポリスの質の高いパーティだ」

40号（89・3・16）
「眺めのいい海外一流品　スプリング・ニューカマー」（「グラフ、ガラード、ショーメ……、高級宝飾品は、彼のキスより心ときめく、春一番

の煌きです」ほか）
「恥ずかしくないトラベル・グッズを選びたい」

41号（89・3・23）
「継続的ファッション情報――ワーキングガール編　なにげない仕事の服にもクラース［階級］がでてきた」（「最終的に到達するのは、やっぱりエルメスのワニ革大型ケリーバッグ」ほか、原由美子）
「博覧会帰りにちょっと寄りたい　横浜　古き良き店と、新しき店特集」

42号（89・3・30）
「ガイドブック10冊分の最新情報がビッシリ　ニューヨーク　WANTS　満足大情報――あなたを3年在住のニューヨーカーにしてしまう！」（「伝統と格式のあるスペシャルティ・ストアはニューヨークの誇り」ほか）
「オーストラリア・ビクトリア州メルボルンは、陽気なプリンセス気分にさせてくれる」

43号（89・4・6）
「グランド・セントラル・ラクシャリー・エリアの街だから　中央線エリアは偉くなってきた！」
「お花見特集――こんな性格のマガジンだから桜をいちばんきれいに観られるベストアングルつき都内お花見名所29」
「夏には、貴族的なグランド・オリエンタル・ホテルで豪奢に過ごす。それも、東京ですぐ予約ができる全情報」

44号（89・4・13）
「情報都市生活を楽しむ」（「豪奢で、新しくて、もう日本じゃない　南青山『楡家の通り』を初公表。」ほか）

45号（89・4・20）
「もう知ってるけど、さらにチェックを入れる18のストリート別　渋谷大情報」（「ジョン・ウエスレー・ストリート――サンパティックな生き方をお勉強できる」ほか）
「緊急情報ガイド　4月からハワイは、ブランド・ショップの引っ越しが多い　もう古いガイドBOOKは使えません」

46号（89・4・27）
「このガイドでニッポンの週末スケジュールは完璧！　箱根・湘南・鎌倉　GWから秋の旅行まで長期的視野で大情報」（「魅力的空間、オーベルジュでこだわりのおいしさを味わう」ほか）

47号（89・5・4&11）
「白紙でいたくない！　Gウィークのイベント・エンタテインメントガイド大情報」
「もう、夏の旅行を計画しないと軽蔑される　目的別ツアー情報」（「氷河スキーを楽しむ」ほか）
「イタリアでは、ジュエリーとアクセサリーの中間的存在を〝ビジュウ〟という　美しき、誇り高きビジュウは、コスチュームより重要なアイテムになってきた！」
「ずうっと憧れていたタヒチへ……」
「突発的本誌記者体験シリーズ　エレガンス事始めは乗馬から」

48号（89・5・18）
「スペインガイド特集――バルセロナ＝マドリード　陽はまた昇る……天才と芸術のバルセロナへ行くぞ」
「パーティは企業の戦場　広報の仕事が、華やかで、重要で、クリエイティブになってきた　プレスの女性たちには、鋭い感性と全人的ファクターが要求される」
「ウィーン世紀末の芸術的工芸品を愛でる」
「三軒茶屋・駒沢は、絶対キープの山の手ダウンタウン」（「三軒茶屋――夜遊び人間のセカンドプレイス向きのお店」「駒沢――粒揃いのドライブイン。遅めのディナーが似合うパークフロント・ストリート」ほか）

49号（89・5・25）
「よくわからない街だから……。16のストリート・エリア別徹底ガイド　六本木バイブル」（「バリライトアレイ――一番人の多い所。ディスコエリアです」ほか）

50号（89・6・1）
「デパート大情報――一流デパートのすべてが、

この一冊に入ってしまった。どのデパートのどのフロアが、いちばん愛すべきエリアか　15大デパート40店舗を完全情報化！」（「物品税廃止で買いやすくなったデパートの超高級品プライス比較情報」ほか）

51号（89・6・8）
「Shall we "THAILAND" リゾートファッションについて、賢く考え直す時が来たようだ」（原由美子）
「ガイドブックより充実した保存版！　誰も教えてくれなかったバンコク大情報」（「たとえば、24時間仕立て屋でスーツをオーダーする贅沢旅行とか……」ほか）

52号（89・6・15）
「卓上の芸術品・銀器　クリストフルのニューカマー　ジュエリーと陶器を初紹介！」
「東京のVIPエリア　チェック！チェック！大情報――広尾、白金、高輪、目黒、五反田」（「白金――外苑西通りは、東京砂漠の駱駝ロードだ」「高輪――アビィロード沿いは思いがけないインポートブランドの宝庫です」ほか）

53号（89・6・22）
「ふたつめの駅の隣街　京都大情報」（「京野菜を使ったフランス料理でランチ&ディナー」ほか）

54号（89・6・29）
「海外ブランドのニュー・リーダー　ドナ・カラン最新情報」
「これからゴルフだって……」（「銀座・丸の内ゴルフ練習場マップ。アフター5のデートは摩天楼の屋上で」ほか）

55号（89・7・6）
「本格的に遊ぶ徹底ガイド　どうする!?　銀座大情報」（「いま銀座は、タテのストリートがおもしろい　高級店が集まる並木通りが、コンテンポラリーにリニューアル」ほか）

56号（89・7・13）
「伊豆のヤドヤド大情報――充実した夏のために宿泊関係予約全調査・レストランガイド付き」（「富戸～今井浜――ルート135を南へ。海岸線に広がるシーサイドリゾート」ほか）
「夏こそ温泉へ行く。ねらいは静かな中伊豆の名旅館」
「切り抜いて夏の手帳に！　泳ぎたくなったら、即役立つ32のプール詳細ガイド」
「間違いのない、WW向き留学選びのチェックポイント　これはと思う30の留学先紹介」

57号（89・7・20）
「ワンライン上の軽井沢徹底ガイド情報」（「コテージ・ピープル御用達。選りすぐったファーストランクの逸品」ほか）
「とってもチープでスリリングな香港ダウンタウン情報」
「お利口にめぐる北海道」（「北のエキゾチカ・函館は日本のサンフランシスコだ」ほか）

58号（89・7・27）
「A級保存版　自由が丘の105軒　少し行きにくいエリアだから"通"になると自慢できる」
「ROOM FOR RENT　親切完全資料つき　強力プッシュの(掘)印　いい部屋77物件徹底ガイド」（「たとえば2万円台の物件&100万円近くの物件。どちらも住めば都？」ほか）
「カナダ東海岸新発見旅行　メープル街道は、美しきリーズナブル故郷」

59号（89・8・3）
「もうTシャツなんかじゃ行けない　ニュー西海岸大情報――ロサンゼルス&サンフランシスコ徹底ガイド」（「ロデオ・ドライブ――全米一リッチな人が集うブランド大通り踏破マップ」「LAキュイジーン最先端情報――社交界を飾る超一流の店、今一番新しいインな店、夜遊びに活用したいバー・レストランなど14軒の大情報」ほか）
「たそがれからジャズ。都会生活者の悦楽」

60号（89・8・10&17）
「青山・原宿　食べる&飲むトコロ180軒徹底ガイド」（「骨董通りから、六本木通りを渋谷へのピンカーブ地帯は各国料理が狙い目」ほか）

61号（89・8・24）
「もう、こわくない　THE ART of FASHION　コムデギャルソン大辞典」
「リクルート学生必携マップ　地下鉄から人気200社まで　絶対便利エリア別アクセスマップ大特集」

62号（89・8・31）
「もっとくわしく、もっと……ベーシック新宿徹底ガイド207軒」（「マンハッタンスクエアグレード&リーズナブルランチいっぱい」ほか）

63号（89・9・7）
「知ってるようで、知らない、お昼の重要問題　隣のランチ大情報——大手町・丸の内・日本橋・兜町・茅場町・日比谷・内幸町・銀座57店」（「お疲れさま！の頭と体を回転させる、丸の内に咲いたアルカリランチオアシス」ほか）
「留学ブームです　決心の前に、海外向きの性格かどうか自分で、チャートで、チェック！」
「いまからチケットを手に入れて、冬いっぱいプログラム・スケジュール情報——今年の冬はヨーロッパ、北米でクラシックを聴く！」

64号（89・9・14）
「渋谷を〝高級な目〟で徹底ガイド81軒　探せばあるオトナの女のための服とショップ」

65号（89・9・21）
「ロンドンに行ったら！」（「衝動買いはもうしない。賢いカシミヤの買い方をロンドンで実行する」ほか）
「チェック&メモリー　'80年代最後の年末・年始までスケジュール　アート・イベント大情報」（「渋谷の流れを大きく変えるBunkamuraの徹底スケジュール&ガイド」ほか）
「富士五湖、日光、那須、小淵沢、甲斐大泉、清里、白樺高原、蓼科etc　1泊2日トリップいいホテル40軒徹底ガイド」

66号（89・9・28）
「海外一流ブランドの新商品大情報——新しいモノは、気にする598」（「伝説を自分の身に……ジュエリー誕生記。もう彼に買わせる！」「もう自分で買う！　新登場ブランド」ほか）
「効率よく観たいから、いまからスケジュール調整　第3回東京国際映画祭　インデックス式完全ガイド」

67号（89・10・5）
「16仕様のクルージングガイド　それ！それ！六本木大情報」（「ひとりで行けるオーセンティックなBAR」「ブランド選び感覚で選ぶカラオケスペース」ほか）
「オペラ徹底解説シリーズ③　3大テノールのひとり、ホセ・カレーラスも参加　新しい『カルメン』は、見逃せない！」
「世界的大ブーム！　美術館グッズの知識は必須アイテム　ロンドンの博物館・美術館で買うべきもの」

68号（89・10・12）
「歩けば歩くほど味が出る　下北沢大情報」
「横浜最新情報——レストラン、バー、ライブハウス42軒」
「渋谷のおいしい店　フロア別29軒」

69号（89・10・19）
「永久保存が絶対便利の一冊　けっこうヨカッタ'80年代全情報を完全にパック！」（「精神的な充実感を与えてくれた海外一流ブランド・レトロスペクティブ」「'80年代のヘアスタイルは、レイヤーでルンルンして、ワンレングスでボディコンした」ほか）

70号（89・10・26）
「パーティ会場182全情報ガイド　エリア別レンタルブティック59店ガイド付き」（「原宿——100人は平気！　ニューロフトスタイルの空間揃い」ほか）

71号（89・11・2）
「服とそのまわりの品は銀座で買い揃える大情報　ファッションビルからニューオープンまで、ストリート別ファッション・ショップ大紹介」（「お嬢さまのイメージを残しつつ、今や銀座通

りは働くオンナのファッション宝庫」「アフターファイブにWGでにぎわうガス灯通り」ほか)

72号(89・11・9)
「15大百貨店27店舗がリニューアルした　どこがどう変わったか、なにが面白くなったか、徹底大情報」(「銀座三越――キャリアガールたちの満足度を高めるニューブランドがずらりとデビュー」ほか)

73号(89・11・16)
「近い温泉のいい旅館・ホテルで疲れた自分をかわいがる　熱海・湯河原・伊東・箱根・伊豆厳選62軒」
「思いっ切り贅沢する旅　カリブ海クルージング」
「豪華にレースを楽しむ時代が来たらしい　パリ・ロンシャン競馬場で、優雅に凱旋門賞をみる」
「感性の贅沢が必須になってきた　現代美術の旗手たちを自分のものにした日本女性　アート・プロデューサー・和多利志津子」

74号(89・11・23)
「アメリカ、ニュージーランド、北海道、東北、上信越の今年のスキー場・リゾートホテル大情報――スキー情報を私の手元に連れて来て!どうせ行くなら定評のあるスキーリゾートへ。」

75号(89・11・30)
「絶対、損はさせない!　ホノルル&マウイ島夜昼全活用ガイド情報」(「プライベート・レストランを持つのが、ハワイ上級ビジターの資格」ほか)
「香港の3大快楽!　買い物、美味中華、日系デパートの徹底活用ガイド」
「もっとも買いショッピングエリアはステーションビル!　ショップガイド64軒」

76号(89・12・7)
「クリスマスギフト大集合　この特集でプレゼントを見つけられないヒトは…困ったもんだ、コトシも…」(「行列ができそうなブランド別プレゼント」「多忙な私に連絡したいなら、留守番電話ください」ほか)
「'90年はクラシックのメインイベントが日本でもヨーロッパでもめじろ押し　たとえば、20年に1度だけ同年開催のショパンコンクールとチャイコフスキーコンクールの出場要項、観覧の手引きとか…教えます」

77号(89・12・14)
「A級ブランドがパーフェクトに揃ってるのは、このエリアだけ　一流ホテルのショッピングアーケードを平気で歩けるようになる情報」(「ホテル・ニューオータニ・サンローゼ赤坂――あこがれのイタリアン・ブランドが軒並み。だから、あったかいボーナスで自分にプレゼントするなら絶対ここの店」ほか)
「ジャンル別レストラン・インデックス157軒　女性3~4人で、急に、コレを食べながら、喋りまくる決意をした時の即効ガイド情報」

78号(89・12・21)
「ロンドン、パリ、ニューヨーク、ミラノ、マドリード、バンコク、シドニー　世界7大都市徹底比較生活大情報――外国で暮らす」(「ロンドン――憧れのフラットをシェアすれば家賃は月5万円」ほか)
「シンガポール精選大情報――旅行グセがさらにつく、新感覚シンガポールガイド」

79号(89・12・28&90・1・4)
「この街は、この季節、激変するから　青山・原宿大情報」(「新年へのカウントダウンは、このダンススペースで」ほか)
「築地場外市場買い物ガイド」

80号(90・1・11)
「パリのガイドブックを1年に1冊買うのが美しい習慣!　ストリート6本　レストラン34軒徹底ガイド」
「ローマは1日で食べきれず　ブランド・ショッピングは1日で終わる　ストリート2地区　レストラン35軒徹底ガイド」(「ミシュランには載っていないけれど、おいしい店はいくらでもあるローマ」ほか)
「1990年、今年いっぱいの運勢は…」

81号（90・1・18）
「福生・調布・玉川学園・町田・多摩センター大情報――クルマのほうが便利だから大人の雰囲気がある多摩ガーデン・タウンズにクラブ、ディスコ、レストランが続々誕生」（「多摩センター――計画しつくされた近未来都市だから、スケールでっかく、新しく」ほか）
「今年こそキャリアアップ　自分を磨くために学校を徹底利用する！　スクール案内151校」（「フィニッシングスクール、良妻賢母とキャリア志向、あなたはどっち？」「'90年だし、英語以外を自分のものにするともっと強い」ほか）

82号（90・1・25）
「私たちがゆるせる、日本の厳選38ホテル徹底紹介　もう、これからは〝ホテルが目的〟で旅に出る」
「都会的性格の女性は、おいしいそば屋さんを最低3軒は知っている　1990年版、東京の美味そば屋ベスト33店全紹介」

83号（90・2・1）
「代官山87軒　あなどれない、ファッション大情報」（「'89年とはガラリと様相を変えた八幡通りは、〝らしさ〟を大切にしたショップの宝庫」ほか）
「オリジナル絵画から写真まで厳選ギャラリー21軒　美しくリーズナブルにアートを買う」

84号（90・2・8）
「そろそろ女性が徹底チェックを入れたいエリア新宿大情報」（「今年こそオーセンティックな和食をいただく」ほか）

85号（90・2・15）
「自分のカラダが勝手に気持ちいい！と絶叫する場所大情報」（「〝垢すり〟に行ったら親のカタキのように垢が出た！」ほか）
「ROOM FOR RENT　2年間だけ両親との同居をやめ、ひとりで暮らす　10万円台以下のいい部屋90物件徹底ガイド　地域別、住快適へキサゴン指数付き」

86号（90・2・22）
「銀座の〝飲食〟が24時間体制になった！　だから、タイムテーブル＆マップ付き　史上最美味のレストラン＆BAR徹底ガイド133軒」（「1時間早起きするのが快楽に変わる銀座の朝ごはん図鑑。NYキャリア気分も出る」「レイトショーのあとでも困らない、知っておきたいスノビッシュなレストラン6軒」ほか）

87号（90・3・1）
「ここ3か月で記憶が必要なレストラン、ディスコ、ショップ、スペースが109軒もできた！　徹底マップ付き全紹介」

88号（90・3・8）
「神戸という外国へ行く！大情報」（「東京ではなかなか見当たらない新鮮ブランド、一点ものインポートがあった」ほか）

89号（90・3・15）
「ポストブランド・モードがクラースの存在に重大影響」
「クラースを確約する10大A級ブランド　春のニューカマー徹底情報」

90号（90・3・22）
「徹底、王道＆マップ　かなり、よい！　鎌倉、湘南エリア大情報」（「鎌倉・小町・御成町――鎌倉在住ハイクラースの人々もうなずくメインエリアのこのお店」ほか）

91号（90・3・29）
「この夏のための沖縄大情報」（「ルート58・北谷まるでサンタモニカ。いま一番ホット・スポット」ほか）
「絶対、迷わない！　水着を買う気持ちになったとき・大情報」（「羨望を身にまとうような、海外ブランドの水着たち」ほか）
「亡くなって評価が定まったいまこそ、クラシックの巨星たちを永遠に聴く　どれを買ったらいいかわからないから、カラヤン、ホロヴィッツ、グリュミオー、カラス、カザルスの名盤CD厳選21点を徹底ガイド」

92号（90・4・5）
「インテリア・ショップ徹底ガイド　都市生活者の気持ちよさはインテリアで決まる大情報」（「ファニチャー王国、イタリアの家具に囲まれ、〝ドルチェ・ヴィータ〟を気取る」ほか）
「今年日本で手に入る　ヨーロッパ産陶磁器徹底ガイド」
「世界一の陶磁器見本市、フランクフルター・メッセ・アンビエンテよりヨーロッパ最新陶磁器情報を緊急リポート　バイヤー殿、今年はこれを輸入してください」

93号（90・4・12）
「おいしい店誕生率ナンバー1のエリア　ネオ吉祥寺大情報」
「イタリアンデザートの新しい女王、ティラミスの緊急大情報――いま、都会的な女性は、おいしいティラミスを食べさせる店すべてを知らなければならない」

94号（90・4・19）
「リピーターにも新発見保証！　京都大情報168軒」（「まるでパリのレアールみたい。北山アベニューはメトロも開通する、京ジェンヌのモード発信地」ほか）

95号（90・4・26）
「マハラジャも、あわてて予約！　リゾートホテル大情報――日本にも世界的レベルのホテル続々登場」
「ココロもカラダもすべすべになる　群馬、長野のいい温泉、いい旅館43軒大情報」

96号（90・5・3&10）
「わたしの街、という安心なお店ばかり徹底ガイド　横浜おいしい店131軒」
「バルセロナとヨコハマ　65 DAYSページェント・徹底ガイド　都市の創造力を、学ぶ、楽しむ、遊ぶ」
「海外でも、国内でも　化粧品の〝通〟としてふるまうための完全ガイド」

97号（90・5・17）
「ブッシュもゴルビーもこっそりチェック！　ニューヨーク大情報――東京にいても知っておきたいNYの信頼できる新しい店70軒プラス話題の店36軒」（「NYでハイクラスのキュイジーンに出合うと、妙に国際人になった気がする」ほか）

98号（90・5・24）
「クルマでしか楽しめない場所とコト大情報」（「旧街道沿いの老舗と斬新な仏料理店の共存を楽しむ」ほか）

99号（90・5・31）
「A級保存版　東京のサマービーチは六本木。ドッと繰り出そ　六本木、西麻布131軒」（「『WAVE』と『AXIS』を解剖する」ほか）

100号（90・6・7）
「渋谷においしい店が見つからなくて困った　いま、オトナのための店ばかりをベストチョイス154軒」（「いま映画通は、渋谷のミニシアターに通い、エスニック料理店で余韻にひたる」「タクシーを待つ深夜2時までを、ニューオープンのバーで優雅に過ごす」ほか）
新連載「COMPLEXE CONTEXTE"F"」（原由美子）
新連載「メトロポリスのシンソー探検」
新連載「KABUKIエッセイ」（伊達なつめ）

101号（90・6・14）
「3か月で昔のガイドは古くなっている。だから、高級に、賢く　ハワイ最新大情報」
「日本を脱出し外国でキャリアアップしてガイセン帰国する！」

102号（90・6・21）
「伊豆66軒・外房44軒大情報――今年もサマースケジュールはとっさの味方！　IZU・SOTOBOだ。」（「'90伊豆は、よりポリッシュされた2ショット・サーフガイド」ほか）

103号（90・6・28）
「いつも何かありそうな街が、また変わった！　下北沢のショップ75軒　100%利用術徹底情

報」（「マチネの前に後に、心休まるお茶処」ほか）
「自由が丘のショップ59軒」（「母娘2代で磨かれた選択眼に堪える上質ブティック」ほか）

104号（90・7・5）
「歩かなければ、見つからなかった　ディテール・ウォーク　銀座有楽町大特集――サバーバン銀座にひそむ143の名店」

105号（90・7・12）
「どこで買えるの……アレも欲しい、コレも見せたい、ジュエリー&アクセサリー321点大情報」
「どこで買ったの?と絶対いわれる時計をスイスで大量発掘！」
「満足できる冷やし中華は、5杯に1つしかないという新事実。だから、都会的女性が後悔しない　冷やし中華の優良26店大情報」

106号（90・7・19）
「要チェックマークの14大ストリート　123軒をマスターすれば夏のきびしさを克服できる」
（「大久保KOKUSAI通り　飛行機に乗らなくても行ける東京のソウル、台北、ホーチミン。このエイジアン・エスニック・パワー！」ほか）

107号（90・7・26）
「コンソールBOX保存版　第2回　爆発的信用を得た！　クルマまわり大情報――首都圏8大人気ルート沿いおいしい店107軒」

108号（90・8・2）
「コンサートは至上の楽しみ。だが…コンサートホールから、どう動いたら1秒でも早く脱出できるか　コンサートホールのまわりのA級レストラン大情報」
「TOKYO 13メゾンのクチュール・オーダー情報――精神的に自由になるためにオートクチュールを1着つくる　オーダーを決意した瞬間から、ハイライフ的雰囲気に…」（「NOBUOレザミ――紀子さまのローブデコルテを手がけた中村乃武夫さんのサロン」ほか）

109号（90・8・9&16）
「東南アジア、ミクロネシア、ファーイーストのA級リゾートホテル43軒全紹介！　これからは秋にもバカンス！　週末感覚の海外旅行が当たり前になるから、この大情報でホテルを決めるのが賢いやり方」

110号（90・8・23）
「スポーツ以外では疲れない　スポーツ・スポット大情報――スポーツ・美食・上等な部屋。三拍子揃ったリゾートホテルへ」

111号（90・8・30）
「ロフト&ハンズ的ダウンタウン　浅草橋エリアをメモリーすれば、得がある」
「日本にすこしあきてきたから、外国の写真集と小説を、気持ちのそばに置く」
「9月1日午前9時、予約受付開始してたった5分で満室になるホテルもある　人気スキー・リゾートホテル33軒の予約開始日時&予約状況徹底ガイド」

112号（90・9・6）
「来年はモーツァルト没後200年。そこで一足早くウィーン、ザルツブルク、プラハを特別取材！　コンサート情報で早くチケットの予約を…モーツァルトのスケジュール」
「お取込み中、失礼かと思いますがゴルビー以後の東欧大情報」

113号（90・9・13）
「24時間エリアだから　昼も夜も、新宿99軒大情報」（「一流のテイクアウト料理を自在に操るのがデパートの達人の資格です」ほか）

114号（90・9・20）
「いままで横浜の人が教えてくれなかった横浜大情報139軒」（「中華デザートの〝楊貴妃〟タピオカを中華街で楽しむ」ほか）
「カリフォルニア・ワイン大情報」

115号（90・9・27）
「リピーターならうなずく　ストレスのたまらな

いパリとフランス国内小旅行大情報」（「私エルメス、あなたはシャネル？　ならばこのカフェで待ち合わせ」ほか）

116号（90・10・4）「イケイケ鎌倉だ！　小町通りを中心に征服する大特集」

117号（90・10・11）「JOY OF CAR PARTⅢ　有能なアッシー君10人分の価値あり　クルマまわり大情報」（「彼に乗っけてもらうのはもう古い、気の合った仲間だけで、いざ出発！」ほか）

118号（90・10・18）「いまから予約しないと、聖夜にひもじい思いをする　'90クリスマス・ディナー予約&テーブル指定徹底情報——青山・原宿の店139軒」（「バーのチョイスがプレステージとなる街なんて、めったにあるものではない」ほか）

119号（90・10・25）「銀座は予約しなければ、食事も買い物もできない。リザーブ銀座大情報　全236軒」（「大混雑が予想されるXmasの休日。でも、銀座で宿泊可能なホテルを発見。」ほか）

120号（90・11・1）「年末になると加速度的に進化する街　六本木・麻布十番110軒大情報」（「カクテルの冴えと洗練のフード。バーを選ぶなら完璧をめざす」ほか）

新連載「実録NYキャリアシーンで働くということ」（M－Aを取ってNYで就職した後藤佳世子）

121号（90・11・8）「いい旅館・ホテルほどハイシーズンとノーマルシーズンではルームチャージが違う！　予約するならオール伊豆94軒大情報」

122号（90・11・15）「シーズン直前なのに、ホテル、ウェア、海外ツアー…ウソじゃない！　スキー大情報」「クリスマス、パーティシーズンも近づいた　この夜、ソワレ着用と手帳に書く」

123号（90・11・22）「ようやく見つけた〝大人の渋谷〟をコンパクトに収容　ゆるせる渋谷120軒大情報！」（「渋谷のケーキ・ヒストリーには、甘酸っぱい青春とこれからの味が潜んでいる」ほか）

124号（90・11・29）「セイヤセイヤ　浅草下町93軒大情報」「発表！　'91年のデザートの女王は、クレーム・ブリュレです」

125号（90・12・6）「今年の傾向は、若い層も買えるアイテムを一流ブランドが発表し始めたことだ　海外一流85ブランド新着商品大情報——この350点以上のブランド商品の流れをしっかりアタマにたたきこむ」

126号（90・12・13）「オアフ&マウイ島の行く価値のあるレストランを完全徹底ガイド　憧れのハワイ・レストラン161軒」

127号（90・12・20）「最近のホンコンは、6か月で完全に未知の都市になる！　第3の香港大情報」（「香港のヤンエグが認める、ステイタス・ディスコ9軒」ほか）

128号（90・12・27）「Joy of Car　クルマまわり大情報——スキー+ドライブ+恒例渋滞　だから渋滞道路至近レストラン&アートスポット64軒徹底ガイド」「来年のクラシック・シーンは、これを最優先　'91モーツァルト・スケジュール」「メトロポリスの星占い特別編　365匹のヒツジさんの運勢は…'91年各星座の年運」

129号（91・1・3&10）「INDEX'90　新電話番号対応地域・ジャンル別編集　頼れる2862軒超大情報！——『H anako』が、この1年間に取材した全レストラン&ホテル・旅館&SHOP&SPACE&SCHOOLガイド」

130号（91・1・17）

「月給3か月分で、上から下まで揃えるスケジュール・ショッピング　ハイライフ in パリ、ミラノ、ローマ買い物ガイド大情報――まだ日本に入ってなくて趣味のいい、ジュエリー、バッグ、手袋、靴、コスチューム、レストラン、バーetc」

新連載「マーケティングのコンセプト術　地味だが凄い商品戦略の女性たち」

131号（91・1・24）

「文化的ニュースペースが続々出現！　レストラン、ショップも大変化。ぜひ、池袋情報をストックする時が来た　池袋大情報」

「家具、アンティーク、食器、照明、オブジェ、バス用品、文具etcが、なぜかこのエリアに集中　青山・原宿　雑貨タウン41軒情報」

日本の全マーケティング関係者に読んでほしい短期集中連載フィーチャー・ストーリー「香水〈エゴイスト〉の奇跡のマーケティング戦略　シャネルの成功！」（荻原博子）

132号（91・1・31）

「こまったエリアだから、整理整頓する　新宿ヌーベルヴァーグ大情報――133軒」（「今年最大のお騒がせ!?　4月1日が来る前に新都庁を知る」ほか）

133号（91・2・7）

「2世代間商品&エリア大情報」（「バッグ&シューズ――サイズは違っても2人で楽しめる、エヴァグリーン・アイテムのほんもの」ほか）

「超人気エリアにも2世代感覚があふれている」（「九品仏・尾山台・等々力・上野毛――テニスラケットやゴルフクラブを持ったまま寄りたいお店の多い町」ほか）

134号（91・2・14）

「英国大情報――そろそろペットについても一家言持つ時がやってきた」

「Career Fashion」（「ネゴシエーションがうまくいく服」ほか）

「New Open レストラン情報――知られる前に食べておきたい東京のニューオープン27軒」

「オーストラリア――シャンパンとパンプスと、そして何もしないことが似合う、究極のリゾート　ヘイマンを私たちは見落としていた！」

135号（91・2・21）

「東京ベイエリアが熱くなってきた　湾岸134軒大情報」（「メトロポリスを騒がすGOLDの全貌を完全公開」ほか）

136号（91・2・28）

「次の希望は高級スーパー&デパートB1で毎日買い物する生活」

「花の代官山、中身の恵比寿、ちょっと気取った広尾のレストラン&BAR 42軒徹底取材」

137号（91・3・7）

「徹底マップ&試食・試飲ずみガイド　都会的女性の必須チェック・アイテム　東京・横浜72ホテルのレストランのサンドイッチ&サラダ情報・BARのマティーニ&マルガリータ情報」（「港・品川区――世界のエグゼクティブがさざめくオーセンティックエリアで、ヒロイン気分」ほか）

138号（91・3・14）

「究極のリゾートはSafari　だからケニアのネイチャーハンティング大情報――サファリというアフリカの響きに魅かれてきた」

139号（91・3・21）

「知らないことを教えてくれなかった化粧品の世界　ここではじめて化粧品ディクショナリー大情報」（「一度使うと病みつきになるコクサン・ブランドのクチコミ化粧品」ほか）

140号（91・3・28）

「すがしい気持ちで古都を歩く　ことしの鎌倉129軒大情報！――お花見ポイント&完全マップ付き」

141号（91・4・4）
「そのうち必要になるから　北海道〝食・美〟大情報」
「沖縄の気分はリゾートホテルで決まる大情報」

142号（91・4・11）
「関西方面へ旅行を予定の方……駅弁を買う前に、コレを一冊　京都・大阪・神戸大情報」（「ドメスティックの外国と呼ぶのにふさわしい、より色彩感を増したKOBEリージョナル」ほか）

143号（91・4・18）
「本年度アジミー賞　最優秀レストラン&食事処賞部門ノミネート　渋谷80軒大情報」
「なまけた体もきれいに見せる　工夫ありの水着52着大情報――50着以上試着した満足感が得られる……」

144号（91・4・25）
「モヤモヤ一発解消、素直にコドモになれる　テーマパーク大情報」
「〝イタラン〟女性が、最高に素敵！　ひっそりとサロン感覚だから、この18軒はメモリー必要　インポート・ランジェリーのSHOP&ガイド大情報」

145号（91・5・2&9）
「正しい横浜124軒大情報」
「ツボを押さえて通になる！　オール・アバウト中華街」（「おみやげにかわいい、中華スイーツ8軒」ほか）

146号（91・5・16）
「つき出しばかりに凝る近ごろの寿司屋じゃなくて、にぎりで勝負のやさしい正統派お寿司屋さん76軒大情報」

147号（91・5・23）
「湘南・箱根・富士五湖102軒大情報」（「アフター5に荷物を車に詰めて、新宿から中央フリーウェイで80分の河口湖へ」ほか）
「引火→爆発のマーケティング方式特別リポート　短期的にも長期的にも〝ティラミスがブーム〟になった理由」（荻原博子）

148号（91・5・30）
「今夜もドリンク六本木　あけたボトルが六本木107軒大情報」（「ダンス&ドリンク。両方充実がトップディスコと呼ばせる条件」ほか）

149号（91・6・6）
「ハイクラースの揃え方　輸入洋食器75ブランドエンサイクロンペディア大情報――750円のグラスから70万円のポットまで、どこで何が手に入るか」

150号（91・6・13）
「あなたの足となって、デパートを歩いて大調査！　東京・横浜の31店　大デパート大百科大情報」
「各国外交官がひそかに利用している　ニューヨーク　1991年度大情報」

151号（91・6・20）
「シーサイドを中心に伊豆のいいホテルetc61軒大情報！」
「エリア別に厳選　軽井沢ホテル&レストラン54軒大情報！」

152号（91・6・27）
「ボーナス前に予約しないと手に入らない　バッグ129点　時計52点　靴66点大情報」

153号（91・7・4）
「御1人様予算案付き！　この一冊で銀座の高価なレストラン、食事処も安心して行ける　連れてってもらう銀座110軒大情報」（「前略オヤジ様。おでん、天ぷら、とんかつは、もうあなたたちだけのものではなくなりました」ほか）
「何度も通いたい店だから、必ず手帳にメモリー　ほんとうの銀座のお店30軒」

154号（91・7・11）
「傑作ランチ&3000円ディナー作戦を勝利する！　新宿123軒大情報」（「5000円でお

つりのくるディナーなら、1週間に3日楽しんでもいい」ほか）

155号（91・7・18）
「全店完全試食ズミ徹底ガイド　子供のころから夢だったホントにおいしいハンバーグステーキ75軒大情報」
「コンソールBOX保存版　〝ナツの湘南〟は駐車場がイノチ！」
「五感をチューニングしたいから、最近どんどん進化している鹿児島大情報！――MADE in KAGOSHIMA」

156号（91・7・25）
「いまは、ゴールデンランチエリアであり、'60年代は、シャンゼリゼという凄い店もあった。なつかしくて、凄い！　赤坂109軒大情報」

157号（91・8・1）
「この1冊でボーイフレンドが3人増える！　ラクしてキレイになる場所136軒大情報」

158号（91・8・8）
「ホントは誰にも教えたくない日本一の味ばかりどこの八百屋、魚屋、肉・タマゴ屋、豆腐や乾物屋さんのなにを買えば、それ一品で、生きててよかったと思う124軒大情報」

159号（91・8・15&22）
「もう年間1万2000組の日本人カップルがハワイで結婚している　楽だ！　メンドウクサくない！　安い！　ハワイアン・ウェディングがありがたい　カウアイ島、ハワイ島、マウイ島、オアフ島の高級ホテル&教会40軒大情報」
「'91年版　TOKYO式ウェディングはチャペルとパーティ会場の選択で差をつける」（「東京ラブストーリーの仕上げは、一流ホテルのチャペルに決める」ほか）

160号（91・8・29）
「金曜日PM6・20以降発の便で行く　羽田発2泊3日の国内旅行大情報」
「'92人気スキー・リゾートホテル27軒の予約開始日時&予約状況速報徹底ガイド　9月1日、日曜日、午前9時の時報とともに年末年始のスキー・リゾートをリザーブしないと、今年のスキープランは始まらない」

161号（91・9・5）
「1991年の空気はこの3大要素から発生している　F1、相撲、競馬をもっと楽しむ必須知識大情報」

162号（91・9・12）
「パリ、NY、ミラノ、そして東京で爆発　いまや〈クレーム・ブリュレ〉は世界のNo1デザート　まず、発音をお勉強してから、オーダーしてください」
「退社後の2時間でいつのまにかうまくなる！ゴルフ練習場、ゴルフスクール、ショートコース、ゴルフショップ83軒大情報――ゴルフがヘタだと、いいボーイフレンドに巡り合えない！」
「太夫・三味線・人形遣いの三業一体の気品ある様式　意識の高まりが私を文楽に連れてゆく文楽の基本知識、たとえば、かしらカタログから劇場情報まで徹底紹介」

163号（91・9・19）
「ヒトに貸しちゃいけない企画です　都内エステティックサロン80店をこっそり体験、自信を持っておすすめする31店大情報――あのサロンでは、何をどういうふうに、いくらで、結果は？という疑問にすべてお答えします」

164号（91・9・26）
「温泉でリゾートしながら美しい肌になる　クアハウス&ヘルシースパ16軒大情報」
「はじめて登場のお店ばかり　隠れていた鎌倉130軒大情報」

165号（91・10・3）
「やっぱり横浜167軒大情報」（「クリスマスの下見も兼ねて、泊まって楽しむ横浜のホテル全ガイド」ほか）
「全店ウェルカムサービスでリーズナブルに楽しめる　横浜らしいレストラン&BAR 37軒」

166号（91・10・10）
「徹底的に調べ、使い、試した、大胆不敵な企画ばかり　これが本当の化粧品特集だ！」
「新しい彼とひそかに行きたいお店ばかり　自由が丘50軒大情報」

167号（91・10・17）
「忘れちゃいけない　お茶の水・神田・神保町135軒大情報！」（「日本最大のスキーマーケットだからこそショップを使い分ける。専門誌もできなかったスキーショップ目的別ガイド」ほか）

168号（91・10・24）
「パリ、ミラノ、フィレンツェ、NY、香港　現地徹底取材　アウトレット感覚のお店97軒つかえる情報——これからは、一流ブランド物は半額で買う」（「バッグ程度の値段で、憧れのメゾンの一着が手に入る、パリの優良デグリッフェ」ほか）

169号（91・10・31）
「誰にも批判されないクラシックの選択　100枚のCD　100人のアーティスト　これで今世紀中のCD買いは迷わない」
「都会的女性が最終的にこだわること　和菓子経験　全24軒情報」
「オーストラリアは地上最強のリゾートライフ地になりつつある」

170号（91・11・7）
「ドロドロした恋愛に疲れたら　あげた愛情だけ返してくれる生物のほうがいい。だから恋愛地獄より純愛生物」（「海に思いを馳せるマリンレイアウトを部屋に置きたい」ほか）

171号（91・11・14）
「入っても大丈夫なのかしら、と不安になるのが銀座の和食系の店。とっつきは悪いけど入ってしまえば、和食天国！　もちろん、値段のチェックが入っているから、超安心！　銀座の和食103軒大情報」

172号（91・11・21）
「私たちの幸福のカカク　クリスマスプレゼント539点　神様お願い！大情報」

173号（91・11・28）
「初登場のお店ばかり　新宿食まわり108軒大情報」（「噂の新宿2丁目とお上品な御苑は、紙一重、というより混沌マヨネーズ状態」ほか）

174号（91・12・5）
「リングリング渋谷114軒大情報」（「駅から半径約400メートルは、できればパスしたい渋谷。その外側、公園通りに大人志向のニューオープンが集まる」ほか）

175号（91・12・12）
「六本木　3000円台で遊食できる店120軒大情報」

176号（91・12・19）
「オアフ、マウイ、ハワイ、カウアイ全島網羅のレストラン最新ガイド　食も手も抜かない　'92ハワイ81軒大情報」
「芸術家が愛したウブドゥ、混沌が似合うタフな街クタ、政府主義のメガリゾート、ヌサドゥア……。どんな好みにも対応できる島　ホントウのバリ島65軒大情報」

177号（91・12・26）
「世界情勢も流動的だが中華料理界も激変している。総試食ずみ、新編成中華マップ」
「中国人にも尊敬される、横浜中華街攻略法」（「横浜中華街コックさん往来物語［総勢63人詳細移動マップ付き］」ほか）
「プッチーニのドラマティック・オペラ　ロンドンから壮大なスケールを誇る『トスカ』がやってくる」

178号（92・1・2&9）
「お正月休みを3度楽しむ！　おせち20軒、初詣で9神社、食90軒、アミューズメントプレイス30軒大情報——いますぐ急げ！　まだ間に合う、高級スーパー&デパートのお正月用食料品、買い込みレイトニュース」

「'92年は甘いかー、甘くない！　だから　にがいコトだらけ、Hanakoの星占いに存在価値がある」

179号（92・1・16）
「そろそろ地中海（メディテラネ）へ行く！　コート・ダジュールの真珠たち　モナコ、ニース、ボーリュー、サン・ポール……大情報」
「〝コロンブスの卵〟特集」（「本場のクチーナ・ジェノベーゼを楽しむなら、ジェノバ市内のこの4軒」ほか）
「紀元前6世紀に世界最大の都だった……チュニジアの質の高い遺跡を愉しむ」

180号（92・1・23）
「枝毛・切れ毛・パサつき・抜け毛を絶対退治する　ヘアケア医薬部外品・化粧品322点ディクショナリー」
「見ようと思っていたけど、タイトルも忘れてしまった　あの傑作ビデオ18本」

181号（92・1・30）
「突然食！　ところかまわず食べたくなる　スパゲッティ、そば、うどん、ラーメン　名麺店139軒大情報」（「日本全国ご当地ラーメン前線は、ただいま列島を南下中」ほか）
新連載「SYMBOLIC ANALYST　リスキーなビッグビジネスをつくり出す壮快な女性たち」（磯山久美子）

182号（92・2・6）
「外国マスコミが騒然！　アメリカ西海岸、パリ、ロンドンのファクトリー・アウトレット122軒大情報」（「何もかもお高いロンドン買い物事情で、セールショップはひと筋の光。」ほか）
短期集中キャリア読み物「すぐ日本にも出現する〝マミー・トラック〟タイプと〝キャリア・トラック〟タイプ」（後藤佳世子）

183号（92・2・13）
「先端コモノの時代がやってきた　ストッキング、帽子、ショール、手袋のONとOFFはこう使い分ける　徹底試着&採点」

184号（92・2・20）
「今年はいい！　大磯82軒大情報」
「映画ファン必見！　世界最大の映画村ユニバーサル・スタジオ大情報」

185号（92・2・27）
「美術館で食べる　エリア別82軒大情報」

186号（92・3・5）
「最多価格帯1品1000円台　本当に食べたかったのは、これだったんだ　銀座の洋食104軒大情報」（「デパートB1の人気者コロッケ作ると意外に時間のかかる洋食メニュー。」ほか）

187号（92・3・12）
「お気楽のオージー・ウェディングとこんなに大変化！　東京式ウェディング大情報」

188号（92・3・19）
「はじめて紹介する店ばかり！　3度目の三都京都・大阪・神戸大情報」（「難波から15分、南大阪のアップタウン帝塚山は、意外と〝自由が丘〟よりおもしろかったりして」ほか）

189号（92・3・26）
「歩く鎌倉136軒大情報」

190号（92・4・2）
「コースメニュー別・徹底体験報告書付き　脚やせ・顔やせ・下半身やせ・腕やせ・フェイシャル・脱毛・ネイル・歯・ホテル……etc　それにメンズコースも　このサロンでは、これが得意技！　エステティック72店大情報」

191号（92・4・9）
「バブル崩壊記念　お金をムダにつかわない化粧品特集」

192号（92・4・16）
「おいしいゴハンのついた料理が食べたいだけです　112軒大情報」

193号（92・4・23）
「伊豆・箱根のリーズナブル和風旅館&食事処75軒大情報」
「湘南のおいしいスパゲッティ&そばどころ19軒」
「TVゲーム　ゲームセンターで知恵をふりしぼれ！　クイズもののテレビゲームは、格好のリフレッシュ・アイテム」

194号（92・4・30&5・7）
「絶対ハズさない横浜」
「生まれたての浪漫都市を徹底ガイド　ハウステンボスは、最上級の休日を約束する街」

195号（92・5・14）
「部屋に足りないものが、必ず発見できる！　雑貨力のある渋谷564点大情報――雑貨の殿堂、ハンズ、ロフトを徹底紹介」

196号（92・5・21）
「クマナク北海道95軒（十厳選駅弁20個）大情報」
「チェリーパイのおいしい店38軒　『ツイン・ピークス』マニアなら、チェリーパイを食べる義務があります！」
新連載「世紀の末人」（滝本淳助）

197号（92・5・28）
「心配な値段と雰囲気と洋酒ラインナップがすべてわかる。銀座、新宿、六本木、横浜、湘南……怖いドアの向こう側の安心なバー10軒大情報」（〈ベース、アルコール度、ドライ度別〉カクテルオーダー早見表。迷わず、困らず、カクテルオーダーができます」ほか）

198号（92・6・4）
「ニッポンの風土が生んだアイスクリーム徹底情報――アイスクリーム・ディクショナリー」（「なぜか外苑西通りに集中した、アイスクリームショップは青春そのもの」ほか）
「安いだけのファッションなんてイヤだ　安くて高価値の海外ブランド物を着る」（「こういう時代のブランド救世主。〝サードライン〟がいよいよ再浮上！」ほか）
「歌舞伎座にゆかたで観に行っていいのか、悪いのかの大問題。そして、その回答」

199号（92・6・11）
「『どこで待ち合わせる？』『う〜ん』とならないための　駅近くのすぐわかる待ち合わせ場所151軒大情報」

200号（92・6・18）
「F1モナコグランプリ速報　TVでは絶対見れないF1レースの豪華な舞台うらをロウズホテル6001号室から徹底取材」（岩貞るみこ）
「Hanako編集部が絶対保証のおいしい名店94軒大情報」
「ランチ付きや海の見えるBOXも現れた！　友達3人で歌って盛り上がって1万円！　すぐ行ける都心のカラオケBOX 42軒大情報」
新連載「アメリカでNo2のセラピスト、Dr・ジュディの愛と性のセラピー　日本で最初のアメリカ型実践治療」

201号（92・6・25）
「不景気がブッ飛ぶエスニック料理109軒大情報」（「暑い国からやってきた辛い鍋物〈タイスキ〉は、今夏大注目の盛り上がり食」ほか）

202号（92・7・2）
「幸運の銀座141軒大情報」

203号（92・7・9）
「食材プライス入り。招待客3人、1万円でおさまる　シンプル・パーティ・クッキング大情報」

204号（92・7・16）
「安全な新宿116軒大情報」（「ちょいと足を延ばせば下町風情。庶民的なおいしさに会いたくて厚生年金会館あたり」ほか）

205号（92・7・23）
「Q&Aサイコ・チェックで自分を客観視してゆき……ジュディ・クリアンスキーの〝恋愛セラピィ〟を自分でやる！」
「ベッドサイド常備情報――夢占いのスーパースター、ラッセル・グラントの夢の事典　211

ワード完全収録」
「絶対ガッカリしないのは、リアルな恐怖を感じさせる異常心理ビデオだけ！　いますぐ全部、観てしまいたい！　恐怖度チェック＆指定同伴食付き　傑作サイコスリラー・ビデオ44本完全紹介」
「超人気のコンピレーションCD 50点メモランダム　全曲名・アーティスト名入り」

206号（92・7・30）
「おいしい冷たい麺61軒大情報——そば・うどん・スパゲッティ・ビビン冷麺・涼麺ｅｔｃ」
「ショールームほど素敵な場所はない！　51軒大情報——社風までわかる特選ショールームは、新しいアミューズメントワールド」

207号（92・8・6）
「どうしても行きたい！　パリ新オープン58軒大情報」（「いま、スグ、友達よりも早く！　ユーロ・ディズニーでプティ・バカンス」ほか）
「ガイドブックじゃ追いつけない　ニューヨークの新しい店71軒大情報」（「マンハッタンで一番動いているのは、1年で約40軒がデビューしたソーホー地区。そこで、よりぬき28軒新情報」ほか）

208号（92・8・13＆20）
「自分で決めるウェディング大情報」（「乙女の夢と憧れ。デザイナーズのウェディングドレスを買う」「プロだからこその盛り上がりも期待できる、披露宴に来てくれるタレント、アナウンサーリスト」ほか）

209号（92・8・27）
「『転職の決算リポート』　〝自由な時間〟を手に入れた女性が元気な転職成功者だ」

210号（92・9・3）
「新ウェア、ギア紹介から、恒例の9月1日午前9時の予約問題　もうっ、スキー大情報」

211号（92・9・10）
「ハナコマネーが不動産に流れてる！　マンションオーナーへのＨａｎａ道　カレより先にマンションを買う！　２０００万円台で買える首都圏マンション67軒情報。紹介だけでなく、荻原博子のお金のつくり方、つなぎ方、不動産・銀行との一番利口なつきあい術付き」
「どう住もうか！」（「ＯＬの〝食行動〟。ここ4年間の発信基地はＨａｎａｋｏだった。さて今後の展開は？」「バブルがはじけたって、美容と健康への情熱は不滅です」ほか）

212号（92・9・17）
「熱いトタン屋根の上の猫みたいな吉祥寺」（「都心に比べて2倍のボリューム、半分の値段。カシコイ女性は吉祥寺のフレンチをめざす」ほか）
「行く人の流れは絶えない街　下北沢」（「しっかり食べて、たっぷり飲んでも安心価格。節約デート対応のダイニングバー」ほか）
新連載「CHANGE★MAKER　ヒトよりもっとイイものを　新しいというだけで飛びつく時代は、もう終わった。これからは、イイものをじっくり選ぶ眼を養いましょ」

213号（92・9・24）
「このホテルなら、ホテルジェンヌも大満足　ここ1年で完成した女性仕様のレベルが高いホテル64軒大情報」

214号（92・10・1）
「これ以上親切にできない　ベーシック化粧品大情報」
「一歩進んで脳ミソがグリングリンする情報」（「手軽にできる精神トランス。ビギナーはまず映像と音楽から」ほか）

215号（92・10・8）
「世界遺産リストに推薦される古都の味！　鎌倉の和食１１３軒大情報」

216号（92・10・15）
「ドクター中松義郎の安心新理論世界初公開！　頭のよくなるダイエット大情報——レストランへ行き、いままでのカロリー表示に代わる中松ポイントで選ぶダイエットメニュー」
新連載「重箱のスミ」（フリート佳子）

217号（92・10・22）
「不足がちだから野菜中心主義の料理屋91軒大情報」
「超人気！　時は銀なり　しぶいプライスのシルバー&ビッグフェイス時計を探し出した」（「こんなにあった！　10万円以下のシルバーウォッチ」ほか）

218号（92・10・29）
「ハマる横浜113軒大情報」（「日本を代表するバッグに成長した、KITAMURAの歴史を知りたい！」ほか）
「楽園シティ・マカオの休日」
新連載「笑える不動産GUIDE――貸し部屋ほど、いい部屋と悪い部屋の差が大きいものはない！　だから、不動産透視力をつける」（磯山久美子）

219号（92・11・5）
「シンミリしたいから　おいしい肴と酒の店106軒大情報」（「そろそろ年齢相応に、粋に飲みたい。そこで今夜は、情緒漂う根津・湯島あたり」ほか）

220号（92・11・12）
「こんなに安くなった！　銀座3000円で夕食を楽しむ123軒大情報」

221号（92・11・19）
「きれいに　快適に　自分のカラダ大情報――ヘアケア・ボディケア・フットケア・デンタルケア・バス・トイレタリーもの」
「お母さんを連れていく　エステティック・サロン厳選18軒　母は恥ずかしがり屋さんだから、チャンスをつくって体験させる」
「11月登場のMD（ミニディスク）は、初対面からいい友人になれそうな快適メカ」

222号（92・11・26）
「リーズナブルな価格が今年の統一原理！　コレデスマス・プレゼント436点大情報」

223号（92・12・3）
「寒の鍋135種大情報」（「博多名物もつ鍋は、もはやTOKYOディナーの新定番メニュー」ほか）

224号（92・12・10）
「コンビニエンスストアはここまでうまく利用できる。自分の部屋でできる上等な生活テク大情報」（「ケーキも和菓子も1個買いできるのが魅力。このコンビニでしか買えないオリジナルスイーツ」ほか）

225号（92・12・17）
「不自由しない自由が丘83軒大情報――東横線のおいしい店」
「いま各界有名人のあいだで、一番細かいところまでアタルと大評判の山本令菜のゼロ学占い」
「Hanakoでしか読めない、星占いの大達人エル・アストラダムスの'93年完全詳細説明12星座」

226号（92・12・24）
「お花・お茶・着付け　お稽古ごとは、どこに通ったらよいか大情報」
「垂涎！　カニ・エビ料理73軒情報」（「なんと1万円の味噌汁から600円のエビ塩まで、カニ・エビの一品物は奥が深い！」ほか）

227号（92・12・31&93・1・7）
「1988〜1992　よかった　よかった！　ニッポン最強時代大情報」（「『ソレなしでは暮らせない』わけじゃないけれど、あれば幸福のような気がした、この5年間の大ヒットもの」ほか）
新連載「全スポーツ・スケジュール帳」
新連載「東京エンタテインメントガイドの通信簿　アレはホントに面白かった？」

228号（93・1・14）
「スポーツ知らないと恥ずかしい大情報」（「Jリーグ――近年最大のスポーツウェイブ。5月の開幕に乗り遅れないで」ほか）

229号（93・1・21）
「リーズナブル池袋115軒大情報――街が、駅が、百貨店が……ぐんぐん進化する池袋では、ニューオープンも限りなく力強い！」

「下車駅も忘れてしまう面白さ。読みはじめたら、心理的冷え症になる！　サイコスリラー小説BEST40　『サイコ』から『羊たちの沈黙』まで」

新連載「NYキャリアシーンより引き続き　未来を感じるのは大きな意味のボランティアだ。だから、シゴトも……」（秋本リカ）

230号（93・1・28）

「水泳・テニス・スキー・サイクリング・ジョギング・ダイビング……で、締まる、やせる、メリハリが出る。このスポーツをしたら、ココが美しくなる大情報――この時期からスポーツを選んで、鍛えて、軽やかな体で春に向かう」

「ビデオガイド・スペシャル　あの有名スターの過去＆今の作品を徹底追求するビデオ75本大情報」

短期集中連載「いま全世界の女性たちから、なにをやろうと圧倒的支持をうける『マドンナの真実』を新しい生き方の教科書として読む」（磯山久美子）

231号（93・2・4）

「麺食（メンクイ）のヒトが泣いて喜ぶ！　そば・スパゲッティ・うどん　名麺店78軒大情報」

「性格診断付き　これが欲しいから、チョコレートをあげる」（「愛すればこその見返りを最高級チョコレートにいざ託さん」ほか）

232号（93・2・11）

「三都さえも、安くて、ウマくなくちゃ　京都・大阪・神戸大情報」（「バブルおろしが吹くなか、浪花の底力を発揮する大阪『勉強しまっせ』を勉強する特集」ほか）

233号（93・2・18）

「おいしい日本の米だからおコメが主役の料理大情報」

234号（93・2・25）

「A級保存版　TOKYOフレッシャー初級者編　東京生活のことならHanakoにおまかせ　この一冊で、東京のヒトの情報に勝つ！」（「ナイトスポット　まず、攻めはジュリアナ、ゴールドから、ノリをつかんだらニューオープンに潜入」ほか）

235号（93・3・4）

「A級保存版　TOKYOフレッシャー上級者編　質の高い都市生活情報ならHanakoにおまかせ　東京生活テクを総ざらい全公開」

「3時間の近短リゾート、サイパン、テニアン・ロタ島　北マリアナ諸島でビシッと遊ぶ」

236号（93・3・11）

「モンジャ焼き、お好み焼き、タコ焼き、ピザ、クレープ、スイトンなどなど　名粉料理店96軒大情報」

237号（93・3・18）

「銀座2000円で夕食　1000円でランチ」（「『このご時世だから』と思いきった、あの有名店のサービス・ディナーに注目！」ほか）

238号（93・3・25）

「'93年の化粧品はこう傾向が変わる大情報」（「〝高ければいい信仰〟はもう古い。これからのコスメはお手頃価格でなくちゃ」ほか）

「ヒラバでの戦いでわかった　デパート22軒の〝知り得〟大情報　'93年前期PB（プライベートブランド）大賞も決定！　ゼッタイ損しない都会の御用達は百貨店の『PB』から選ぶ」（「実は秘かな愛用者急増中！　デパートメント・ツーハンでお気楽カウチショッピング」「友達んちへのお土産は『並ばなきゃ変えないコレ』、『ココでしか買えないコレ』で安くても差をつける」ほか）

239号（93・4・1）

「いちばんの幸せを手に入れる〝完全な結婚〟大情報」（「幸せは分かち合いたいから……ご成婚記念グッズ」ほか）

「ハネムーン・リゾート・タヒチで大人のロマンスを天国する」

「いちばん大切なその日、デビューはダイヤモンドの輝きで」

240号（93・4・8）
「桜のある店を中心に鎌倉を食べる98軒大情報——花見のできる店完全マップ付き」

241号（93・4・15）
「21ストリート別新鮮ガイド　イケル渋谷レストラン、食事処113軒大情報」（「センター街——警報解除、迂回スル二及バズ。ハナコの手にもどったこの8軒」ほか）

242号（93・4・22）
「泊まりでも日帰りでも楽しまなくちゃ。〝ハコブラ〟がタイムリー　オール箱根79軒大情報」

243号（93・4・29）
「新宿を征服する95軒大情報——バブルが崩壊したとはいえ、やぱりこぞってでかけたいニューオープン！」（「不景気によく効く。ストレスも発散できる。食べ放題&飲み放題の店6軒」ほか）

244号（93・5・6&13）
「コレでもか　横浜83軒大情報」（「1皿のプライスで5皿登場！　よくやった！とほめてあげたい2000円コース」ほか）
「予算限定、ゾーン限定、ミラノの賢いショッピング・ガイド　'93年版」

245号（93・5・20）
「A級保存版　いま、安くて旨いはリバーサイド隅田川左岸右岸113軒大情報」（「築地・勝どき・晴海——また、なにかが起こりそう。バブル以降の晴海といまどきの勝どき」ほか）

246号（93・5・27）
「A級保存版　伊豆　1万円で泊まれる温泉宿と味　82軒大情報」
「湘南ドライブデートで寄る　(駐)ありのレストラン26軒情報」

247号（93・6・3）
「3000円で青山・原宿ディナー78軒大情報」（「もはやバブル後ではない。その証拠に気鋭のニューフェイス12軒が登場」ほか）

248号（93・6・10）
「A級保存版　わたしたちが走りたいドライブコース人気ベスト6」
「飲まないから乗りたい。そして安心パーキング。クルマで行くならココ！のレストラン11軒」
「4大エリア完全駐車場MAP＋となりと差のつくカーグッズ」

249号（93・6・17）
「ロイヤルウェディング大情報」
「英国王室御用達の歴史と気品あふれる銘品77ブランド」
「日本のよさを再確認。宮内庁御用達品から本物を知る35ブランド」

250号（93・6・24）
「A級保存版　あなたのお金、改造計画！　若い女性の将来のお金の不安にすべて解答する」（萩原博子）
「新海水浴リゾートがゾクゾク　ドライブ・ビーチの聖地CHIBA大情報」（「パパとママの夏も御宿だった。きらびやかな浜はあのころのまま」ほか）

251号（93・7・1）
「A級保存版　努力賞もののチェーン店系居酒屋84軒大情報」（「いちばん広い店1980平方メートル！　いちばん安いもの梅干し5個で90円！　なんでも1位の店が7軒大集合」ほか）
「新型オープンエア屋台21軒情報」

252号（93・7・8）
「A級保存版　ふたりで4000円台の銀座101軒大情報」（「家賃の高い銀座で、この値段は感謝の域だ！　歓喜の、ふたりで4500円ディナーで賢いデートを」ほか）

253号（93・7・15）
「A級保存版　ラーメンといったら中華麺85名品大情報」

「ティラミス↓タピオカの次！　この夏一番の人気!!　デザート界のおてんば娘ナタ・デ・ココを忘れるでない!!」

254号（93・7・22）
「三宿〜中目黒　渋谷のリビングルーム　Jエリア51軒大情報」
「リクルート中の女子大生の強い味方！　有名会社ビル地下の品よく安いレストラン48軒大情報」

255号（93・7・29）
「A級保存版　日本人の英知が取り入れた万能の食！　カレーライス80軒大情報」
「水のパワーで脂肪を燃やすアクアビクスで楽にきれいになる大情報」

256号（93・8・5）
「都会人トラベラー必携本！　わかりにくいサブタウンだから東京駅・横浜駅・川崎駅まわり199軒完全マスター大情報――地下街はこの一冊がないと迷子になっちゃう！」

257号（93・8・12&19）
「満足できる結婚式大情報」（「結婚式費用タダもある！　ジャマイカン・ウェディング　ゴージャス系〝マニュアル・ウェディング〟さようなら。」ほか）

258号（93・8・26）
「絶対必要になる！　スタジアムそばのテイクアウト158軒大情報」

259号（93・9・2）
「A級保存版　この変化を知っとかないと、乗り遅れるぞ！　'94 改革派スキー大情報」

260号（93・9・9）
「A級保存版　名皮料理ガイドマップ・アクセス付き　頑固に味を守る餃子・焼売・生春巻104軒大情報」
新連載「大人失格　混沌とした時代の迷える男。あなたと私のどちらが『大人失格』か、いまバトルが始まる！」（松尾スズキ）

261号（93・9・16）
「A級保存版　食べ放題のお寿司屋さんから4000円台で満足の寿司屋まで44軒大情報」（「オジサンばかりに独り占めはさせない、1カン50円からの安くて気軽な立ち食い寿司」ほか）
「シミジミおいしい豆腐料理店&名豆腐屋51軒大情報」

262号（93・9・23）
「'93年版　新ホテルBOOK　38軒大情報――ホテルマニアなら知っておきたい、実力本位のニューオープンホテル」
「ヤンエグよりヤンラフ！　'93 若手芸人GOTTSU-A（ゴッツーエエ）男カタログ」

263号（93・9・30）
「大流行のクロス型タウン　下北沢52軒大情報」
「いつも気になる吉祥寺49軒大情報」

264号（93・10・7）
「化粧品オール値下げ時代では180度視点を変えた化粧品情報が大切だ」
「きもの屋に気後れして入れない人へ　これ以上、和服に親切になれない、という充実のきもの情報」

265号（93・10・14）
「A級保存版　ふたりで3600円　新宿90軒大情報」（「なんと！　380円からの台湾小皿料理をズラリと並べ、価格以上の満足感を味わう」ほか）
「『セリエA型』都市はここまでイッてる！　おもしろいのはゲームだけじゃない　鹿島・清水・市原・Jリーグ3大フィーバータウン情報」

266号（93・10・21）
「イルミネーションとエコロジカルなものを見に行く！　いま最も走りたい人気ドライブコースBEST10大情報」
「いま関東エリアを一番走り回っている女性ドライバー岩貞るみこの実践抜け道指導！」
「一粒のダイヤモンドが愛の扉を開ける　VANADISの伝説」

267号（93・10・28）
「遊　やみつきの横浜102軒大情報」（「『グランブルー』して『アトランティス』する。2大ウォーターアミューズメントはまだまだ熱い」ほか）

268号（93・11・4）
「紅葉の鎌倉　3000円台の美食72軒大情報」
「大人だって見逃せない、学園祭は安上がりなカルチャーパーク　出演者別インデックス付き！」
「今度のデートは『ビッグバード』へ！　新しくなった羽田のターミナルには、新鮮なときめきが待ち構えている」
「クラブメット in プーケット、チャラティン、バリ。お財布のいらない休日、オールインクルーシブ・リゾートでカッチリ遊ぶ」

269号（93・11・11）
「Hanakoだからできた　常識やぶりの銀座59軒大情報――ひとり1000円以内のディナーから6000円のヤキソバまで」
「お約束の浅草47軒大情報」

270号（93・11・18）
「A級保存版　ちょっとしたお金を持っているけれど、どうしたらいいのかわからない　ショーライのお金の不安に女の立場で答える」（荻原博子）
「A級保存版　京都駅着から1度も迷わない　都合のいい京都大情報」

271号（93・11・25）
「A級保存版　忘年会用　寒の鍋79軒大情報」（「憧れの鍋もの王、ふぐちりは値下がりしているいまが食べ時だ」ほか）
「忘年会ができるもんじゃ焼き店17軒情報」

272号（93・12・2）
「A級保存版　うずうずと、ハワイ・マニアを自覚し始めたら読む！　3度目のハワイ大情報」
「A級保存版　もっとも使えるお正月香港ガイド　3度目の香港大情報」（「香港アッパーの最新ライフスタイルは精進料理とお粥の健康食」ほか）
「4大デパートメントストア・クリスマス・グランプリ　サンタはデパートからやってくる！」

273号（93・12・9）
「A級保存版　渋谷でちいさなパーティ99軒大情報」
「聖夜のディナーのフィナーレを飾る、限定販売のクリスマスケーキ」

274号（93・12・16）
「Xmasプレゼント大情報――自分の一番好きな人からもらう1万5000円台の263品　自分の一番好きな人にだけあげる1万円台の135品」
「一流ホテルの1万円台のXmasディナー33軒大情報」

275号（93・12・23）
「A級保存版　夜景&ライトアップが美しいBESTスポット情報――ロマンティックなトーキョー大ガイド」（「レインボーブリッジに託す恋のゆくえ。照れずに予約するキメのテーブル」ほか）
「山本令菜さんの0（ゼロ）学占いスペシャル　12年サイクルでみると、恋愛も仕事もお金のことも怖いくらいにわかってしまう」
「星占いの大達人エル・アストラダムスの'94年の正確なあなたの運勢　Hanakoだけでしか読めない、ちょっと辛口の占い」

276号（93・12・30&94・1・6）
「本邦初のビデオ占い特集――あなたが観るビデオで'94年の運勢がわかる！　ソンした気分にならない157本の傑作ビデオ紹介」
「いちばん進化したカラオケルーム完全紹介　ヤング・ナツメロの絶唱こそ新しいカラオケのカタチ」
「謎と狂気の深みを徹底ガイド　イブもお正月もミステリーを読む」

※表記が表紙、目次、該当頁で異なる場合があるが、本欄では目次頁に準じた。